CAHIERS DES ÉTATS

DE

NORMANDIE

SOUS LES RÈGNES DE LOUIS XIII ET DE LOUIS XIV

DOCUMENTS RELATIFS

A CES ASSEMBLÉES

RECUEILLIS ET ANNOTÉS

Par Ch. de Robillard de Beaurepaire

Tome Ier.
(1610-1620)

ROUEN
CHEZ CH. MÉTERIE
LIBRAIRE DE LA SOCIÉTÉ DE L'HISTOIRE DE NORMANDIE
RUE JEANNE-DARC, N° 11

—

M DCCC LXXVI.

CAHIERS
DES
ÉTATS DE NORMANDIE

ROUEN. — IMPRIMERIE DE E. CAGNIARD,

Rues Jeanne-Darc, 88, et des Basnage, 5.

EXTRAIT DU RÈGLEMENT.

Art. 16. — Aucun volume ou fascicule ne peut être livré à l'impression qu'en vertu d'une délibération du Conseil, prise au vu de la déclaration du Commissaire délégué et, lorsqu'il y a lieu, de l'avis du Comité intéressé, portant que le travail *est digne d'être publié*. Cette délibération est imprimée au verso de la feuille de titre du premier volume de chaque ouvrage.

Le Conseil, vu la déclaration de M. Julien Félix, *commissaire délégué, portant que l'édition des* Documents relatifs aux États de Normandie, *recueillis et annotés par* M. Ch. de Beaurepaire, *lui a paru digne d'être publiée par la* Société de l'Histoire de Normandie, *après en avoir délibéré, décide que cet ouvrage sera livré à l'impression.*

Fait à Rouen, le lundi 7 février 1876.

Certifié :

Le Secrétaire de la Société,

C. LORMIER.

ARTICLES
DES
REMONSTRANCES
Faictes en la Convention des Trois Estats
DE NORMANDIE
Tenue à Rouen, le onzième jour de décembre
mil six cens dix.

Avec la Responce et Ordonnance sur ce faicte par le Roy estant en son Conseil, la Royne Regente, Mère de sa Majesté, présente,

A Fontainebleau, le vingtième jour d'avril mil six cens onze.

AU ROY ET A LA ROYNE RÉGENTE.

A Monseigneur le Conte de Soissons, *Grand Maistre de France, Gouverneur et Lieutenant général pour le Roy en Normandie, et à Nosseigneurs les Commissaires depputez par le Roy pour tenir les Estats de ceste Province, le onzième jour de décembre mil six cens dix.*

Sire,

Le Repos des subjects est en l'obéissance, le debvoir en la fidélité, l'authorité des roys à commander choses justes, leur force en l'affection des peuples. Le feu roy HENRY LE GRAND, vostre père et le nostre, en a veu les effects dans son royaume. En ceste province, l'espée de la Noblesse, les contributions du pays n'ont point manqué aux nécessitez de l'Estat durant la guerre, à son entretien durant la paix. Ce généreux monarque ayant esté ravy à la France, mais à la Chrestienté, c'est à vostre Majesté, Sire, qui estes nostre roy par succession légitime, que nous debvons les mesmes submissions de noz courages, de nostre vie, de noz biens. Tout vous appartient, et à nous l'espérance que tousjours vostre règne sera heureux, et que, dès à présent, durant vostre minorité, par la sage conduite de la Royne Régente, noz misères auront fin, ou, pour le moings, quelque relasche.

Le Roy a très-agréable la congnoissance que les supplians luy témoignent avoir des debvoirs des subjects envers leur Roy, s'asseurant que leur intention est de les accomplir comme ils ont tousjours faict soubz les roys ses prédécesseurs, et spécialement soubz le feu roy Henry le Grand, de très-heureuse mémoire, son père, lequel sa Majesté voulant aussi imiter, comme estant ensemble le plus digne et le plus proche et familier exemple qu'elle se puisse proposer, Elle espère, avec l'aide de Dieu, faire un jour recueillir ausdicts supplians les fruicts de leur fidélité et obéissance et les veoir comblez de tous les biens et advantages dont l'on peult jouyr soubz une juste, légitime et favorable domination ; et cependant, ses jeunes ans estant fortifiez de la sagesse et prudence de la Royne Régente, sa Mère, sa Majesté, par ses bons et saincts conseils, veut, en tout ce que ses affaires luy permettront, faire cognoistre ausdicts supplians combien leur soulagement luy est singulièrement recommandé.

I.

LES ECCLÉSIASTIQUES de ceste province, de qui les vœux et les prières vont droictement pour la conservation de l'Estat, s'asseurent en vostre Majesté d'estre maintenuz en la raison de leurs privilléges, en l'ordre de leurs jurisdictions, au droict de leurs dixmes.

AU ROY.

Le Roy, n'ayant rien en plus grande recommandation que le service de Dieu, a une affection particulière aux ministres d'iceluy; et, comme sa Majesté s'asseure qu'ils continueront leurs vœux pour sa prosperité avec le soing et la persévérance qu'ils doibvent, aussi les veult-elle traicter le plus favorablement qu'elle pourra, et les maintenir en la jouyssance de leurs droicts et priviléges.

II.

La Noblesse est faible de moyens, son courage tout plein de zèle pour servir voz Majestés. Escoutez les plaintes qu'elle forme : ses privilléges sont abattuz, ses franchises tournées en servitude, ses prérogatives au néant. Le prix du sel luy est une taille, les supostz une surcharge excessive, les recherches injustes des Archers du sel luy pèsent sur les bras. Il n'y a sorte de vexation qu'elle ne souffre. Quelle apparence de veoir les Ecclésiastiques et Gentils-hommes payer l'impoft de neuf livres pour tonneau de vin, vingt sols pour tonneau de poiray, et quarante sols pour tonneau de sidre, qui se lèvent aux villes de Rouen, Havre et Dieppe, pour ce qui procède de leur creu! Il est raisonnable de les exempter de telles impositions, les conserver en leurs immunitez et les descharger des courses d'une infinité de sergeans, qui, pour la suitte de deux ou trois escus et autre légère somme, font des courses et voyages, commettent de grandes exactions, prennent plus pour leurs fraiz que pour le principal.

Au Roy. Et en sont les Commissaires d'advis.

Le Roy, aymant et chérissant la Noblesse, ne manque d'inclination à la gratiffier et advantager, comme sa Majesté a tesmoigné depuis son advènement à la Couronne en tout ce que ses affaires luy ont permis, et continuera encores de plus en plus cy-après, selon qu'elles luy en donneront le moyen, regrettant que les choses dont les suppliants se pleignent, qui ont esté introduittes à bonne fin et pour les nécessitez de l'Estat, n'ayent esté exécutées, en sorte qu'ils n'en ayent poinct reçu de préjudice, désirant d'y apporter pour l'advenir les meilleurs remèdes qu'il se pourra.

III.

Sire, à vostre advènement à la Couronne, après le Sacre de vostre Majesté, si solemnellement faict à la face de toute l'Europe, au contentement de ceulx qui ayment la France et de voz bons subjects, abaissez un peu la veue sur la pauvreté de voz peuples languissans dessoubz le faiz des tailles, qui, tous désollez et confuz, lèvent piteusement les yeux au ciel en l'attente de quelque diminution. Les despenses de l'Estat sont grandes, les tailles (en) empeschent la cheutte ; la considération du public est préférable aux plainctes des particulliers, pour ce que la commodité générale sauve les peuples et les garantit de ruine, et la richesse des peuples n'empesche pas la perte du public, dans lequel leur fortune est enveloppée. Cela est vray ; mais, Sire, une goutte d'eau en la bouche du malade luy donne soulagement ; la moindre descharge nous mettra en espérance de mieux, à mesure que voz affaires le permettront, et lorsque nous sçaurons vostre volonté y estre portée, ce sera pour nous un jour de merveilles, duquel le bon heur sera dict par les pères à leurs enfants, affin que la postérité le sache, et que les races suivantes en célèbrent la mémoire.

AU ROY.

Le Roy s'asseure que les supplians congnoissant, par ces mesmes considérations, comme il est nécessaire qu'ils subviennent aux nécessités publicques pour leur particullières conservations, et sçachant combien elles sont grandes maintenant, veu l'augmentation des charges ordinaires et les extraordinaires qui surviennent journellement, jugeront bien d'eulx-mesmes qu'il est du tout impossible à sa Majesté de rien diminuer des tailles pour ceste année, combien que, outre qu'elle le désire plus que chose du monde, Elle y soit encores poussée par les souhaitz et conseilz de la Royne Régente, sa Mère, qui n'espargne aucun soing ni travail pour réduire ses affaires en tels termes qu'elle ayt le moyen de commencer et, s'il est possible, consummer ce bon œuvre, comme Elle l'espère et le désire ardemment.

IV.

Les surcéances des partyz, desquels nous demandions la révoquation dans les Cahiers de noz dernières plainctes, sont un miroir assez clair pour y veoir que vostre Majesté commence à régner par doulceur, comme père, et non par puissance, comme souverain; mais, Sire, faictes les passer en effect de révocations absolues, pour donner contentement parfaict à tant de créatures intéressées, affin que ces noms de partys et de partisans, tant odieux à tous les gens de bien, soient effacez de la mémoire des hommes. Autrement ce leur sera un advantage pour reprendre nouvelles forces à nous mal traicter. Ils le croient et l'osent espérer. Nous, au contraire, supplions vostre Majesté qu'elle leur demande compte de nostre substance, qu'ils ont dévorée si avidement, et qu'il soit informé contre voz officiers qui se trouveront coulpables de s'en estre mellez et d'y avoir pris part indignement contre l'honneur de leurs charges.

Au Roy. Et en sont les Commissaires d'advis.
Le Roy ayant dès l'année passée révocqué plusieurs desdicts partiz et accordé la surcéance des autres, sa

Majesté a tesmoigné aux supplians la volonté qu'elle a de les soulager en cela et toutes autres choses ; mais Elle ne peut entrer en la révocation de tous que premièrement les Commissaires qui sont ordonnez pour examiner ceulx qui ont esté surciz ne lui en ayent faict rapport, à quoy Elle entend qu'ils satisfassent au plustost, et que cependant ladicte surcéance continue comme Elle l'a cy-devant octroyé.

V.

L'un de ces partys touche les Sergeanteries héréditaires de Normandie. Ce sont fiefz nobles establiz soubz le gouvernement de noz Ducz, possédez en ceste qualité par noz ayeulx, que l'ordre des successions et autres moyens d'acquérir ont faict passer, à travers tant de siècles, en la main de deux cens Gentils-hommes qui en sont aujourd'huy propriétaires. Il n'a point esté raisonnable de faire party de les réunir au Domaine, d'aultant qu'elles n'en deppendent que soubz la condition des autres fiefz du Royaume, ny de stipuler par le partisan d'en jouyr l'espace de seize années, en remboursant les propriétaires qui n'ont rien payé pour leur investiture. La révocation de ce party, simplement surcis, est demandée.

Au Roy. Et en sont les Commissaires d'advis.
Accordé.

VI.

LES ESTATS font les mesmes plainctes pour le party de la réunion des Greffes au Domaine à condition d'en jouyr seize années. Les articles du traicté obligeroient le partisan de rembourser actuellement les propriétaires avant que les deposséder, et toutes fois il a contrainct les particuliers d'en faire le rachapt et prendre la condition des seize années. Ils doibvent estre establiz en leurs Greffes pour en jouyr comme au précédent, puis que, suivant la loy dudict party, le remboursement n'a esté faict.

AU ROY.

Ce party estant de ceulx que Sa Majesté a ordonné estre reveuz et examinez, Elle pourvoirra à la requeste des supplians après que lesdicts Commissaires luy en auront faict leur rapport, et cependant la surcéance ordonnée sur le Cahier de l'année passée est continuée.

VII.

L'Edict pour inféoder les terres vaines et vagues et le party pour réunir celles qui ont esté fieffées depuis l'an cinq cens dix-neuf sont choses préjudiciables à la Noblesse, ruineuse au peuple, qui portent la confusion et le désordre, mettent le feu aux quatre coings et au milieu du pays. Il est donc juste non seullement de les avoir surcis, mais de les révocquer entièrement. Réunir et inféoder sont choses contraires : l'inféodation asseure la propriété, la réunion l'envoye au Domaine. Mettre en une seulle main ces deux puissances, c'est donner moyen au partisan de réunir les terres, dont les propriétaires ne vouldront fournir argent pour l'inféodation, et les establir en fiefs en faveur d'autres, c'est à dire mettre en désert et réduire en tristes sollitudes trente bourgades et trois cens villages bastiz dans les foretz et aux lizières. Il y va de l'intérest de cinq cens gentils-hommes et dix mille paysans qui y sont habituez. Les partisans seront contraincts d'y planter nouvelles collonies, et les peupler d'estrangers après en avoir chassé les naturelz habitans. La force de l'inféodation préjudiciera aux Gentils-hommes, qui, pour raison de leurs terres, ont la garde-noble des fiefz lesquels en dépendent. Un ennemy achaptera la teneure de son voisin, et ceulx qui vivent doulcement en la censive du Domaine se verront transportez en subjections de seigneurs particuliers, si fascheuses que le meilleur sera de tout quicter. En cest endroict noz plainctes sont justes pour ce qu'elles sont nécessaires, bien scéantes pour ce que nous n'attendons remède que de vostre Majesté. Ce sont les plainctes d'une province contre un partisan, d'un pays affligé contre un homme riche, de qui la considération n'est rien, au respect de tant de peuples.

Au Roy. Et en sont les Commissaires d'advis.
Idem.

VIII.

LE BAIL du sel faict au sieur Robin l'oblige de payer à vostre Majesté quatre millions six cens vingt et un mil livres par an, et de diminuer au proffit du peuple dix-huit cens mil livres chacune année : c'est une marque de vostre bonté. La diminution seroit plus raisonnable sur le prix du sel en général que sur le pied de ce qu'il est vendu différemment plus ou moins aux provinces. Le prix du sel sera modéré à douze livres le minot, aux généralitez de Paris, Rouen, Caen, Picardie, Soissons, Champagne, Orléans, Tours, Bourges, Moulins où il n'y a point d'impostz. Pour le regard des greniers où l'impost est estably, le sieur Robin doibt recepvoir le mesme prix qui se reçoit à présent, et sera fait descharge au peuple qui prendra le sel par impost sur les exactions qui se commettent à son préjudice. Des clauses de ce bail sont tirées trois conséquences fascheuses à ceste Province : la première que la diminution sera moindre en Normandie, pour ce que, si le prix du minot est quatorze livres, la réduction, qui s'en faict à douze livres par le bail, n'emporte diminution que de quarante sols. A Paris le minot de sel est vendu seize livres : réduit à douze, sera diminué de quatre livres, et aux autres provinces, à proportion du prix. Ainsi nous porterons l'incommodité des pays esloignez de la mer, qui ne contribuent en rien au soulagement de noz tailles. La seconde conséquence est que les bailliages où l'impost est estably demeurent en la dureté de leur condition, sans que le prix du sel y soit abaissé, tellement qu'une grande partie des subjects de vostre Majesté ne ressentent point les faveurs de sa libéralité, chose d'importance à laquelle vostre bonté, s'il luy plaist, portera les remèdes. La troisième, qu'il semble par ce nouveau bail les Archers du sel n'estre supprimez. Sire, purgez la province de ces gens de sac et de corde qui nous vollent, pillent noz maisons, ravagent le plat pays, y font plus de désordre que des ennemis en plaine guerre. Nous en demandons la suppression.

Au Roy. Et sont les Commissaires d'advis, qu'il plaise à sa Majesté casser les Archers du sel et commander au fermier de faire les recherches par les officiers, dont la congnoissance appartiendra aux juges de la province. Ensemble sont d'advis qu'il plaise à sa dicte Majesté faire jouyr les subjectz de Normandie de pareille descharge, pour la ferme accordée à Robin, que les autres subjetz de son royaume, et que le prix du sel, ès greniers où se delivre le sel par impost, soit semblable qu'ès autres greniers de la Province.

Sa Majesté, ne perdant nulle occasion d'advancer le soulagement des supplians, a pourveu par le nouveau bail à la modération du prix du sel, l'ayant par iceluy diminué par tout son royaume de cinquante sols sur minot au proffit de ses subjets : en quoi, ceulx de ladicte province sont plus soulagez que les autres, d'aultant que des-jà ils l'avoient à meilleur compte. Et pour le regard desdicts Archers, il en sera faict un réglement avec le nouveau fermier pour le contentement desdicts supplians.

IX.

Donner les offices, y establir personnes capables et de mérite, est l'un des moyens de remettre la justice. Néantmoins ils sont vénaulx, et le party de Palot n'en confirme pas seullement la vénallité, mais les conserve ; et ces charges, qui consistent en la seulle fonction de l'esprit, passent aux héritiers, comme biens de succession. C'est arracher un fleuron de la Couronne que attacher l'exercice de la justice à certaines familles qui ne laissent jamais sortir les charges de leurs maisons ; c'est en exclure la Noblesse, les hommes de courage et de fidellité, pour ce qu'ils manquent de commoditez. Ce n'est point la punition du crime, mais l'honneste récompense des louables actions qui donne courage à bien faire. L'homme vertueux, s'il est misérable, bien que son esprit ne tourne vers le mal, s'abàtardit pourtant et se rend inutile. Nous supplions vostre Majesté de révocquer ce party, et d'ordonner que les offices ne seront plus vénaulx, mais conférez libéralement et donnez à ceulx qui en seront trouvez capables. Si vostre Majesté, pour considérations particulières, confirmoit ce party, il seroit plus tollérable que le prix auquel les offices sont taxez cédast au proffit des héritiers seulement et que vostre Majesté disposast des charges. . . . .

. . . .

. . . .

. . . . . .

noz biens, pour subvenir à la nourriture de tant de familles qui tous les jours envoyent des prières au ciel pour la prospérité de ceste Couronne, comme les subjects de vostre Majesté sont obligez luy payer toutes redevances accoustumées, aussi elle doibt, par mesme raison, les rentes qui leur sont deues sur les Receptes génèralles et particullières, les charges desquelles premièrement se doibvent acquicter avant que d'emporter aucuns deniers à l'Espargne. Nous demandons qu'à ceste fin vostre Majesté aye agréable de faire un fondz entier pour le paiement desdictes rentes, tant créez sur l'Hostel de la ville de Rouen, qui se montent par an à cent cinquante deux mil livres, que autres.

Au Roy. Et en sont les Commissaires d'advis.

Le Roy, en l'estat que sont à présent les affaires, faict tout ce qui luy est possible pour les supplians, en leur laissant pareil fondz, pour l'acquict desdictes rentes, que du temps du feu Roy, et pourvoirra à l'augmentation d'iceluy, aussi tost que sa Majesté le pourra faire.

XIV.

Les tailles en Normandie ne se soustiennent que par imposition des plus riches, qui toutesfois s'en exemptent, comme les Mortes-payes, Archers de la Vénerie, Fauconnerie, Officiers d'Universités, Messagers, Advocats et autres. Mais surtout est insupportable la condition des affranchiz des paroisses. Grande pitié ! les plus notables s'exemptent de la taille, que les plus nécessiteux sont contraincts de porter. Ceux qui doibvent beaucoup et ont moyen de payer s'en deschargent. Ceulx qui n'ont rien vaillant, et qui doibvent peu, payent beaucoup, ce qui semble impossible. Sans doubte qu'ils périront misérablement, si vostre Majesté ne les soulage en la révocation de tous ces privilléges et principallement en la suppression des affranchiz, ausquels n'est besoing d'aucun remboursement, d'aultant que les exemptions desquelles ils ont jouy depuis leur establissement surpasse en commodité le prix de leur finance.

Au Roy. Et sont les Commissaires d'advis qu'il plaise à sa Majesté faire envoyer tous les ans, en la court des Aydes de Normandie, un roolle des Officiers domestiques, sans qu'il y puisse estre employé d'autres que les actuellement servans, et des autres qui se prétendent exemptz des tailles, ensemble qu'il luy plaise supprimer les affranchiz ou Francz taupins.

Les ordonnances et réglemens de sa Majesté deffendent, autant expressément qu'il se peult faire, les abuz desdicts privilégiez. Et suffisent pour les empescher, si les officiers se rendent aussi soigneux de l'exécution d'iceulx comme ils doibvent, et leur est mandé, par chacun an, ès commissions qui leur sont envoyées pour le recouvrement des deniers des tailles, à quoy sa dicte Majesté leur enjoinct derechef de satisfaire, et y tenir si estroictement la main qu'elle n'en reçoyve aucune plaincte, à peine d'en respondre en leurs propres et privez noms.

XV.

Puis que vostre Majesté par l'article a favorisé le pays de la révocation de toutes commissions extraordinaires, comme préjudiciables au bien de l'Estat, Elle aura agréable de révocquer la commission touchant les sept villes de Bleu, adressée à Monsieur de Fleury, commencée au Conseil, renvoyée par ledict sieur de Fleury vers les gens tenans les Eaues et Forestz à Paris. Ceste commune faict vivre en Normandie sept à huict mil hommes payans tailles, et s'y est habitué grand nombre de noblesse, intéressée par telle commission faicte depuis trois ans seullement, encor que les sept paroisses appelées les sept villes de Bleu la possèdent dès l'an mil trois cens cinq. Que si ceste recherche est faisable, que ce soit devant les juges de la Province et non ailleurs, veu que les commissaires ne sont juges du faict du Domaine.

Au Roy. Et sont les Commissaires d'advis, qu'il plaise à sa Majesté renvoyer la congnoissance aux juges de la Province.

Après que le sieur de Fleury, conseiller au Conseil d'Estat et intendant sur le faict des Eaues et Forestz de France, aura esté ouy, avec ledict procureur scindic, par devant Monsieur le chancelier, sur le contenu de cest article, y sera pourveu par sa Majesté ainsi qu'il appartiendra.

XVI.

Nous demandons la révocation entière du Parisy des sommes levées en Normandie, affecté au remboursement des offices supernuméraires, veu qu'il est incorporé dans le gros de la taille, sans qu'aucuns offices soient remboursez;

AU ROY.

Ceste nature de deniers est, dès long-temps et pour affaires importans, incorporée avec les deniers des tailles et affectée à des despenses nécessaires, dont ilz ne peuvent estre pour ceste heure divertiz.

XVII.

De trente-trois mil livres levées sur les deux générallitez, pour la réparation des ponts et chaussées, et que des deniers, pour ce subject levez aux années précédentes, sera rendu compte devant les juges de la Province ;

Au Roy. Et sont les Commissaires d'advis, que les comptes desdicts deniers soient renduz en la Chambre des Comptes de Rouen.

La dicte levée est nécessaire au bien de la Province, pour les effetz ausquels elle est employée tous les ans, et n'en peult estre compté en la Chambre des Comptes de Rouen, à cause des inconvéniens qui arriveroient, si la despense, qui se faict pour ce regard par tout le royaume, n'estoit comprise en un mesme compte. Mais sa Majesté a agréable qu'il soit envoyé à ladicte Chambre un extraict dudict compte général, contenant ce qui regarde le particulier de ladicte Province, pour y avoir recours, quand il en sera besoing.

XVIII.

Révocation absolue des édictz de Payeurs de rente, d'Huissiers audienciers au magasin à sel, de Greffiers d'impost du sel, de Substitudz, simplement surcis par la response de noz dernières remonstances.

AU ROY.

Sa Majesté a continué le temps de la précédente surcéance jusques à ce que les Commissaires qu'elle a commis pour examiner lesdicts édictz ayent faict leur rapport, et en soit autrement ordonné par sadicte Majesté.

XIX.

Les Estatz se plaignent de la multitude confuse des officiers, Accesseurs, Lieutenans criminelz, Certifficateurs de criées, et demandent la révocation de toutes ces inventions de Parisis, Droict de clerc, Doublement et Tiercement de petitz sceaux et présentations, qui sont pernicieuses.

. . . .
. . . .
. . . .

seigneur de Montpensier, conte de Mortain, propriétaire de la viconté d'Auge, qui sont deux des plus belles vicontez de Normandie et de la plus grande estendue. Toutes les causes de Madamoiselle de Montpensier sont évocquées généralement au Parlement de Paris, en ce qui touche les procureurs et recepveurs, desquels elle prend le faict, de façon que, pour un denier de censive, il y aura évocation audict Parlement de Paris en première instance. Vostre Majesté est suppliée retrancher le cours de ces évocations, renvoyer les différentz qui naistront èsdictes vicontez devant les juges ordinaires, et par appel au Parlement de Rouen, pour éviter les fraiz et la peine de vos pauvres subjectz ses vassaulx, qui se voyent évocquez à soixante-dix lieues de leurs maisons pour affaires peu importantes, qu'ils ayment mieulx quitter, et en ce faisant perdre leurs droictz.

Au Roy. Et en sont les Commissaires d'advis.

Le Roy a accordé ladicte évocation pour bonnes considérations, et néantmoins elle sera réglée, en sorte qu'il n'en soit usé qu'en matières et causes importantes.

XXVII.

La révocation est demandée de l'édict vériffié en faveur

des ecclésiastiques, pour retirer les terres de l'église alliénées depuis soixante-trois, d'aultant que la plus grande partie de ceulx qui en sont aujourd'huy propriétaires les ont acquises soubz l'authorité de la foy publicque, après informations de la commodité ou incommodité, proclamations publiées, auctorisations et ratiffication du Pape et du Roy. Ce remuement apporte un grand désordre aux familles pour raison de partages, ventes, eschanges des terres par eulx acquises.

AU ROY.

L'édict est vériffié par tout le royaume et n'est que pour un temps limité, lequel sera bien tost expiré.

XXVIII.

Le tiers estat se plainct pour l'eslection de Montiviller, laquelle depuis six mois a esté contraincte de fournir chacun jour huict-vingts pionniers pour le curage des fossez du Havre, en ayant esté exemptées les paroisses deppendantes de l'abbaye de Fescamp et baronnie du Bec Crespin. Il est raisonnable de faire cesser ceste levée qui se monte des-jà à plus de quinze mil francs, attendu mesmes qu'il y a eu deux mil escus délivrez par arrest du Conseil sur ce subject.

AU ROY.

Le Roy veult que la commission expédiée pour le curage desdictz fossez de la ville du Havre, de l'exécution de laquelle se pleignent les supplians, soit rapportée en son Conseil, et envoyera sa Majesté sur les lieux quelque personnage capable pour faire procez verbal de ce qui a esté faict dudict curage et de ce qui en reste encores à faire, affin d'y pourveoir après, selon que son service et le bien du pays requerront, et cependant sa dicte Majesté entend que l'exécution de ladicte commission demeure surcise.

XXIX.

Vostre Majesté est suppliée de restablir dedans le bourg d'Arques la juridiction ordinaire comme elle y estoit avant les troubles.

Le sieur Mangot exécutera la commission qui luy a esté baillée sur ce subject, ou, s'il ne le peust faire, y sera commis quelqu'autre.

XXX.

Plaise au Roy faire deffence à toutes personnes de boucher la rivière de Vire au droict des moullins de Vaudeberq, et d'empescher le flux et reflux de la mer qui donne dans la dicte rivière, qui porte navires et batteaux, pour continuer le commerce des bailliages de Caen et Costentin aux villes de Rouen, Paris et autres, et deffendre aux riverains de prendre tribut pour la descente desdicts basteaux, et rendre les pentes d'icelle rivière libres et accessibles à toutes personnes, pour prendre et charger avec charettes et chevaulx les sables et tangues de la mer, qui servent à améliorer les terres voisines, qui sans cela seroient inutiles, et ne pourroit le peuple payer les tailles à sa Majesté, les descentes et avenues de ladicte rivière estans occupées par personnes d'authorité qui exigent tribut sur le peuple.

Au Roy. Et sont les Commissaires d'advis que les parties se pourvoyent devant les juges de la Province.

Sera escrit aux Trésoriers généraulx de France pour sçavoir la diligence qu'ils auront faicte d'exécuter ce qui leur fut ordonné l'année dernière sur pareille plaincte.

XXXI.

Ceux qui ont achapté des terres de vostre Domaine à

condition qu'en cas de remboursement, le prix payé, les fraiz déboursez, les améliorations faictes leur seroient rendues, s'en voyent aujourd'huy dépossédez et le prix de leur finance réduit en rente au denier vingt. Ils supplient vostre Majesté d'avoir agréable qu'ils continuent la jouissance de leurs acquisitions jusques à l'actuel remboursement du prix du principal et augmentation.

AU ROY.

Le présent article est renvoyé aux susdicts Commissaires qui ont charge de revoir les partiz pour y avoir esgard, examinant celui du rachapt du Domaine, et lorsqu'ils en feront leur rapport, en donner advis à sa Majesté.

XXXII.

Les estatz se pleignent du grand nombre des haultes justices qui sont en Normandie, et demandent qu'à l'advenir aucunes ne soient establies.

Au Roy. Et en sont les Commissaires d'advis.

Le nouvel establissement desdictes haultes justices estant également préjudiciable au Roy et à ses subjects, sa Majesté a bien agréable de n'en poinct accorder pour l'advenir.

XXXIII.

Les mandemens envoyez presque en tous les endroictz de la Province par les lieutenans de Monsieur de Sully, grand voyer, pour eslargir et esplanader les chemins sont fâcheux au peuple, qui supplie vostre Majesté faire cesser telle poursuite et recherche.

AU ROY.

Ceulx qui font lesdictes recherches seront tenus de

rapporter au Conseil de sadicte Majesté leurs commissions, et cependant Elle veult qu'elles soient dès à present toutes surcises.

XXXIV.

Vostre Majesté est suppliée pourveoir à la réparation des havres de Sainct Vallery et Fescamp.

Au Roy. Et en sont les Commissaires d'advis.

Lorsque Monsieur le Conte de Soissons, gouverneur de la Province, sera sur les lieux, il recongnoistra la commodité ou incommodité pour en informer sa Majesté qui par après y pourvoira.

XXXV.

Les substitutz aux siéges inférieurs pour peu de finance sont permis prendre taxe pour les procez. Nous en demandons la révocation.

AU ROY.

L'édict d'attribution de ladicte taxe aux substitutz sera veu, pour recongnoistre quelle elle est, affin de pourveoir à la plainte qu'en font les supplians, ainsi qu'il appartiendra.

Voilà noz plainctes contre les édictz, noz remonstrances contre les partiz. Si l'on nous dict que ce que nous demandons est juste, mais ce que les partisans proposent est utile, nous respondrons que plus on va justement aux affaires, ordinairement s'ensuit plus grand proffit, et ce proffit est nostre obéissance, qui ne manquera jamais. Si on prétend le dédommagement, cela n'est point raisonnable. Autrement toute proposition, pour mauvaise qu'elle fût, présuposeroit un advantage. En quelque estat que nous soyons réduictz, nous offrons à vostre Majesté les deux tiers des sommes de la taille portées dans la Commission. Faict en la Convention des Estats, tenuz à Rouen en la Maison Ábbatialle de Sainct Ouen, le seiziesme jour de décembre mil six cens dix.

Signé, De Bretignères.

LES COMMISSAIRES tenans la présente Convention, ayant veu la responce que les delléguez des Estats ont faicte à la proposition et demande à eulx faicte de la part du Roy, par laquelle accordent seullement luy payer, pour l'année prochaine mil six cens onze, les deux tiers des sommes de la taille portée par la Commission, supplians sa Majesté se voulloir contenter et les descharger du surplus, à cause de leur impuissance et extresme pauvreté, LESDICTS COMMISSAIRES, après avoir sur ce faict ausdicts delleguez plusieurs remonstrances requises et nécessaires pour le service de sa Majesté, et que sur icelles s'estans rassemblez pour y adviser, ils ont dict ne pouvoir rien changer de leur première résolution, ont ordonné, pour ne laisser le service de sa Majesté en arrière, que, par provision, département et assiette sera actuellement faicte de toutes et chacunes les sommes de deniers demandées par sa Majesté et mentionnées ès lettres-patentes de commission pour ce expédiées selon la forme portée par icelles, ce qui a esté prononcé publiquement ausdicts depputez en l'assemblée desdicts Estatz. Faict à Rouen par lesdicts Commissaires, le jeudy, seiziesme jour de décembre mil six cens dix.

Signé, Par lesdicts sieurs Commissaires,

LIGEART.

Le Roy faict assez cognoistre aux supplians par le contentement qu'il leur donne sur leurs présentes plainctes et remonstrances, qu'il ne s'est arresté à aulcunes de ces considérations, et comme ils sont obligez, par les raisons qui leur ont esté représentées de la part de sa Majesté, de consentir à l'entière levée de ce qu'Elle a désiré qu'ils contribuassent en ceste année ainsi qu'ès précédentes pour les despenses ordinaires de cest Estat, ils ne doibvent aussi s'en promettre maintenant aulcune diminution, la condition présente des affaires de sadicte Majesté ne le permettant.

Les remonstrances cy-dessus ont esté veues et respondues par le Roy estant en son Conseil, la Royne Régente, Mère de sa Majesté, présente. A Fontainebleau, le vingtième jour d'avril mil six cens onze.

Signé, LOUIS.

Et plus bas, Potier.

Collationné à l'original, par moy Procureur scindic des Estats de Normandie,

De Bretignères ([1]).

([1]) Réimprimé d'après l'exemplaire, malheureusement incomplet du titre et de 2 feuillets, déposé à la Bibliothèque Nationale sous la cote L K 14. 138.

ARTICLES
DES
REMONSTRANCES
Faictes en la Convention des Trois Estats
DE NORMANDIE
Tenue à Rouen, le quatorzième jour de novembre
mil six cens onze.

---

*Avec la Responce et Ordonnance sur ce faicte
par le Roy estant en son Conseil, la Royne
Régente, Mère de sa Majesté, présente,*

A Paris, le dix-septième jour de mars mil six cens douze.

AU ROY ET A LA ROYNE RÉGENTE.

A Monseigneur le Conte de Soissons, *Grand Maistre de France, Gouverneur et Lieutenant général pour le Roy en Normandie, et à Nosseigneurs les Commissaires depputez par le Roy pour tenir les Estats de ceste Province, le quatorzième jour de novembre mil six cens et unze.*

Sire,

Vostre Majesté congnoist la fidélité de ses peuples : Elle ne sçait point leurs misères. Noz moyens sont espuisez pour les tailles : voilà noz dernières plainctes ; et toutes fois la responce n'en est que en termes de bienveillance, sans effet de soulagement. Nous sommes heureux d'estre traictez avec parolles de begninité et de douceur; nous le serons d'avantage, quand il plaira à vostre Majesté qu'elles soient suivies d'événements favorables. Sire, ayez pitié de voz subjetz; relaschez un peu des tailles excessives qui se lèvent dans le pays; ne permettez que ce qu'on appelle aujourd'huy nécessitez de l'Estat, aplicqué par discours commun à toutes sortes d'affaires, empesche noz espérances. Les habitans de ceste province s'en retirent; à traict de temps, elle sera dépeuplée. Quelle désolation, si vostre Majesté régnoit sur des plaines abandonnées et non sur des hommes ! Dieu, que vostre Majesté représente, ne fut jamais importuné de la prière de ses créatures: ne le soyez point de celle de voz subjectz. Ils l'attendent de vostre bonté, s'en asseurent sur les sages conseilz de la Royne Régente.

AU ROY.

Le Roy ne se sentira jamais importuné des supplications de ses subjectz, et les entendra toujours volontiers pour y pourveoir avec la bienveillance qu'il leur porte, suivant les bons et prudens conseilz de la Royne Régente, sa mère, qui n'affectionne rien plus que leur soulagement, comme leurs Majestés ont assez tesmoigné aux supplians, par la façon dont elles ont reçu leurs Cahiers précédens et les responces qu'elles y ont faictes, par lesquelles elles leur ont accordé des graces et descharges très-notables, et leur ont donné par effect toute l'occasion de contentement qu'ils pouvoient espérer en l'estat présent des affaires de ce royaume, qui ne sembloit pas mesmes leur permettre de tant faire pour eulx, comme certainement il eust difficilement esté faict, si la bonne volonté de leurs dictes Majestez envers eulx n'eust surmonté les difficultez qui s'y rencontroient, et si elles ne se fussent résolues de s'incommoder d'ailleurs pour les gratifier.

II.

Les Ecclésiastiques démandent la conservation de leurs privilléges et une descharge géneralle de toutes sortes d'impostz.

AU ROY.

Le Roy veult que les dicts Ecclésiastiques soient conservez en leurs privilléges, et qu'ils jouissent plainement des descharges et immunitez qui leur ont esté concédées par les Roys, ses prédecesseurs, et confirmées par sa Majesté.

III.

L'Espée des Gentils-hommes, leur courage, leur moyens sont portez au bien de vostre service : pour les y affermir, maintenez avec affection les prérogatives de leurs privilléges; asseurez les, à mesure que les gouvernemens, les charges, les offices vacqueront dans le pays, que leur fidelité donnera occasion de les y pourveoir par préférence.

AU ROY.

Le Roy entend aussi que sa Noblesse, de la fidélité et affection de laquelle il ne doute point, soit maintenue en ses privilléges, et la veult gratiffier, aux occasions, des charges et honneurs ausquels elle peut aspirer par naissance et par mérites et par la bienveillance de sa Majesté.

IV.

Exemptez les des impositions, au moings pour ce qui est de leur creu, et les gratiffiez de ceste faveur, tout ainsi que les officiers de voz Compagnies souveraines.

AU ROY.

Ces officiers ne jouissent d'aucunes exemptions qui ne

soient communes à la dicte Noblesse; mais les ungs ny les autres n'en peuvent avoir des impositions, ausquelles toutes personnes, de quelque qualité et condition qu'elles soient, et mesmes les domestiques de sa Majesté, doibvent estre subjectz.

V.

Vostre Majesté, sur les plainctes générales du royaume contre ceulx qui disent estre domesticques de sa Maison ou de celles des princes pour s'exempter des tailles, a donné commission à Messieurs de Chateauneuf, Arnauld et Pontcarré pour y mettre l'ordre, tirer hors de ligne ceulx qui ne servent actuellement, et retrancher le nombre superflu des ordinaires ou servans par quartier. Nous supplions vostre Majesté que ceste commission soit exécutée, et que les commissaires y procèdent sans intermission.

Au Roy. Et sont les Commissaires d'advis, que la dicte commission soit exécutée.

Le Roy commandera ausdicts commissaires d'exécuter ceste commission en toute dilligence, et de veoir tous les estats des exempts du royaume et spéciallement en la province de Normandie, dont le bien luy est tousjours en singulière recommandation, pour en faire leur rapport au Conseil de sa Majesté, et par après y estre pourveu, en sorte que son peuple en soit soulagé et qu'il ne s'y commette plus d'abuz.

VI.

C'est l'usage de ceste Province, estably de tout temps, gardé jusques à present, que les imposez aux tailles, si aprés ils obtiennent privillége d'exemption, leur imposition diminue seullement de cent sols, mais reçoivent ceste faveur que jamais elle n'est haussée, bien qu'il leur eschée des successions ou que leur bon mesnage leur donne des commoditez. Contre ce procéder, introduict pour asseurer à vostre Majesté le payement des tailles, plus rigoureuses en Normandie qu'en lieu du monde, ceulx qui estoient imposez prennent quelque léger office d'exemption, ne se contentent à la diminution ordinaire, se persuadent devoir estre entièrement deschargez, et là-dessus évocquent les communaultez au Conseil, comme il est advenu depuis peu pour les eschevins de Gournay. Ordonnez, Sire, que ces reiglemens, observez par coustume et par nécessité, demeureront inviolables, et retranchez le cours de ces évocations abusives.

Au Roy. Et sont les Commissaires d'advis, que les réglemens cy-dessus soient observez et gardez.

Le Roy veult que les réglemens, qui ont esté jusques à présent observez au faict des tailles en la dicte Province, le soient encores à l'advenir ; et pour le regard de la plaincte que les supplians font touchant les évoccations, il ne s'en accorde aucunes qu'aux termes de l'ordonnance. Et pour celle qu'ils cottent, lorsqu'ils en feront apparoir, il y sera pourveu.

VII.

Nous supplions vostre Majesté révocquer absoluement l'office de Grand-voyer, inventé à la ruine du peuple contre les privilléges de ceste Province, qui a ses juges réglez pour cest effect.

AU ROY.

La fonction de cest office s'estendant par tout le royaume, sa Majesté ne peult pourveoir à la requeste des supplians que par une résolution généralle pour le bien universel de ses subjectz.

VIII.

Les partisans et ceulx de voz officiers, qui depuis quelques années trempent dans les partiz injustes et les authorisent, ont trouvé leur grandeur dans la ruine de voz peuples; et néantmoings ils vivent parmy nous. Il est temps de faire leurs procez : ils sont coulpables; le compte qu'ils rendront de leurs exactions fournira plus de deniers en voz coffres, que ne peult monter la diminution des tailles, demandée si instamment.

AU ROY.

Le Roy ayant ordonné des commissaires pour revoir tous les partiz dont sa Majesté a receu quelque plaincte de ses subjectz, après leur rapport en son conseil, il y sera pourveu, et, s'ils font cependant apparoir de quelques particulières malversations commises par aucuns des dicts partisans, justice en sera faicte.

IX.

Vostre Majesté a tesmoigné par la suppression de quelques petits offices sa volonté à nous soulager. Nous sommes estonnez de veoir que, sans édictz, par simples lettres de chancellerie, on les restablit l'un après l'autre, sans qu'il en vienne un denier au profict de vostre Majesté, comme il est arrivé depuis peu en l'Election de Montiviller, Mortaigne, Caudebec et autres endroictz où on prétend establir des Esleux sans édict, bien que les offices en ayent esté supprimez. Ordonnez, s'il vous plaist, que les dicts offices et autres supprimez ne pourront estre aucunement restabliz, et faictes deffences à toutes personnes d'entreprendre la function de la justice en ceste Province, sinon en vertu des édictz vériffiez au Parlement, Chambre des Comptes et Court des Aydes, et selon leurs modifications. Il seroit raisonnable que vostre Majesté donnast commission à quelques ungs de son Conseil pour examiner, reveoir et casser les provisions qui en ont esté expédiées.

Au Roy. Et sont les Commissaires d'advis, que nuls offices supprimez soient restabliz sans édicts vériffiez ès Cours souveraines.

La volonté du Roy est que les supplians jouissent des suppressions que sa Majesté leur a accordées, et qu'à l'advenir nuls offices supprimez ne soient restabliz en la dite Province sans édictz vérifiez en ses Courtz souveraines; et représentant lesdictes lettres de restablissement, dont ils se plaignent, leur sera faict droict.

X.

Nous demandons la suppression des Certifficateurs de criées, Commissaires examinateurs, et de tous ces autres juges establiz à l'oppression du peuple, et pareillement la révoccation du droict de Parisis, Droict de clerc, Présentation, Doublement et Tiercement de petitz sceaulx et de geaugeurs;

AU ROY.

Le Roy a desjà pourveu, par sa déclaration du mois de juillet de l'an mil six cens dix, à la plaincte des supplians touchant lesdits Certifficateurs de criées et Commissaires examinateurs aux eslections, et continuera de pourveoir au reste, à mesure que ses affaires le permettront et que les Commissaires ordonnez par sa Majesté pour reveoir et examiner les édictz et partiz, comme dict est, en feront leur raport en son Conseil; et affin que ce pendant son peuple n'en reçoive de l'oppression, Elle veult que s'il s'y commet des abuz et malversations, ils soient sévèrement reprimez et puniz par les juges ordinaires, ausquels Elle enjoinct d'y faire leur debvoir, à peine d'en respondre.

XI.

La Révocation des affranchiz des parroisses, qui s'exemptent des tailles contre le bien de vostre service, se font descharger des tutelles contre le droict de nature. Permettez aux parroisses, ausquelles il y en a d'establiz, de les rembourcer, si leurs moyens leur en donnent la puissance, et deffendez expressément qu'aucuns affranchiz ne puissent estre establiz aux parroisses où il n'y en a point de présent.

Au Roy. Et en sont les Commissaires d'advis.

Les dits affranchiz ne sont aucunement exempts de payer la taille ny d'y estre haussez pour les successions, accroissement de biens et autres advantages, qui leur adviennent, non plus que les autres subjectz de sa Majesté, mais seullement d'estre surtaxez, à raison des exemptions qui leur sont accordées par ledict édict de leur establissement, ainsi qu'il est porté par iceluy, à quoy sa Majesté enjoint très-expressément à ses officiers de tenir soigneusement la main et de suivre exactement, en l'imposition des dites tailles, ses ordonnances et réglemens, et ce qui leur est mandé tous les ans par les commissions qui leur sont envoyées pour en faire le recouvrement. Et en ce faisant, les supplians ne pourront recevoir incommodité desdits affranchiz, dont l'édict n'est qu'entre volontaires, et qui ne doibvent estre exempts que des charges personnelles.

XII.

L'ÉDICT pour l'inféodation des terres vaines et vagues, et le party pour la réunion d'icelles ont esté simplement surcis par les responces de noz derniers Cahiers : nous en demandons la révocation entière.

Au Roy. Et en sont les Commissaires d'advis.
Accordé.

XIII.

PAREILLE révocation est demandée touchant le rachapt des Greffes et du Domaine, et que ceulx qui les ont acquiz en continueront la jouissance jusques à l'actuel remboursement du prix et augmentation, sans qu'il leur soit besoing d'avoir autre déclaration que la responce qu'ils attendent de votre Majesté en cest article.

AU ROY.

Le Roy continue encores aux supplians la surcéance de ce party qu'il leur a accordé dès les années passées sur leurs Cahiers précédens, en attendant que, les commissaires, ausquels sa Majesté a ordonné de le reveoir et examiner, en ayant faict leur rapport au Conseil, Elle leur y puisse donner plus de contentement.

XIV.

Les édicts de Payeurs de Rente, d'Huissiers Audienciers au Magasin à sel, de Greffier d'Impost du sel, de Substitus, ont esté simplement surcis par noz dernières remonstrances : nous en demandons la révocation.

Au Roy. Et en sont les Commissaires d'advis.

La déclaration du mois de juillet de l'an mil six cens dix et les responces faictes sur ce subject aux Cahiers précédens seront suivies.

XV.

La Suppression des Assesseurs et Procureurs Communs aux Vicontez nous seroit innutille dans la responce de noz derniers Cahiers, si les déclarations contraires obtenues sans raison les ruinoient.

Au Roy. Et en sont les Commissaires d'advis.

Le Roy n'entend qu'il soit aucunement dérogé à la dite suppression accordée par sa Majesté, et veult que les dits supplians en jouissent plainement suivant son intention ; et s'il y a esté contrevenu, en le faisant apparoir, il y sera pourveu.

XVI.

Au Bail du sel, nous voyons que vostre Majesté a pitié de nous en la diminution du prix : ordonnez qu'il sera en dépost aux Gabelles l'espace du temps porté par les ordonnances, et pour le repos et tranquilité de vos subjetz, supprimez ceste canaille d'Archers du sel, qui, soubz la faveur de leurs casaques, pillent, vollent, meurtrissent impunément ; la dilligence des Sergeans ordinaires suffira pour la recherche des faulx-sanniers.

Au Roy. Et sont les Commissaires d'advis, que les ordonnances sur le faict des Gabelles soient gardées.

La volonté du Roy est que les ordonnances sur le faict des Gabelles soient gardées et observées, que le sel y soit en dépost le temps porté par icelles; et ne s'estant peu faire avec le fermier aucun réglement pour la suppression desdits Archers, sa Majesté veut que celuy du mois de mars de l'an mil six cens dix, par lequel il a esté pourveu aux plainctes qui ont esté faictes de leurs malversations, soit suivy, et qu'il y soit adjousté tout ce qui se pourra pour le soulagement de son peuple.

XVII.

UNG nommé Malthais fut pourveu de l'office de Grand Visiteur et Général refformateur des poidz, ausnes et mesures en ce royaume. Cest office a esté supprimé par divers arrestz du Conseil, et néantmoins ung surnommé le Blond, Lanternier et autres prennent ceste mesme quallité sans y estre pourveuz, et sans qu'il y aye édict de restablissement. Les exactions qu'ils commettent sont si grandes que nous supplions vostre Majesté d'ordonner qu'il en sera informé, et procédé contre eulx extraordinairement, avec deffences d'entreprendre l'exercice du dict office, sur peine de la vie.

Au Roy. Et en sont les Commissaires d'advis.

La dicte déclaration du mois de juillet mil six cens dix et les arrestz donnez du depuis au Conseil sur ce subject seront suiviz.

XVIII.

IL y a quelque temps que le Roy Henri le Grand bailla

à des partizans, pour un prest d'environ six-vingts mil liures, les taxes sur les Anoblis depuis soixante et treize, qui ne montent pas moings de six-vingts mil escus. Ordonnez, Sire, qu'ils en rendront compte, et que ce qu'ils ont touché de plus yra à la descharge du peuple.

AU ROY.

Ces partisans seront tenuz de rapporter au Conseil leur estat de recepte et despence, et après qu'il y aura esté veu, il sera pourveu au contenu du présent article.

XIX.

Nous demandons ung fondz entier pour le payement des rentes créées sur la ville de Rouen, receptes génerales et particullières de ceste Province. C'est le bien des Ecclésiastiques, de la Noblesse, des veufves, des pupilles ; leurs rentes sont bonnes, elles sont justement deues ; l'Estat est riche, ils meurent de faim.

AU ROY.

Encores que les charges de l'Estat soient grandement augmentées, le Roy n'a voulu faire aucune diminution sur le fondz laissé par le feu Roy, d'heureuse mémoire, pour le payement des dictes rentes : en quoy Sa Majesté a bien tesmoigné le soing qu'Elle a des supplians, et leur a donné toute occasion de s'asseurer que, quand Elle l'aura d'accroistre le dict fondz, et que ses affaires le luy permettront, rien ne luy sera en plus grande recommandation que de les gratiffier en cela, comme en toute autre chose.

XX.

L'Impost de l'escu pour thonneau de mer fut estably pour un armement de navires au siége du fort de Blavet en Bretagne. Toutes choses y succédèrent à l'advantage du feu Roy. Cest impost depuis fut supprimé par toute la France. Restably en Normandie seullement, la révocation en est demandée, d'aultant que le commerce, par ce moyen, est diverty et porté chez les nations estrangères.

AU ROY.

Les deniers provenans de cest impost sont maintenant affectez à des despences si nécessaires et importantes à l'Estat, qu'il ne peult estre encores révocqué.

XXI.

D'ou vient qu'il se lève un impost de trois escus pour tonneau de vin, quarante sols pour tonneau de sildre, et vingt sols pour tonneau de poirrey, aux villes de Rouen, Dieppe et Havre, et que de ceste extrême surcharge sont exemptes toutes les autres provinces de France? Vostre Majesté, s'il lui plaist, le révocquera, et ne permettra point que ceste imposition demeure sur nous, comme une marque d'infidélité et de mépris. Noz affections et nostre obéissance à servir l'Estat n'ont esté moindres que celles des autres François.

AU ROY.

Cest imposition tient lieu en Normandie de la subvention à laquelle contribuent toutes les autres provinces du royaume, de sorte que les supplians n'ont aucune occasion particullière de s'en plaindre. Et néantmoins, quant le Roy les en pourra descharger, sa Majesté le fera très-volontiers.

XXII.

Nous supplions vostre Majesté révocquer l'impost de vingt solz pour muid de vin, qui se lève soubz prétexte de la reffection du Pont de Rouen, ordonner que les deniers jà levez, suffisans pour le rédiffier, y seront employez, et que l'adménagement s'en fera par les Eschevins de la dicte ville ;

Au Roy. Et sont les Commissaires d'advis, que les deniers provenans du dict impost pour la réparation du pont y soient employez.

Le Roy, estant bien résolu de faire travailler à la reffection dudit Pont, ne peult révocquer ce subcide, au préjudice du bail qui en a esté depuis peu renouvellé ; mais sa Majesté veult que tous les deniers qui en proviendront soient employez à cest ouvrage, sans qu'ils puissent estre divertiz à autre quelconque, et pour quelque occasion que ce soit ; et mesmes il a esté ordonné au Conseil de sa Majesté, par arrest du vingtiesme jour du mois d'octobre dernier passé, qu'il sera rendu compte du maniement desdits deniers en la Chambre des Comptes de Rouen.

XXIII.

De faire deffences à tous Receveurs et leurs héritiers de poursuivre les Collecteurs des tailles et leurs héritiers, pour le reste des années quatre-vingts sept, huict, et neuf, et en tant que besoing seroit, en faire don et remise aux contribuables.

AU ROY.

Accordé, suivant la dicte déclaration du mois de juillet de l'an mil six cens dix, par laquelle sa Majesté y a pourveu au contentement des supplians.

XXIV.

Vostre Majesté par les responces de nos Cahiers, a voulu qu'il soit informé des exactions commises aux rives et advenues de la rivière de Vire pour la descente des batteaux, et depuis a donné commission au Sieur de Cauvigny, Trésorier de France à Caen, pour en informer. L'information qu'il en a faicte a esté portée en vostre Conseil : vostre Majesté, s'il luy plaist, donnera en cest affaire un réglement deffinitif.

Au Roy. Et en sont les Commissaires d'advis.

Le Roy, après que le Syndic desdicts Estatz a esté ouy, a ordonné que la dicte information, qui n'a encores esté rapportée en son Conseil, y sera représentée, pour, icelle veue, y estre ordonné ce que de raison.

XXV.

Vostre Majesté accorde la suppression du Procureur du Roy en l'Officialité de Rouen, par la responce de noz dernières remonstrances, au préjudice desquelles, soubz prétexte d'une simple déclaration, il prétend estre restably. Néantmoins, si vostre Majesté veult, pour la conservation de la Juridiction royale, que cest office aye lieu, nous la supplions très-humblement, pour éviter à multiplicité d'officiers, que, comme à Paris l'office de Procureur du Roy en l'Officialité est réuny à l'office de Procureur du Roy au Chastelet, de mesme le dict office sera réuny à l'office du Procureur du Roy au Bailliage de Rouen, en remboursant par luy ce que ung nommé du Hamel, pourveu à la charge de Procureur du Roy en la dite Officialité, justiffiera avoir payé et financé actuellement aux coffres de vostre Majesté.

Au Roy. Et en sont les Commissaires d'Advis.

Accordé.

XXVI.

Puisque vostre Majesté maintient le Sieur du Raullet en la function de sa charge, il est raisonnable que des différendz qui naistront pour ce subject le Parlement en soit Juge, comme il est observé aux autres provinces, sans qu'il puisse s'aider d'aucune évoccation, et que deffences luy soient faictes et à ses lieutenans, de transporter les prisonniers de lieu en autre, et de rien entreprendre contre les Ecclésiastiques, Gentils-hommes et domicilliez.

Au Roy. Et en sont les Commissaires d'advis.

Par les ordonnances génerailes du royaume et les réglements particulliers qui ont esté faicts expressément sur ce subject, il y a esté assez pourveu, et le Roy veut qu'ils soient exactement suivis et observez.

XXVII.

Vostre Majesté, s'il luy plaist, fera cesser la peine en laquelle sont les officiers du Présidial de Rouen, pour l'empeschement donné par le Parlement à l'installation de deux conseillers au dict Présidial, veu que les offices desquels ils sont pourveuz furent créez en l'an mil cinq cens quatre-vingt dix-sept, et supprimez par les Patentes de vostre Majesté, le vingt-deuxième juillet en l'an mil six cens dix. Il est raisonnable que la suppression des dicts offices soit confirmée, et les officiers du dict Présidial relachez de l'assignation qui leur a esté donnée au Conseil.

Au Roy. Et en sont les Commissaires d'advis.

Y sera pourveu par le Conseil du Roy sur l'instance qui y est pendante, au préjudice de laquelle sa Majesté ne peult rien ordonner cy-dessus.

XXVIII.

Les Estatz continuent leurs remonstrances pour le restablissement de la jurisdiction d'Arques, suivant les Patentes qui en furent expédiées en septembre quatre-vingts quatorze, confirmées par édict du mois de mars ensuivant, vériffiées au Parlement. Le pays en recevra de la commodité, et vostre Majesté de l'advantage, pour ce que les quatrièmes et autres droicts, qui estoient affermez grande somme de deniers, sont demeurez inutilz depuis que la juridiction a esté transférée à Dieppe. Le feu Roy, par ses édictz de pacification, remit les Communaultez en leurs privilléges et juridictions telles qu'ils avoient devant la guerre, comme il fut jugé au Conseil pour les habitans de Ribremont au préjudice de ceulx de Laon, où la jurisdiction Royalle avoit esté transférée durant les troubles, tout ainsi qu'en ceste province du bourg d'Iesme à Argentan, de Constances à Sainct-Lo, d'Avranches à Granville, du Ponteaudemer au Pontlevesque. Les habitans d'Arques ne sont en moindre recommandation : leur bourg a esté ruiné de deux armées ; cinq cens familles en sont réduictes à mandicité ; en ce lieu, le feu Roy, vostre père, à son advènement à la Couronne, donna les premières batailles à ses ennemis, y recueillit les premiers fruictz de ses victoires. A présent, tous les pauvres habitans d'Arques recourent à vostre Majesté, la supplient en avoir pitié.

AU ROY.

Le Sieur Mangot n'a encores exécuté la commission qui luy a esté baillée sur ce subject, en ayant esté diverty par d'autres très-importantes, ausquelles il a esté employé ; mais sa Majesté veult qu'il l'effectue ou que, s'il ne le peult faire, un autre y soit commis en son lieu.

XXIX.

Les traictez de vostre Majesté avec le roy de la Grande Bretagne rendent la condition des subjectz esgallement favorisée dans les deux royaumes; néantmoins les marchands françois sont traictez avec rigueur en Angleterre, et en France les Anglois reçoivent toutes sortes de courtoisies, ont mesmes priviléges que nous. Vostre Majesté, s'il luy plaist, fera congnoistre, par son ambassadeur résidant en Angleterre, que voz subjectz, qui y trafficquent, doibvent jouir des mesmes priviléges que vous donnez aux marchans anglois en ce royaume pour l'entretien du commerce.

AU ROY.

Le Roy escrira à son ambassadeur, résident en Angleterre, de faire tous offices et instances justes et raisonnables envers le roy de la Grande Bretagne en faveur des supplians.

XXX.

Les estrangers ne permettent que les navires pirates abordent en leurs costes, soient receuz en leurs havres, y vendent les marchandises déprédées. En Normandie, on leur donne seureté. Ce malheur fera obtenir sur les François des lettres de représailles et ruinera le commerce. Vostre Majesté, s'il luy plaist, commandera aux juges et officiers de la Province d'empescher l'abord et descente des navires pirattes et la vente des marchandises déprédées.

Au Roy. Et en sont les Commissaires d'advis.

La volonté du Roy estant qu'aucuns navires pirattes ne soient receuz en ses portz et havres, ny qu'il leur y soit donné retraicte, seureté ou faveur quelconque, soubz quelque prétexte que ce soit, sa Majesté l'a faict entendre au sieur duc d'Anville, amiral de France, affin qu'il la face observer, comme il l'a asseurée qu'il a tousjours faict, et qu'il fera à l'advenir très-exactement.

XXXI.

Les estrangers tirent hors du royaume l'or et l'argent monnoyé, le fondent, en diminuent l'aloy, battent d'autres monnoyes, leur donnent un hault prix, les rapportent en France, les y exposent, leur donnent cours par une forme de commerce. Le peuple est contrainct de les recevoir, les porte aux receveurs des tailles : ils les refusent ; on ne sçait quel payement faire, si ce n'est avec perte pour le change des espèces. Vostre Majesté, s'il luy plaist, y mettra ordre, et, en attendant, ordonnera que les monnoyes estrangères seront reçeues par les receveurs au prix qu'elles ont entre le peuple.

AU ROY.

Le Roy a commis quelques uns de son Conseil pour, après avoir conféré avec les officiers et autres entenduz au faict des monnoyes, adviser aux moyens propres pour remédier aux abuz qui s'y commettent, et après en faire leur rapport en son dict Conseil, pour sur iceluy y estre pourveu.

XXXII.

La suppression des Esleuz est demandée, et leur réduction au nombre antien.

AU ROY.

C'est chose que le Roy aura tousjours agréable, quand ses affaires le permettront.

XXXIII.

Que les anciens officiers ausquels vostre Majesté avoit permis de rembourser les nouveaux pourveuz dans certain temps porté par vos édictz y soient encores recepvables, nonobstant le temps escoullé depuis. Et d'autant que le feu Roy avoit supprimé quelques offices, à condition qu'ils seroient remboursez par sa Majesté dans un temps limité, autrement que les pourveuz en jouiroient, lequel temps est expiré, qu'il plaise à vostre Majesté permettre aux antiens officiers de les rembourcer, bien que le dict temps soit escoulé.

AU ROY.

Le dict temps auquel le remboursement des dits nouveaux officiers estoit permis et la suppression accordée estant escoulé, les anciens officiers ne peuvent plus maintenant y estre receuz, puis qu'ils n'y ont voulu entendre pendant qu'ils en avoient le pouvoir, qui leur a assez duré, et après lequel ils sçavoient que les autres devoient demeurer (comme il est raisonnable) assurez en leurs offices.

XXXIV.

Vostre Majesté a révocqué par édict les quallitez de second Président aux Ellections; néantmoins quelques Esleuz et autres recherchent les vieilles quictances expédiées pour cest effect, et moyennant quelque petite somme se veullent prévalloir des dictes quallitez. Vostre Majesté est très-humblement suppliée les révocquer, ou du moings ordonner que ceulx qui les ont levées et ne sont encore receuz en la dicte quallité, pourront estre remboursez par les Esleuz du prix de leurs quictances, et en ce faisant, les dictes quallitez seront supprimées.

AU ROY.

Accordé que ceulx qui ont levé les quictances des dictes quallitez de Présidentz aux Eslections et qui ne sont reçeuz, pourront estre rembourcez par les dicts Esleuz.

XXXV.

Depuis peu de jours on a proposé un party spécieux en apparence et fascheux en effect, duquel nous demandons la révoccation. Un particullier s'est obligé d'acquitter la faulte de fondz qui est aux charges du Domaine en ceste Province, revenant environ huict mil liures par an, à condition qu'il pourra rechercher le Domaine esgaré, et en jouir quelque temps. Ceste recherche exacte, sans dire par quels moyens, quels juges, est soubçonneuse. Il est à craindre qu'on ne mette en compromis le bien de vos subjectz. Ne permettez point que, pour une si légère somme, indigne du soing de vostre Majesté, les habitans de ceste Province soient à la mercy d'un partizan, obligez de représenter les tiltres de leur pocession, pour congnoistre si elles sont domanialles. Telles recherches ne furent jamais advantageuses au Domaine des Roys.

AU ROY.

Ce party n'a esté faict.

XXXVI.

Les Estatz se plaignent contre le nouveau fermier des Traictes domanialles et Impositions foraines. Par son bail il est obligé de suivre les précédentes adjudications ; néantmoins, par une nouvelle entreprinse, il veult faire payer les droictz d'entrée pour les marchandises du creu de France transportées seullement de province en autre, comme celles qui de Marseilles, Thoulouze, Bordeaux, Bretagne et autres lieux arrivent en ceste ville, tout ainsi que si elles venoient de pays estrangers, ce qui n'a jamais esté permis aux précédens fermiers. Vostre Majesté, s'il luy plaist, lui fera deffences d'exiger aulcunes choses, ny prendre aulcun droict pour les marchandises qui sont du creu de France et qui y sont apportez, transportez de provinces en autres. Et d'aultant que, pour les différends qui naistront à raison du dict bail, il luy est permis de choisir telz juges qu'il luy plaira, desquels les appellations ressortiront au Conseil, ayant desjà obtenu une évocation à cest effect, ce qui n'est point raisonnable, vostre Majesté ordonnera que les juges des lieux en congnoistront, et par appel la Court des Aydes, et à ceste fin que la dicte évocation sera révocquée.

Au Roy. Et sont les Commissaires d'advis, que, pour le regard des différendz des particulliers contre le dict fermier général, ils soient renvoyez devant les juges des lieux, sans pouvoir estre évocquez.

Le dict fermier sera appellé au Conseil du Roy, et

après qu'il aura esté sur ce ouy, comme aussi le Procureur scindic desdits Estatz, il leur sera pourveu.

XXXVII.

Pardonnez nous, Sire, si nous disons que l'arrest de vostre Conseil donné pour les Confirmations nous met en craincte. Tous Artisans et gens de Mestier y sont taxez, vos Officiers y sont comprins, qui sont personnes principalles dans les villes de ceste Province. Ils aydent à conserver l'Estat durant vostre minorité, y despencent leur bien. Quelle apparence de tirer sur eulx des taxes excessives, comme si la Couronne vous estoit escheue en ligne collatérale et non par succession directe ? Qui eust peu croire que les offices de Baillifz, charges attribuées aux Gentilshommes pour mener la Noblesse à la guerre, y fussent comprins ? Révocquez, Sire, toutes ces taxes, et en deschargez tant de personnes.

AU ROY.

Les taxes des dites Confirmations ont esté faictes fort modérées dès le commencement au dit Conseil, et néantmoins sa Majesté les a encores depuis réduictes aux trois quartz. Les offices de Baillifz, ny autres affectez à la Noblesse, n'y ont point esté comprins, et le droict ne se lève sur les particuliers artisans, mais seullement sur les Communaultez d'iceulx, ainsi que de tout temps il a esté praticqué.

XXXVIII.

Vostre Majesté n'a besoing de nouveaux tesmoignages de nostre service : nostre obéissance le confirme. Comment se peult-il faire que nous soyons taxez pour estre maintenuz en la propriété de noz biens ? Dans l'arrest du Conseil est ceste clause, que taxes seront faictes sur les villes, usagers des forestz, communaultez qui sont subjectes à confirmation. Est-ce que dès à présent on ordonne qu'elles seront taxées pour ce qu'elles y sont subjectes, ou que celles-là seullement y seront comprinses qui y seront subjectes ? Esclaircissez nous de ce doubte, révocquez cest article, ordonnez qu'il sera osté de l'arrest du Conseil, d'aultant que jamais ny villes ny communaultez en Normandie ne furent comprinses aux taxes des Confirmations. Cest arrest ne peult estre exécuté sans grandes levées sur la Noblesse, foible de moyens, sur les Ecclésiastiques, assez incommodez par les décimes, sur le peuple, trop pauvre pour payer les tailles.

AU ROY.

Les dictes communaultez, ayant usage aux forestz du Roy, ont tousjours esté subjectes ausdites Confirmations à cause de leurs dits usages. C'est pourquoy elles y ont encores esté taxées, Sa Majesté n'entendant pas d'y rien comprendre qu'il ne l'y ait aussi esté par le passé.

XXXIX.

Ceulx qui ont esté taxez aux Confirmations faictes soubz le régne des roys, voz prédécesseurs, s'estimoient assez deschargez, quand ils avoient payé ; quelques-uns, plus prévoyans, prenoient des simples quictances : aujourd'huy, par une ouverture nouvelle et desraisonnable, on contrainct des particuliers à prendre des lettres au sceau et en payer la taxe, ce qui ne fut jamais. Sire, révocquez ceste invention et la supprimez, comme préjudiciable à vos subjectz, sur lequels il se feroit insensiblement une grande levée par ce moyen.

AU ROY.

Ceulx qui, à l'advènement des autres roys, ont esté taxez ausdites Confirmations ont pris semblables lettres, et y ont esté abstrainctz par arrestz des Courts souveraines, qui se trouvent encores aujourd'huy; et néantmoins sa Majesté, voulant gratiffier ses subjectz en toutes choses, a eu agréable de les en descharger.

XL.

Vostre Majesté est suppliée faire garder ses ordonnances, touchant les parentelles en la réception des officiers en voz Courtz souveraines et juridictions inférieures.

AU ROY.

C'est la volonté du Roy que ses ordonnances touchant les dictes parentelles soient gardées par ses Courtz souveraines, sa Majesté leur enjoignant de ce faire, et à ses Procureurs généraulx d'y tenir soigneusement la main.

XLI.

Révocquez la Commission touchant les sept-villes de Bleu, en laquelle grand nombre de Gentils-hommes et une multitude incroyable de peuple est intéressée.

AU ROY.

Il y a jugement rendu sur ceste affaire à la Table de Marbre de Paris.

XLII.

Depuis quelque temps les riverains des forestz, qui y ont droict d'usage, sont tellement travaillez par diverses sortes de juges et commissaires extraordinaires, condamnations excessives d'amendes, qu'il y a des parroisses toutes entiéres à présent désertes et sans aucune habitation, ce qui rend des non-valleurs aux receptes particullières, dont desjà plainctes ont esté faictes à Messieurs les Trésoriers généraulx de France. Vostre Majesté, s'il luy plaist, révocquera toutes commissions extraordinaires, non seullement pour ce regard, mais génerallement en Normandie pour toutes sortes d'affaires, et les deschargera de grandes amendes, contre eulx ordonnées depuis peu de temps.

AU ROY.

Toutes les dictes commissions extraordinaires touchant les forestz de la dicte Province ont esté révocquées par sa Majesté ; et quant ausdictes amendes, s'il y en a quelques unes où les supplians estiment qu'il y ayt de l'excez, en les cottant, il y sera pourveu.

XLIII.

La Commission pour les fossez du Havre est surcise ; nous en demandons la révocation.

AU ROY.

La dicte commission ayant esté donnée avec grande considération, et pour ung ouvrage important et nécessaire au bien de la Province, elle ne peult estre à present révocquée.

XLIV.

Nous demandons que la commission pour establir les Marchands de vin en gros soit révocquée.

Au Roy. Et en sont les Commissaires d'advis.
Accordé.

XLV.

Vostre Majesté, s'il luy plaist, prolongera aux Communaultez le temps de retirer leurs communes alliénées, qui leur fut donné par lettres-patentes particullières de vostre Majesté.

AU ROY.

Accordé.

XLVI.

En l'année   les Estatz firent plaincte contre le nombre excessif de Messieurs les commissaires assistans à la convention des Estatz : nous avons subject de les recommencer ; mais la présence de tant de personnes signalez, de vertu et de qualité recommandable, nous arreste. Nous supplions vostre Majesté leur tesmoigner qu'ils se doibvent contenter de la dignité de leur scéance en une si célèbre assemblée : leur condition est relevée, leur réputation bonne ; ils ne pensent que à l'honneur. Et qu'il sera expédié ung estat, au Conseil, du nombre de ceulx que vostre Majesté désire y assister, lequel sera envoyé au Bureau des Trésoriers de France. Nous demandons la révocation du port des mandemens, qui est à la charge du peuple, à l'advantage des Receveurs particulliers : les sergeants ordinaires sont tenuz à ceste charge.

AU ROY.

Puis que l'assemblée des Estats de la dicte province se faict dans la ville de Rouen, et que les Commissaires qui y assistent de la part de sa Majesté n'ont point de despence à faire pour s'y trouver, Elle n'entend aussi qu'ils ayent, à ceste occasion, aucunes taxations des dits Estatz, ny que, pour y satisfaire, il se face plus de levées de deniers dans la dicte province.

XLVII.

Sept ou huict villages prochains d'Andely sont contrainctz d'aller prendre du sel aux gabelles du Pont de l'Arche, où il y a six grandes lieues. Vostre Majesté aura agréable leur permettre s'en fournir au grenier d'Andely, distant seullement d'une lieue ; le partisan n'y reçoit inthérest, et n'est faict préjudice à son bail.

AU ROY.

Le Roy aura agréable de donner ce soulagement aux supplians, après que le fermier aura esté sur ce ouy en son Conseil.

XLVIII.

L'Edict de Controlleurs des tiltres est si préjudiciable au public que tous les ordres de ceste Province en demandent la révocation.

AU ROY.

Combien que cest Edict ayt esté vériffié au Parlement de Rouen, le Roy en accorde la révocation aux supplians en remboursant par eulx les dicts Controlleurs.

XLIX.

Nous demandons que les officiers des Compagnies souveraines ne puissent estre exempts de la tutelle de leurs parens.

AU ROY.

Il n'y a point d'ordonnance qui exempte lesdicts officiers de la tutelle de leurs parens, et l'intention du Roy n'est de les en exempter.

L.

Une multitude incroyable de personnes vivoient de la pesche du poisson le long de noz costes; mais les abus qui s'y commettent font que la pesche ne vault plus rien du tout. Vostre Majesté, s'il luy plaist, y donnera ordre : c'est une de noz très-humbles remonstrances.

AU ROY.

Le Roy a très-désagréable qu'au préjudice des réglemens et ordonnances de long temps faictes sur l'ordre qui doibt estre observé en la dicte pesche, l'on y ayt laissé glisser les abuz qui s'y commettent aujourd'huy, et ce d'aultant plus que sa Majesté est advertie qu'il y a quelques années que le dict sieur duc d'Anville, estant aux costes de la dicte Province, fist ruiner les parcz, par le moyen desquels se font les plus grands désordres qui y soient, et que néantmoins l'on les a depuis souffert restablir ; ordonne à sa court de Parlement de Rouen, de faire exactement observer à l'advenir les dits réglemens et ordonnances, et à son Procureur général en icelle d'y tenir soigneusement la main ; aultrement, les dicts abuz continuant, sa Majesté envoyera sur les lieux, et y pourvoira par autre voye.

LI.

CE sont les plainctes d'un pays affligé de tailles, ruiné d'impostz, d'édictz et de partiz. Elles sont justes, et méritent d'estre respondues selon nostre intention et noz vœux. Noz misères y obligent les plus sevéres juges. La contagion a esté grande en divers lieux, les desbordemens de la mer et des rivières, les sterillitez, les gresles sont tesmoings de nostre malheur : donnez nous des juges, depputez des Commissaires pour en informer. C'est assez qu'ils ayent des yeux pour recongnoistre l'estat de noz campagnes et la calamité de voz peuples, qui se seignent du plus pur de leur sang à vous offrir les deux tiers des sommes contenues en la Commission. Faict en la convention des Estatz tenuz à Rouen, en la Maison abbatialle de Sainct Ouen, le lundy, vingt et unième jour de Novembre mil six cens et unze.

Signé : DE BRETIGNÈRES.

Les Commissaires tenans la présente Convention, ayant veu la responce que les delléguez des Estats ont faicte à la proposition et demande à eulx faicte de la part du Roy, par laquelle ils accordent seullement luy payer, pour l'année prochaine mil six cens douze, les deux tiers des sommes de la taille portée par la Commission, suppliant sa Majesté se voulloir contenter, et les descharger du surplus, à cause de leur impuissance et extrême pauvreté, les dicts Commissaires, après avoir sur ce faict ausdicts déléguez plusieurs remonstrances, requises et nécessaires pour le service de sa Majesté, et que sur icelle s'estans rassemblez pour y adviser, ils ont dict ne pouvoir rien changer de leur première résolution, ont ordonné, pour ne laisser le service du Roy en arrière, que, par provision, département et assiette sera actuellement faicte de toutes et chacunes les sommes de deniers demandées par sa Majesté, et mentionnées ès lettres-patentes de Commission pour ce expédiées selon la forme portée par icelles. Ce qui a esté prononcé publicquement ausdicts depputez en l'assemblée des dicts Estatz. Faict à Rouen par les dicts Commissaires, le lundy, vingt et unième jour de novembre mil six cens unze.   Signé : LENGLOYS.

Le Roy n'a demandé les sommes portées par sa Commission qu'après avoir faict tout ce qui luy a esté possible pour la diminuer, et avoir recongnu ne les pouvoir rendre moindres sans faire plus de préjudice que de bien à ses subjectz, par ce que leur conservation dépend de celle de l'Estat, et l'Estat ne peult subsister, si les charges n'en sont soustenues. Mais les supplians y doibvent contribuer d'aultant plus volontiers, ceste année, ce qui y est requis de leur part, suivant ce que les Commissaires de sa Majesté ont ordonné (à quoy Elle est contraincte de s'arrester) qu'ils se peuvent asseurément promettre qu'à l'advenir Elle aura moyen de les soulager d'avantage, et qu'Elle n'en perdra aucune occasion.

Les remonstrances contenues au présent Cahier, ont esté veues et respondues par le Roy estant en son Conseil, la Royne Régente, sa mère, présente. A Paris, le dix-septième jour de mars mil six cens douze.   Signé : LOUIS,

Et plus bas :   POTIER ([1]).

([1]) A Rouen. De l'Imprimerie de Martin le Mesgissier, réimprimé d'après l'exemplaire appartenant à M. le marquis de Blosseville.

ARTICLES
DES
REMONSTRANCES

Faictes en la Convention des Trois Estats

DE NORMANDIE

Tenue à Rouen, le deuxième jour de septembre mil six cens douze.

Avec la Response et Ordonnance sur ce faicte par le Roy estant en son Conseil, la Royne Regente, Mère de sa Majesté, présente,

A Paris, le vingt-deuxième jour de novembre mil six cens douze.

AU ROY ET A LA ROYNE RÉGENTE.

A Monseigneur le Conte de Soissons, *Grand Maistre de France, Gouverneur et Lieutenant général pour le Roy en Normandie, et à Nosseigneurs les Commissaires depputez par le Roy pour tenir les Estats de ceste Province, le deuxième jour de septembre mil six cens douze.*

Sire,

Puisque noz misères continuent, permettez que noz plainctes recommencent. L'advènement de vostre Majesté à la Couronne a esté suivy de grandes despences. Pour y contribuer nous avons volontairement fourny jusques à l'excez toutes sortes de charges ordinaires, extraordinaires, tailles insupportables, impositions rigoureuses. Vostre Majesté, en la seconde année de son règne, a tesmoigné que l'Estat avoit besoing des mesmes subventions : sans en informer davantage, l'obéissance nous a portez d'employer noz moyens pour le bien de ses affaires. A présent qu'elles sont en plain calme, que les plus puissans princes de l'Europe recherchent à l'envy l'alliance de ceste Couronne, qu'indifféremment tous vos subjects obéissent, les gens de bien pour ce qu'ils le doibvent, les meschans pour ce qu'ils seroient chastiez, et que le bonheur du gouvernement tourne sur les sages conseils de la Royne Régente, il est temps que vostre Majesté commence à diminuer les tailles immodérées qui se lèvent dans ceste Province. Peut-estre nous fera on espérer que ceste faveur doibt estre attendue de vostre Majesté; mais si dès à présent vostre Majesté en tesmoigne quelque volonté par la moindre diminution, Elle sera comblée des bénédictions du ciel et des prières de ses peuples, qui languissent, attendans non des responces simples, mais des effets qui leur donnent contentement.

AU ROY.

Le Roy qui n'est touché d'autre passion que d'un ardent désir de gratiffier ses subjectz, afin de s'acquérir, par bienfaicts, la bienveillance que, par debvoir, ils sont tenuz de luy porter, n'auroit rien plus agréable que de soulager dès ceste heure les supplians d'une notable descharge, si les affaires de cest Estat le luy permettoient; mais, ne luy en donnant le moyen, sa Majesté est contraincte (en conservant toujours la volonté) d'en remettre l'effect à un autre temps. Et comme Elle l'advancera le plus qu'il luy sera possible, aussi se doibvent-ils asseurer que, s'il peult estre avant sa majorité, Elle n'en perdra l'occasion, y estant assistée de la Royne Régente, sa mère, qui outre l'affection générale qu'elle a au bien de tous les subjectz de sa dicte Majesté, a maintenant une particulière inclination à celuy des dicts supplians, ayant accepté le gouvernement de la province de Normandie, ce qui leur est un tesmoignage certain et honorable de la grande et singulière recommandation en laquelle les ont leurs Majestez.

II.

Les Ecclésiastiques et Gentils-hommes espèrent que votre Majesté les conservera en la faveur de leurs privilléges.

Au Roy. Et en sont les Commissaires d'advis.

C'est la volonté de sa Majesté que les Ecclésiastiques et Gentils-hommes jouissent de leurs privilléges, ainsi qu'Elle a déclaré dès l'année passée par ses responses aux deux et troisiesme article du Cahier qui luy fut présenté par les supplians.

III.

Nous ne cesserons jamais de crier contre l'orgueil et la superbe des partisans, qui triomphent des despouilles de voz subjectz, se parent de leurs biens, n'ont autre richesse que celle qu'ils ont trouvée dans la ruine de voz peuples. Au nom de DIEU, Sire, faictes leur rendre compte, affin que ces esponges soient pressées; faictes desgorger ces sangsuës, toutes pleines de nostre substance. Il est temps que vostre Majesté commande aux commissaires ordonnez pour la reveue des partys d'y mettre la main à bon escient; autrement, nous perdrons espérance de voir révocquer absolument les partys et les édictz, simplement surcyz.

Au Roy. Et en sont les Commissaires d'advis.

Les Commissaires, ordonnez par sa Majesté pour revoir les partiz, y ont travaillé, et continueront encores jusques à ce qu'ils ayent parachevé comme sa dicte Majesté leur a commandé; et cependant les supplians ont d'autant plus d'occasion de contentement que celuy de sergens fieffez et autres, qui concernoient particulièrement la province de Normandie, ont desjà esté révocquez.

IV.

Il y a commission expédiée au Conseil de vostre Majesté pour mettre l'ordre au nombre effréné de ceulx qui se disent officiers de sa Maison et de celles des Princes, affin d'en retrancher l'excez, supprimer les inutiles, que, par ce moyen, l'abuz en soit osté, et la faculté concédée d'imposer aux tailles ceulx qui ne servent actuellement. Vostre Majesté aura agréable que Messieurs le président Jannin, Arnauld et Pontcarré, depputez commissaires, y travaillent sans intermission;

Au Roy. Et en sont les Commissaires d'advis.

Ceste commission sera exécutée aussi tost que les Commissaires auront veu les Estatz des exempts de la Province qui leur doibvent estre représentez, et puis après sa Majesté (qui ne désire rien tant que la correction des abuz dont se plaignent les supplians) y pourvoira, en sorte qu'ils en receveront le fruict et le contentement qu'ils peuvent désirer.

V.

Et que ceulx de son Conseil qui ont esté ordonnez pour establir un réglement certain sur les monnoyes prennent la peine d'y commencer, pour ce que l'apport des espèces estrangères, mises à trop hault prix, ruine le peuple, lequel, estant contrainct de les recevoir selon le cours ordinaire, ne peult s'en servir pour le payement de sa taille; et fault de nécessité ou qu'il conspire avec les receveurs, ou qu'il perde beaucoup pour les changer en monnoye de France. Et qu'il plaise à sa Majesté, pour les différends qui naistront pour le cours et la mise des espèces estrangères entre particuliers, que les juges de la Province les décident.

Au Roy. Et en sont les Commissaires d'advis.

Sa Majesté avoit déclaré aux supplians par sa responce au trente unième article de leur Cahier de l'année passée, comme Elle avoit commis quelques uns de son Conseil pour conférer avec ses officiers et autres entendus au faict des monnoyes, adviser aux moyens de remédier aux abuz qui s'y commettent et après en faire leur rapport en son dict Conseil, à quoy il a esté par eulx satisfaict, et s'est, par plusieurs fois, traicté de cest affaire audit Conseil. Mais il s'est tousjours trouvé tant de difficultés et d'inconvéniens en tous les remèdes et expédiens qui se sont proposez (joinct qu'il est nécessaire d'en convenir avec les princes voisins) qu'il ne s'y est peu encore faire de résolution. Toutes fois l'on continuera d'y travailler, et sa Majesté l'a ainsi commandé affin d'y en prendre une bonne le plus tost et le plus au soulagement de ses subjectz qu'il sera possible. Et cependant sa dicte Majesté a agréable que les juges ordinaires congnoissent, suivant les ordonnances, des différends qui surviendront entre les particuliers pour l'exposition et cours desdictes monnoyes.

VI.

Nous supplions vostre Majesté d'ordonner que, suyvant la déclaration en forme d'édict faicte par feu Henry le Grand, le vingt-deuxième jour d'octobre mil six cens quatre, toutes ventes et adjudications par décret des terres et biens immeubles situés en ceste Province, estatz et distributions de deniers qui en proviendront, seront faicts par devant les juges de Normandie privativement à tous autres, et déclarer toutes ventes et adjudications des dictes terres et immeubles, qui se feront ailleurs que devant les juges de ladicte Province, nulles et de nul effect.

Au Roy. Et en sont les Commissaires d'advis.
Accordé.

VII.

Nous demandons la révoccation de la levée de huict mil

escus, ordonnée estre faicte en deux ans sur les généralités de Rouen et Caen pour le curage dès fossez du Havre. Le pauvre peuple est assez incommodé des tailles, et les habitans du Havre puissamment riches, par le grand commerce de leur ville avec les nations estrangères, pour porter cette imposition de deniers.

AU ROY.

Le curage des fossez du Havre estant utille au public de la Province, les supplians ne doibvent désirer la révoccation de ceste levée.

VIII.

La suppression des Archers du sel a tousjours esté demandée, et toutes fois nous ne l'avons peu obtenir. Si la violence de ces garnemens est importante pour faire croire que nous endurons par contraincte ce que nous faisons, de bonne volonté, par patience, pour le moins, que le nombre des Archers soit certain et limité; qu'ils soient domicilliez dans le pays, que l'adjudicataire en envoye tous les ans un estat à la Court des Aydes, qu'ils comparent à l'assemblée des Estats, pour rendre raison de leurs actions, et respondre aux plainctes formées contre leurs insolences, et qu'il leur soit deffendu, soubs grandes peines, d'entrer aux maisons des particulliers, sinon par permission des juges, les voisins appellez, d'aultant que le plus souvent ils portent le faulx sel chez les pauvres paysans et les mettent en peine, comme s'ils l'avoient trouvé en leur maison.

Au Roy. Et en sont les Commissaires d'advis.

Le Roy accorde que le nombre des Archers ne puisse excéder celuy qui est contenu aux Roolles qui en sont tous les ans mis en la court des Aydes, qu'ils soient tenuz d'eslire domicile dans le pays, et l'adjudicataire d'en envoyer tous les ans un estat, non seulement en ladite Court des Aydes de la Province, mais aussi au Lieute-

nant général de sa Majesté en icelle, et que celuy qui les conduit et commande se trouve, au temps de l'assemblée des Estats, prez dudit Lieutenant général ou autre qui les tiendra de la part de sa dicte Majesté, pour respondre aux plainctes qui pourroient estre faictes contre eulx, comme aussi qu'ils ne puissent entrer dans les maisons des particuliers sans permission des juges, ou sans y appeller deux des voisins, ainsi qu'il est porté par le réglement du mois de mars mil six cens dix, lequel sa Majesté veult estre observé, comme Elle a ordonné, dès l'année passée, sur la plaincte des supplians.

IX.

Le Parlement de ceste Province ayant réglé par un saint arrest les affaires de la justice et modéré les sallaires excessifs des greffiers et sergents, on nous faict craindre que le Conseil de vostre Majesté n'aye mis l'arrest en surcéance, et leur aye permis de prendre les mesmes sallaires qu'ils recepvoient auparavant. Vostre Majesté ordonnera, s'il luy plaist, que l'arrest du Parlement sera exécuté.

Au Roy. Et sont les Commissaires d'advis, que les arrestz soient veuz, s'il y en a au Conseil.

Si l'arrest du Parlement de Rouen n'est que pour la correction des abuz, sa Majesté veult qu'il ayt lieu; mais elle n'entend que les droicts desdicts greffiers et sergents, qui leur sont attribuez par les réglemens et ordonnances, leur soient aucunement retranchez, d'aultant que ce seroit faire tort aux particuliers et préjudice à ses affaires.

X.

Vostre Majesté confirmera, s'il luy plaist, la suppression actuelle des accesseurs et procureurs communs aux Vicontez, accordée en la responce de noz dernières remonstrances, avec deffences à toutes personnes de s'entremettre en l'exercice de telles charges au préjudice de vostre volonté.

Au Roy. Et en sont les Commissaires d'advis.

Accordé.

XI.

L'ATTRIBUTION du port des mandements donnez aux recepveurs des tailles, soubz prétexte de quelque finance, est insuportable; il est juste de le révocquer sans remboursement : la finance qu'ils ont payée ne monte pas à soixante et quinze mil livres, et pour ceste attribution se lèvent, chaque année, dix-neuf mil cinq cens tant de livres. Depuis douze ans qu'elle est introduitte, ce sont plus de deux cens mil livres, c'est à dire trois fois plus que la dicte finance, sans comprendre les levées extraordinaires, à raison desquelles ils prennent la mesme attribution, s'estant rencontré quelquefois que, pour un sol auquel estoit imposé seulement un village, a esté payé, pour le port des mandemens, douze sols six deniers.

Au Roy. Et sont les Commissaires d'advis qu'il luy plaise faire représenter les quictances qu'ont payé les recepveurs des tailles pour la dicte attribution, depuis l'introduction jusques à présent.

Ceste attribution ne peult estre révocquée sans remboursement de la finance payée par les dicts receveurs.

XII.

C'EST chose fort mal sceante que les juges qui condamnent les parties en amendes, ayent des pensions sur les amendes qu'ils ordonnent; car, par ce moyen, ils sont juges et parties intéressées; ils condamnent et reçoivent le proffict de la condamnation. Nous supplions vostre Majesté révocquer les pensions assignées sur telles natures de deniers.

Au Roy. Et en sont les Commissaires d'advis.

Accordé.

XIII.

Nous demandons la suppression de tous offices supernuméraires: Enquesteurs, Commissaires, Examinateurs, Certifficateurs de criées, et ces inventions de Parisis, Droict de Clerc, Doublement et Tiercement de petits sceaux.

Au Roy. Et en sont les Commissaires d'advis.

Le Roy, ayant cy-devant accordé, tant par sa déclaration du mois de juillet mil six cens dix, que par ses responces aux Cahiers précédens des supplians, toutes les suppressions d'offices que ses affaires luy ont peu permettre de faire, sa Majesté n'y peult maintenant rien adjouster; et quant au dict Parisis, estant domanial, il n'est subject à suppression.

XIV.

Il n'est pas jusques à un office de Payeur alternatif des gages présidiaulx qu'on veult restablir: dont le pays est en procez au Conseil pour en maintenir la suppression.

Au Roy. Et en sont les Commissaires d'advis.

Puisqu'il y en a instance au Conseil, il y sera pourveu.

XV.

Nous demandons que le partisan des débets de Quictances soit contrainct de garnir, au greffe des Vicontez, les deux tiers qu'il a receuz appartenans aux particuliers et que ce qui reste à exécuter du party soit révocqué.

AU ROY.

Quant aux deux tiers appartenans aux particuliers y a esté pourveu, en sorte que le partisan n'en sçauroit abuser, et le peuvent contraindre à les leur fournir; et pour ce qui reste à exécuter du party, il y sera advisé, conjoinctement avec les autres, par les Commissaires à ce depputez.

XVI.

Vostre Majesté aura agréable de restablir la juridiction d'Arques transférée à Dieppe, et ordonner que la commission, commencée par Monsieur Mangot sur ce subject, sera achevée.

AU ROY.

Le Roy commandera au sieur Mangot d'achever sa commission.

XVII.

En conséquence de la suppression des offices de Procureur du Roy aux officialitez accordée par nos Cayers, est intervenu arrest du Conseil en avril dernier, par lequel l'office de Procureur du Roy en l'officialité de Rouen, possédé par un nommé du Hamel, est réuny à l'office de Procureur du Roy au bailliage, à condition que du Hamel seroit remboursé par luy de la finance qu'il avoit payée aux coffres du Roy, frais et loyaux coustz : ce qu'estant venu à la congnoissance du Procureur du Roy au bailliage, qui n'estoit partie au procez, pour obéyr à l'arrest, auroit consigné les deniers qu'il estoit besoing rendre à du Hamel, lequel néantmoings, au préjudice de l'arrest donné contre luy, a intenté tout de nouveau une action au Conseil contre le dict Procureur du Roy, en vertu d'une commission qu'il en a obtenue. Vostre Majesté, s'il luy plaist, confirmera les suppressions de tels offices, maintiendra son arrest, fera deffence audict du Hamel d'y contrevenir, soubz grandes peines, et nous deschargera de ses vexations indeues.

Au Roy. Et en sont les Commissaires d'advis.

Le Roy veult que la suppression dudict office de Procureur de sa Majesté en l'officialité de Rouen, accordée aux supplians, et l'arrest donné en son Conseil, pour la réunion d'iceluy à l'office de Procureur de sa dicte Majesté au bailliage, ayent lieu, faisant inhibition et deffences audict du Hamel de plus faire aucunes poursuittes au contraire.

XVIII.

Nous demandons la révoccation entière du party des Greffes et du Domaine, et que ceulx qui ont esté contrainctz de prendre la condition des seize années ou de qui l'engagement a esté réduit en rente au denier vingt soient restabliz en la jouissance paisible du bien qu'ils possédoient, soit Greffes ou Domaines.

AU ROY.

Le Roy ayant cy-devant accordé aux suppliants la surcéance de ce party, sa Majesté ne leur peult octroyer d'avantage pour ce regard, jusques à ce que les Commissaires, qui ont charge de le reveoir et examiner, en ayent faict leur rapport en son Conseil.

XIX.

Il a esté faict bail au Conseil, au mois d'aoust dernier, du Domaine non engagé de Normandie pour douze années, à condition de remplacer sept mil sept cens six livres, à quoy monte la faulte de fonds pour l'estat des Trésoriers de France. Ce bail, en effect, est un party dommageable au Roy, en ce qu'il n'y a aucune faulte de fondz, d'aultant que, depuis peu, une seulle fèrme a esté haussée de plus de cinq mil livres, de façon que, sans courir risque, le partisan jouyroit de plus de vingt mil livres de revenu annuel, au préjudice du public, luy estant permis de rechercher le Domaine usurpé et esgaré : qui est un moyen pour mettre en peine telles personnes qu'il luy plaira.

AU ROY.

Ayant esté depuis faict un doublement sur ce bail, qui

peult apporter plus d'utilité aux affaires de sa Majesté que les supplians n'avoient estimé, il ne seroit expédient de le révocquer ; mais Elle n'entend permettre, à ceste occasion, la recherche dudit Domaine esgaré, et la deffend expressément à l'adjudicataire dudit bail.

XX.

Nous demandons la révoccation d'un office de Recepveur des Consignations, estably en la viconté de Rouen depuis peu de jours, au préjudice du public.

AU ROY.

Celuy qui a esté pourveu du dict office sera ouy, comme aussi le Procureur desdicts Estatz, pour y estre puis après pourveu.

XXI.

Nous demandons que générallement toutes commissions extraordinaires soient révocquées, et qu'aucunes n'ayent lieu, si elles ne sont vériffiées aux courts de Parlement et autres Compagnies souveraines de ceste Province ;

Au Roy. Et en sont les Commissaires d'advis.

Le Roy a desjà accordé aux supplians la révocation de toutes les commissions extraordinaires, dont ils pouvoient recevoir quelque vexation ; et toutes fois, s'il y en a encores dont ils ayent occasion de se plaindre, en les cottant particullièrement, il y sera pourveu par sa Majesté.

XXII.

La révocation de l'impost de l'Escu pour tonneau de mer, qui ruine le commerce et navigation ;

AU ROY.

Les despences importantes et nécessaires, ausquelles sont affectez les deniers provenans de cest impost, conti-

nuans, et les affaires de sa Majesté ne permettant qu'elles soient assignées ailleurs, il ne peult encore estre révocqué.

XXIII.

DE l'impost de l'Escu pour muid de vin, quarante sols pour tonneau de sildre, et vingt sols pour tonneau de poiray qui se lève sur Rouen, le Havre et Dieppe ;

AU ROY.

Sa Majesté ne peult non plus, pour les mesmes raisons, révocquer à présent celuy-cy.

XXIV.

ET qu'il plaise à vostre Majesté faire un fondz entier sur les receptes génralles pour le payement des Rentes, veu que c'est le bien des Ecclésiastiques, de la Noblesse, des Hospitaux, pauvres femmes vefves et enfans orphelins, qui, pour n'avoir autres commoditez, sont réduits à mandicité, chose déplorable et digne de commisération.

AU ROY.

Le Roy déclara aux supplians, sur pareil article de leur Cahier de l'année passée, combien sa Majesté faict pour eulx de ne leur diminuer le fondz des dictes Rentes, veu l'accroissement des charges de cest Estat. C'est ce qu'Elle peult à présent pour leur contentement, et, quant ses affaires luy permettront de faire d'avantage, le congnoistront par les effectz.

XXV.

DEPUIS le décez de Henry le Grand, plusieurs lettres d'annoblissement ont esté achaptées en ceste Province par des hommes de basse condition et sans recommandation de mérite. Oultre le préjudice que reçoit le peuple, qui ne les peult imposer à la taille, cela tourne en oprobre et dérision, de veoir que, pour une petite somme d'argent, qui peult-estre n'entre pas aux coffres du Roy, on confère une qualité qui ne se doibt acquérir que par générosité et vertu. Vostre Majesté, s'il luy plaist, révocquera telles lettres d'annoblissements, et ne permettra qu'aucunes soient expédiées à l'avenir.

Au Roy. Et en sont les Commissaires d'advis.

Sa Majesté a esté très-retenue au faict desdicts annoblissements, et le veult tousjours estre, en sorte que les supplians n'ont ny pourront avoir occasion de s'en plaindre.

XXVI.

En l'an   fut présenté à la Cour des Aydes un édict pour l'augmentation d'un sol sur chacun sceau, d'un sol pareillement d'augmentation sur les présentations de chacune cause en toutes les Eslections, magasins à sel de ceste Province. La Court, par divers arrestz, supplia le feu Roy de la dispencer de la vériffication. Depuis sept à huict mois, ceulx qui sont intéressez en ceste mauvaise affaire, croyant que la mémoire de ce procéder fût perdue, ont présenté le mesme édict à ladite Court des Aydes, avec jussion expresse de vostre Majesté, par laquelle Elle veult qu'il soit passé oultre à la vériffication, bien que l'édict n'aye esté présenté du régne du feu Roy. Cette jussion est manifestement surprise, d'aultant que la présentation en a esté faicte plusieurs fois du temps du feu Roy, et tousjours la Court s'y est rendue contraire. A présent que le Procureur des Estatz y a formé opposition, et que par arrest nous sommes renvoyez nous pourveoir devers vostre Majesté, nous la supplions de révocquer un édict si ruineux, inventé à la foulle du pauvre peuple, et ne permettre que ceste espèce d'imposition soit establie en ce qui touche la justice, le peuple estant assez opprimé d'autres vexations.

Au Roy. Et en sont les Commissaires d'advis.

Le Roy veult que la jussion, dont se plaignent les supplians, soit rapportée, pour leur estre pourveu, et que ce pendant, il ne soit passé oultre à la vériffication dudict édict.

XXVII.

Autre fois un nommé Pioche fut pourveu de l'office de visiteur des marchandises de grosserie et mercerie, supprimé par édict de soixante et quatre, establi par lettres en...... à condition de suppression, vaccation advenant par mort, après son décez. Bien que la suppression en fût actuelle, ung nommé Maltaiz en eut lettres de provision, et y feist glisser par surprise les aulnes, poids et mesures, bien qu'il n'eust son regard que sur la grosserie ; et, ce qui est d'avantage, print quallité de général refformateur des poids et mesures. Le sieur de Bernighen à présent en a la provision, le commis duquel, nommé le Lanternier, commet de grandes exactions par ceste province. En l'année dernière, les Estatz en ayant faict plaincte et demandé la suppression de tel office, comme de chose imaginaire, pour ce qu'il n'y eust jamais de refformateur général des poids et mesures créé en tiltre d'office, vostre Majesté ordonna simplement que la déclaration du mois de juillet mil six cens dix et les arrestz du Conseil sur ce ensuyviz seroient exécutez. Le sieur de Bernighen prétend que la suppression de son office n'est directement déclarée dans ladicte déclaration. Il est vray qu'elle ne touche ce prétendu office de général refformateur : car il n'y en eust jamais d'estably ny créé. Vostre Majesté doncq, s'il luy plaist, en nous tesmoignant plus précisément la faveur que nous attendons en tel article, déclarera ledict prétendu office de grand refformateur des poidz et mesures par tout le royaume expressément supprimé, attendu qu'il y a des jaulgeurs ordinaires en ceste Province.

Au Roy. Et en sont les Commissaires d'advis.

Les mémoires et pièces justificatives dudict Bernighen

sont entre les mains de l'un des Intendans des finances de sa Majesté, qui en fera son rapport au Conseil; et puis après y sera pourveu à la requeste des supplians.

XXVIII.

Il se faict de grandes indignitez pour le payement des amendes, rapports et espices des procez jugez aux Courts souveraines de ceste Province. Pour une amende de trente sols, on fera un voyage de cinquante lieues : cela s'appelle quinze ou vingt escus pour la course. Si, en mesme endroict, diverses personnes sont condamnées, on fait aultant de divers voyages. Si la condamnation se juge contre des hommes solvables, peut-estre fera on des non-valeurs, et, soubz main, les dons en seront poursuiviz. Quant cela advient, bien tost le payement est faict. Il seroit raisonnable que, pour la recherche des amendes, rapports et espices, les recepveurs employassent les Sergents ordinaires sur les lieux pour en faire la diligence et les poursuittes, sans travailler le peuple de tant de courses. Aussi bien est-il enjoinct aux Substituts de Messieurs les Gens du Roy d'y tenir la main et en prendre le soing.

Au Roy. Et en sont les Commissaires d'advis.
Accordé.

XXIX.

Les exactions, qui se font, pour le Quatriesme, à Rouen et autres endroicts, sur tous ceulx qui débitent du vin, sont intolérables. Lorsque l'ayde fut introduict, il y avoit peu d'impositions sur le vin : à présent, il y a dix livres sur chacun ponçon en la ville de Rouen. Les adjudicataires composoient à un prix modéré; et, à présent, ils prétendent se régler sur la valeur du vin débité, après l'achapt fait et qu'il a esté vendu au détail. Si cela est, il fauldroit changer de nom au quatriesme du vin et l'appeller quatriesme des impostz, puisque ils ne veullent considérer la modération du quatriesme au prix du vin, sans comprendre l'impost, mais au prix qu'il est vendu, comprins l'impost payé. Nous supplions vostre Majesté que les adjudicataires soient obligez de régler le quatrième sur la valeur et le prix que le vin vault, n'y comprenant aucun impost, le proffict que faict le fermier estant de plus de six-vingts mil livres par chacun an.

AU ROY.

L'adjudicataire de la ferme dudict Quatriesme sera ouy au Conseil sur ce subject avec le Procureur des dicts Estatz pour y estre puis après pourveu.

XXX.

Nous aurions occasion de demander la révocation de l'Impost qui se lève pour la réparation du pont de Rouen ; mais nous n'en importunerons point vostre Majesté pour ceste fois. Si l'arrest du Conseil, qui ordonne la proclamation des ouvrages du pont au rabais, en conséquence duquel des-jà les affiches ont esté mises en la ville de Paris et de Rouen, est exécuté, et les enchères receuz, non pour demeurer aux simples termes de proclamation et réceptions d'enchères, mais pour travailler en cest ouvrage, qui est de si grande conséquence, vostre Majesté est suppliée de faire mettre ledit arrest en exécution et ordonner que les deniers jà levez y seront employez sans divertissement; que, si quelque somme en avoit esté détournée, que le remplacement en sera faict.

Au Roy. Et en sont les Commissaires d'advis.

Le Roy y pourvoira selon qu'il congnoistra estre plus convenable pour le bien de la Province.

XXXI.

Vostre Majesté, s'il luy plaist, aura agréable d'empescher les exactions du fermier de l'Imposition foraine, qui prétend faire payer les droicts d'entrée pour les marchandises de creu de France, transportez de province en autre, comme celles qui sont apportez en la ville de Rouen des villes de Marseille, Bordeaux, de la province de Bretagne et autres lieux, tout ainsi que si elles venoient de pays estranger, ce que les précédents fermiers, au bail desquels le sien est conforme, n'entreprirent jamais, et que deffences luy seront faictes de s'ayder d'aucune évoccation au Conseil, que les juges des lieux congnoistront des différends qui naistront, et par appel la Court des Aydes, et, à ceste fin, que l'évoccation, par luy obtenue depuis peu de jours, sera rapportée et déclarée nulle, comme donnée au préjudice d'un arrest de la Court des Aydes, le vingt-septiesme juing dernier, qui régloit quelques différends pour le faict de la Romaine.

AU ROY.

Après que ledict fermier aura esté ouy au Conseil du Roy et pareillement le Procureur sindic des dicts Estatz sur le contenu en cest article, sa Majesté y pourvoira.

XXXII.

Puis que vostre Majesté conserve le sieur du Raullet en l'exercice de sa charge, il est raisonnable que luy et ses lieutenans n'entreprennent aucune chose sur les Ecclésiastiques, Gentilz-hommes et autres domiciliez en ceste Province, et que ses lieutenans, qui sont supernuméraires, soient supprimez, et qu'il soit enjoinct, tant audict sieur du Raullet que ses lieutenans, de laisser coppies des procez criminels qu'ils font, aux greffiers des lieux où les jugements se rendent.

AU ROY.

Le Roy n'entend que le sieur du Raullet, ses lieutenans ny archers entreprennent aucunement sur les Ecclésias-

tiques, Gentilz-hommes et autres domiciliez, sinon en cas Prévostaux qui les rendent ses jurisdiciables. Et, quant à la suppression des dicts lieutenans supernuméraires et au délaissement de coppie des procez criminels aux greffes des lieux où les jugements se rendent, il n'y peut-estre pourveu qu'après que le dict sieur du Raullet aura esté ouy, comme sa Majesté veult qu'il le soit, et pareillement le Sindic des dicts Estatz.

XXXIII.

Nous demeurons estonnez pour les habitans des bailliages de Caen et Costentin, qui se voient à la veille de recevoir de grands dommages par la commission touchant les Paludz et Marestz. Nous ne doubtons point de la preud'hommie et suffisance de ceulx qui la veullent exécuter, soit qu'ils soient du corps de la justice ou des finances. Mais les formes extraordinaires sont toujours désagréables et dangereuses. Le Parlement est juge de tous nos différends. On nous dict qu'il en est interdict, que trois des Commissaires peuvent juger par provision, c'est à dire nous depposéder de la propriété de nostre bien, ou de la liberté de noz usages : car pour nous asseurer en noz possessions il n'est pas besoing de juges ; que sept des Commissaires peuvent ordonner souverainement, c'est à dire quatre qui emporteront la voix des trois autres. Les Roys qui font payer la taille en Normandie plus rigoureusement que en autre province du royaume, pour donner moyen aux habitans de ces deux bailliages d'y subvenir, leur ont laissé l'usage de quelques paludz et marestz, sans avoir faict grande recherche si cela estoit de leur Domaine. Si la commission passe oultre, il est à craindre que vostre Majesté ne soit obligée de faire descharge de plus de deux cens mil livres en la généralité de Caen. Ce seroit pitié de veoir si grand nombre de familles ruinées, errantes çà et là avec misères et désolations, réduictz à toutes sortes de calamitez. Vostre Majesté, s'il luy plaist, révocquera absolument ceste commission, nous maintiendra en la propriété de noz biens et liberté de noz usages ; les Ecclésiastiques feront des vœuz pour vostre Majesté ; les Gentils-hommes n'espargneront point leur sang pour le service de la Couronne, et les peuples envoyeront leurs prières au ciel pour la prospérité de ceste monarchie.

AU ROY.

Le Roy veult qu'un des Commissaires qui ont esté sur les lieux pour l'effect de ceste commission et le Procureur de sa Majesté en icelle soient ouyz en son Conseil, pour puis après pourveoir à la requeste des supplians, et que jusques à ce l'exécution en demeure surcise.

XXXIV.

Voila quelles sont noz plainctes, desquelles nous espérons favorables responces. Si vostre Majesté daigne jetter les yeulx sur noz misères, redoublées par les stérilitez advenues par la contagion, qui a esté presque universelle, par les gresles et autres incommoditez souffertes, en quelque condition que nous soyons, pourtant nous offrons à vostre Majesté ce qui est mentionné en la Commission, pourveu que nous soyons exempts de ceste grande Crue qui nous menace, preste de tomber sur nous.

AU ROY.

Faict en la Convention des Estatz tenuz à Rouen, en la maison Abbatiale de Sainct Ouen, le lundi, dixiesme jour de Septembre mil six cens douze.

Signé : DE BRETIGNÈRES.

Les Commissaires tenans la présente Convention, ayant ouy la responce des delléguez des Estatz à la proposition et demande à eulx faicte de la part du Roy, par laquelle ils consentent luy payer, pour l'année prochaine mil six cens traize, les sommes de la taille portées par la Commission, pourveu qu'il plaise à sa Majesté les exempter de la grande Crue, ont ordonné, veu la responce des depputez, que levée des deniers sera faicte en ladicte année prochaine, suivant lesdictes Lettres patentes de Commission, pour ce expédiées, selon la forme portée par icelles ; et, pour ce qui est de ladicte grand Crue, qu'ils se pourvoiront par devers sadicte Majesté. Ce qui a esté prononcé publiquement en l'assemblée desdicts Estatz. Faict à Rouen par lesdicts Commissaires, le lundy, dixiesme jour de septembre mil six cens douze. Signé : LANGLOIS.

Le Roy a veu et considéré en son Conseil les plainctes des supplians, avec toute l'attention et compassion de leurs nécessitez qu'ils sçauroient désirer, et ne souhaite rien de plus que de les soulager ; mais les affaires de cest Estat ne luy permettant encores de se passer de la grande Crue, il est nécessaire qu'en cela comme en tout le reste, ils continuent à tesmoigner leur bonne volonté, ainsi que sa Majesté s'asseure qu'ils feront avec leur obéissance, fidélité et affection accoustumée.

Les Remonstrances contenues au présent Cahier ont esté veues et respondues par le Roy estant en son Conseil, la Royne Régente, sa mère, présente. A Paris le vingt-deuxiesme jour de Novembre mil six cens douze.

Signé : LOUIS.
Et plus bas, POTIER.

Collationné à l'original par moy Procureur sindic des Estatz de Normandie, DE BRETIGNÈRES.

A Rouen, de l'Imprimerie de Martin le Mesgissier, Imprimeur ordinaire du Roy tenant sa boutique au haut des degrez du Palais, M. D.C. XIII. Avec privilége dudict seigneur. In-4°, papier, non paginé, 13 feuillets, non compris le titre. Réimprimé d'après l'exemplaire appartenant à M. le Mis de Blosseville.

ARTICLES
DES
REMONSTRANCES
Faictes en la Convention des Trois Estats
DE NORMANDIE
Tenue à Rouen, le seizième jour de septembre
mil six cens traize.

Avec la responce et Ordonnance sur ce faicte par le Roy, estant en son Conseil, la Royne Régente, sa Mère, présente,

A Paris, le vingt-deuxième jour de janvier mil six cens quatorze.

AU ROY

ET A LA ROYNE RÉGENTE, GOUVERNANTE ET LIEUTENANTE GÉNÉRALLE POUR SA MAJESTÉ EN NORMANDIE.

Et à Monseigneur de Farvaques, Maréchal de France, Général audit Gouvernement, et à Messeigneurs les Commissaires depputez à tenir la présente Convention.

SIRE,

QUAND la nécessité de l'Estat presse, c'est au peuple de le secourir et d'y porter les biens et la vie. Quand la tranquillité est universelle dans le royaume, au dehors nulle guerre estrangère, il est juste que les subjects recueillent les fruits de la paix. Nous recognoissons que depuis l'advènement de vostre Majesté à la Couronne, que l'Estat a eu besoing de grandes subventions, et volontairement y avons contribué, en espérance de veoir noz peines soulagées. Puisque le bonheur de la France est fondé sur les sages conseils de la Royne Régente, si nous n'en avons encores peu ressentir les effects, pour les incommoditez des affaires génerálles, dans lesquelles les nostres sont enveloppées, c'est à présent que nous l'attendons, vostre Majesté ayant désiré de la Royne Régente qu'avec le soing général du royaume, elle acceptast le Gouvernement de ceste Province, fournie d'Ecclésiastiques incommodez, de Noblesse pauvre, de peuples tous ruinez, qui conjurent vostre Majesté d'avoir pitié d'iceulx et décharger le pays de la grande Crue, veu le ravage des gresles qui a couru en diverses vicontez, et dont les preuves sont évidentes aux procez-verbaulx des Esleuz, qui asseureront vostre Majesté de noz ruines et de noz justes demandes.

AU ROY.

Les désirs et espérances des supplians ne peuvent surpasser la bonne volonté du Roy et de la Royne Régente envers eulx, ainsi qu'ils recongnoistront tousjours par les effects. Mais, d'aultant que les affaires de ce royaume ne permettent à présent de faire aucun retranchement sur ladicte Crue, tout ce que sa Majesté a peu maintenant pour eulx a esté de soulager, comme elle a faict, les parroisses qui ont esté greslées.

II.

Les Ecclésiastiques, conservez par vostre Majesté en leurs franchises, se voyent à présent imposez à la taille pour les héritages de leur propre qu'ils font valoir par leurs mains : vostre Majesté, s'il luy plaist, les deschargera de telles vexations, contraires à leurs privilléges, et ordonnera que la scéance qui leur appartient dans le chœur des églises, au costé droict, leur sera maintenue.

Au Roy. Et en sont les Commissaires d'advis.

Le Roy n'entend que les Ecclésiastiques soient assubjectis à aucunes nouvelles charges et impositions, et veult qu'ils soient conservez et maintenuz en leurs privilléges et prééminences,

III.

Les Gentils-hommes, qui ne désirent la possession de leurs biens que pour l'employer au service de l'Estat, supplient vostre Majesté que la faveur de leurs immunitez soit continuée.

Au Roy. Et en sont les Commissaires d'advis.
Accordé.

IV.

Si l'excez du principal de la taille ne peult estre modéré, c'est au moins que les Receveurs rendent le moyen de la recœuillir facille et sans oppression, et qu'il plaise à vostre Majesté avoir agréable de faire deffences ausdicts receveurs des tailles, de délivrer aux Collecteurs plus d'une quictance sur une seulle nature de deniers, pour ce qu'en Normandie se lèvent plusieurs sommes de diverses natures, et les Receveurs, qui ont pour droict de chacune quictance dix deniers, si un Collecteur leur porte cinquante livres, au lieu de bailler une quictance et l'adapter sur une seulle nature de deniers, ils font une répartition en aultant de petites sommes qu'il y a de sortes de deniers levez, et baillent aultant de quictances comme ils font de déduction sur toutes les natures de deniers, et de chacune quictance prennent dix deniers. Telle paroisse, pour la distraction de l'escu pour les bastiments de vostre Majesté, ne porte que quatre deniers, dont le Receveur en prend dix pour la quictance qu'il donne. Vostre Majesté, s'il luy plaist, y mettra réglement.

Au Roy. Et sont les Commissaires d'advis, que les réglemens sur le faict des finances soyent gardez, et à ceste fin toutes les expéditions nécessaires envoyées en la Court des Aydes et Trésoriers de France.

Sa Majesté faict très-expresses inhibitions et deffences aus dicts Receveurs particulliers, de prendre ny exiger aucun droict de quictance que pour trois natures de deniers, assavoir la Taille, le Taillon et la grande Crue, et ce une fois seullement pour chacune d'icelles, par chacun cartier, suivant les réglemens, à peine d'en respondre en leur propre et privé nom, et à cest effect seront envoyées toutes lettres et expéditions nécessaires à la Court des Aydes et Trésoriers de France.

V.

En l'année quatre-vingts dix-sept, le feu Roy Henry le Grand fit conçevoir au peuple quelque espérance de diminution, par une distraction qui fut faicte de cent cinquante mil escus sur le principal de la taille ; mais en la mesme année ceste somme fut rejectée dans les Crues, et le pays qui croyoit en estre soulagé en fut incommodé, pour ce que les Receveurs qui, en ceste année là et depuis, n'ont reçeu ny plus ny moins qu'au précédent, prindrent trois deniers pour livre desdicts cent cinquante mil escus simplement tirez de la ligne de la taille et employez à la grande Crue, comme si c'eust esté une Crue nouvelle, et nonobstant qu'il y eust termes exprès dedans la Commission, pour déclarer que les cent cinquante mil escus demeureroient en la mesme nature du principal de la taille, et ne changeroient point de quallité pour la distraction. Vostre Majesté, ayant veu que ceste exaction, continuée jusques à présent, estoit injuste, depputta Commissaires en la Chambre des Comptes pour en faire la recherche sur les receveurs, qui depuis, par arrest de vostre Conseil, en ont esté deschargez, vostre Majesté n'ayant jugé raisonnable de faire recherche après tant d'années que les offices des receveurs sont passez en diverses mains. Mais non contens de la dicte descharge, ils ont passé oultre, et prétendu les mesmes droicts à l'advenir, soubs prétexte de lettres patentes par eulx obtenues avec surprinse et présentées à la Chambre des Comptes, à la vérifification desquelles le pays s'est opposé. Vostre Majesté, s'il luy plaist, deschargera la Province de ceste exaction, avec deffence aux receveurs d'en plus faire la levée.

AU ROY.

Sadicte Majesté ne peult à présent faire cesser la levée desdicts trois deniers pour livre, d'aultant que depuis peu elle a esté contraincte, pour la nécessité de ses affaires, de les attribuer ausdicts receveurs tant pour la taille que pour les Crues de trois cens et six cens mil livres y joinctes.

VI.

Vostre Majesté, sur les plainctes du peuple contre les Officiers de sa Maison, de celles des Princes, et contre ceulx en général qui veullent s'exempter du payement des tailles et les rejetter sur les misérables, a donné commission à Messieurs le Président Jannin et Arnaud pour en retrancher l'abus et y mettre ordre. Ceste Commission a esté exécutée, les roolles envoyez au Conseil de vostre Majesté, laquelle ordonnera, s'il luy plaist, que ceulx qui usurpent induement les dictes exemptions seront imposez par les Esleux à la descharge du pauvre peuple; autrement l'effect de la commission nous seroit inutille.

Au Roy. Et sont les Commissaires d'advis, que les roolles des officiers privilégiez soyent envoyez à la Court des Aydes de Rouen, sans qu'autres que les desnommez audict roolle puissent jouyr desdicts privilèges.

Le dict réglement a esté effectué, et sera envoyé à la Court des Aydes de ladicte Province, avec commandement de le faire exactement observer, en sorte que les supplians en recevront le soulagement qu'ils attendent et que sa Majesté désire.

VII.

Vostre Majesté nous a accordé le changement d'Octroy

en ceste Province, de paroisse en paroisse, et d'Ellection en Ellection. Mais, par quelques jugements de la Court des Aydes, on l'a estendu de Génerallité en Génerallité, ce qui est contre vostre intention et tourne à nostre préjudice, pour les descharges qu'il seroit besoing de faire d'une Génerallité sur l'autre. Vostre Majesté est suppliée d'avoir agréable que le changement d'Octroy n'aura effect que de paroisse en paroisse, et d'Ellection en Ellection ; et, pour le regard des Génerallitez, que ceulx qui demeuroient en l'une et sont passez en l'autre continueront de payer la taille aux paroisses desquelles ils sont sortiz.

Au Roy. Et sont les Commissaires d'advis, que les réglemens soyent observez.

La volonté du Roy est que ses réglemens soyent observez.

VIII.

Les évocations empeschent le cours de la justice ; et le renvoy de plusieurs causes évocquées, faict par la prudence du Conseil, depuis quelques mois, nous faict espérer qu'il continuera de chastier les vexations de ceulx qui nous évocquent tous les jours, et renvoyera devant noz juges les différents qui se meuvent, soit entre particuliers ou entre les fermiers des imposts et des marchands. Il est juste de les retrancher, et que nulle surcéance d'évocation n'aura lieu, soubs prétexte d'icelles.

Au Roy. Et en sont les Commissaires d'advis.

Il ne s'accorde aucunes évocations qu'aux termes des ordonnances ; et quand à celles des Fermiers, Sa Majesté n'entend qu'elles ayent lieu, sinon en ce qui concerne ses droicts.

IX.

Encores que vostre Majesté aye ordonné que le capitaine des Archers du sel comparoistra à l'assemblée des Estats, pour respondre des malversations des Archers, et que vostre volonté ayt esté tesmoignée à l'Adjudicataire général des Gabelles de ceste Province, il n'en a tenu compte. Vostre Majesté, s'il luy plaist, le luy enjoindra sur grandes peines, et fera deffences aux Grènetiers de travailler le peuple d'amendes excessives comme ils font, encores qu'ils n'ayent commis abus pour le faict du sel. Et, d'aultant qu'aux endroicts où il est baillé par impost, le sel se distribue par les quartiers, le peuple en reçoit peu au temps de la salaizon, ce qui l'incommode, pour ce que l'esté il en a plus de besoing, n'ayant que du pain à manger et de l'eau pour boire, que si quelqu'un a tant soit peu besoing de sel plus qu'il n'est imposé, on le contrainct d'en prendre un boisseau, Vostre Majesté, s'il luy plaist, y donnera quelque réglement, et que le sel distribué aux peuples reposera au moins deux ans aux Gabelles.

Au Roy. Et sont les Commissaires d'advis, qu'il soit enjoinct au capitaine des Archers du sel, de comparoir à ladicte assemblée tous les ans, sur peine de privation de sa charge, et pour le regard des Grènetiers, que les ordonnances soient gardées, et qu'il soit permis aux particuliers de prendre du sel par quartes, et deffences aux officiers de faire recherche aux Greniers où le sel est baillé par Impost.

Sa Majesté entend que ce qu'Elle avoit cy-devant accordé pour ce regard aux supplians ayt lieu, et enjoinct derechef au capitaine desdicts Archers du sel de comparoir tous les ans à la dicte assemblée des Estats, sur peine de privation de sa charge et aux Grènetiers de garder ses ordonnances, voulant que les particulliers puissent prendre du sel par quartes, et que les officiers s'abstiennent de faire aucunes recherches dans les maisons des particulliers aux lieux où le sel est baillé par impost, sinon en cas qu'ils soient trouvez user de faulx sel.

X.

Vostre Majesté a esté plusieurs fois suppliée d'accorder au pays la suppression du Prévost général, son establissement estant innutil et à la foulle du peuple. Quelle apparence que luy et les Archers, qui sont payez de leurs gages sur le pays et vivent à noz despens, s'ils ont des différends avec nous, évocquent au Grand Conseil ? Ceste suppression est tellement utille à vostre service et tant désirée de tous les ordres de ceste Province, qu'il n'y a rien qui soit souhaitté par eulx si ardemment.

Au Roy. Et en sont les Commissaires d'advis.

Le Roy ne peult à présent révocquer ladicte charge de Prévost géneral, pour les mesmes raisons qu'elle a esté establie. Mais affin que ladicte Province en reçoive l'utillité entière, sans avoir occasion de se plaindre dudict Sieur du Roollet ny de ses Lieutenans et Archers, sa Majesté veult que le réglement de l'an mil six cens six, par lequel il y a esté pourveu, soit exactement observé.

XI

Vostre Majesté sçait l'importance de la commission des Paludz et Marestz de Caen et Costentin. Dans son Conseil, il en a esté parlé plusieurs fois. Le Cahier de l'année précédente portoit noz plainctes contre la commission : nous les continuons à présent, et nous supplions vostre Majesté, par les larmes d'un nombre infiny d'hommes, de femmes vefves, de petits enfans orphelins, de la révocquer, comme préjudiciable à vostre service et au bien de vos subjects, qui seront contraints d'abandonner le pays et de périr misérablement.

Au Roy. Et en sont les Commissaires d'advis.

Il y sera pourveu sur le rapport des Commissaires qui ont esté ordonnez au Conseil de sa Majesté pour prendre congnoissance de ceste affaire.

XII.

Nous demandons la révocation des offices supernuméraires, parisy, présentation, droict de clerc, doublement et tiercement de sceau, pour ce que, soubz ce prétexte, en telle viconté se lève, pour le droict du sceau des contracts, grande somme de deniers, voire plus que la valleur du coust du contract, ensemble les Assesseurs, Commissaires examinateurs et autres de nouvelle érection. Il n'est pas jusques aux Collecteurs des tailles qui, pour lever les deniers du Roy, sur le différent contre quelques particulliers, ne soyent forcez de payer droict de présentation.

Au Roy. Et en sont les Commissaires d'advis.

Le Roy, ayant dès l'année passée déclaré aux supplians, par sa responce au traizième article de leurs remonstrances, tout ce qui pouvoit estre de son intention touchant lesdicts offices, droict de clerc, parisy, doublement et tiercement de petits sceaux, sa Majesté n'a rien à y adjouter maintenant.

XIII.

Il seroit besoing de pourveoir aux plainctes des peuples pour le regard des villes franches et amodiées, les bourgeois desquelles possèdent la plus grande partie des héritages aux paroisses circonvoisines, et les labourent par leurs mains, là où, s'il y avoit des fermiers, ils ayderoient au peuple à supporter la taille qu'il est contrainct payer, ce qui n'estant point, il n'y a que les peuples misérables qui portent les charges, et les riches s'en exemptent.

Au Roy. Et en sont les Commissaires d'advis.

Sa Majesté veult que les habitans desdictes villes soient tenus de bailler leurs terres et héritages à ferme suivant l'ordonnance d'Orléans.

XIV.

Il est juste que nous ressentions les effects des favorables responces que vostre bonté nous promet, et que vostre Majesté ayt agréable ordonner que les Cahiers de noz très-humbles remonstrances, après avoir esté résoluz en vostre

Conseil, seront vériffiez aux Compagnies souveraines de ceste Province, sans qu'il soit besoing d'autres patentes ny déclarations.

Au Roy. Et en sont les Commissaires d'advis.

Les lettres-patentes et déclarations adressantes aux Courts souveraines sont nécessaires sur lesdictes responces pour les y faire vériffier, selon l'usage accoustumé jusques à présent, et ne sont refusées aux supplians, lorsqu'ils en ont besoing.

XV.

Les nobles et le peuple demandent la révocation de l'édict obtenu par les ecclésiastiques pour rentrer en leurs terres aliénées.

AU ROY.

Sa Majesté, sur les remonstrances desdicts ecclésiastiques, et pour plusieurs considérations y contenues, leur a continué, pour deux autres années seullement, l'effect dudict édict; et maintenant elle n'y peult rien changer.

XVI.

Puisque tous les ans se lèvent sur le pays grandes sommes de deniers pour la réparation des ponts et chaussées, les Estats demandent qu'ils soient employez dans les Ellections à proportion de ce qui s'y lève.

AU ROY.

Lesdicts deniers sont employez tous les ans dans la Province et aux ouvrages les plus nécessaires, qui est tout ce que les supplians peuvent et doivent désirer pour leur commodité et advantage.

XVII.

Nous ne voyons plus autre monnoye qu'estrangère; le

peuple est contrainct de la recevoir; aux receptes particullières, elle est refusée: il est contrainct la changer avec perte pour payer la taille. Vostre Majesté, s'il lui plaist, y mettra ordre, et ordonnera que les Receveurs des tailles recevront la monnoye estrangère au prix qu'elle est exposée, jusques à ce que vostre Majesté ayt donné un réglement général sur le fait des monnoyes.

Au Roy. Et sont les Commissaires d'advis, qu'il plaise à sa Majesté pourveoir, par un bon réglement, au surhaussement et billonnement des monnoyes.

Il y a dès-jà quelque temps que sa Majesté faict travailler pour faire un bon réglement sur le faict desdites monnoyes, et son intention est de le faire effectuer le plus tost qu'il sera possible.

XVIII.

Les Estats demandent la suppression d'un édict, depuis peu de jours présenté à la Chambre des Comptes, pour donner augmentation de gages à tous les officiers des Greniers à sel de ceste Province, ce qui tourneroit au préjudice du peuple, attendu que, si l'édict avoit lieu, il se feroit un impost sur le sel pour le payement desdicts gages.

Au Roy. Et en sont les Commissaires d'advis.

Sa Majesté n'a entendu establir aucune nouvelle Crue ny impost sur le sel par l'attribution qu'elle a faicte ausdites Grènetiers pour l'augmentation de leurs gages, ainsi qu'Elle a déclaré par ses lettres-patentes sur ce expédiées, le quatrième aoust mil six cens treize.

XIX.

Les rentes constituées sur les receptes génerálles et particullières sont si légitimement créees et deues à des personnes de telle considération, comme veufves et orphelins, que les Estats supplient vostre Majesté leur faire un fonds entier pour estre payez.

AU ROY.

Sa Majesté ne peult à présent faire d'avantage pour les supplians au faict desdictes rentes, veu l'augmentation des autres charges et despences, que de leur continuer sans diminution le fonds qui avoit esté destiné au payement d'icelles par le feu Roy de très-heureuse mémoire.

XX.

Les riverains des forests sont travaillez au payement de vieilles amendes jugées par les officiers des forests, il y a dix ou douze ans. Vostre Majesté est suppliée ne permettre aucunes poursuittes d'amendes, après les trois ans passez du jour de la condamnation d'icelles.

AU ROY.

Le Roy accorde que lesdictes amendes ne pourront estre recherchées après cinq ans passez du jour de la condamnation.

XXI.

Nous supplions vostre Majesté considérer que nulles commissions extraordinaires ne seront exécutées en ceste Province, que premièrement elles n'ayent esté vériffiées aux Courts souveraines auxquelles la congnoissance en appartient.

Au Roy. Et en sont les Commissaires d'advis.

Le Roy a tellement pourveu pour le passé au faict desdictes commissions extraordinaires, ayant révocqué celles dont sa Majesté a reçeu plaincte, que les supplians ont toute occasion de s'en contenter, et de s'asseurer que, pour l'advenir, Elle aura en cela, comme en toute autre chose, tant de soing de ce qui importe à leur repos et soulagement, qu'ils n'ont rien à désirer d'avantage.

XXII.

La révocation du Controolle des Tiltres est demandée;

toutes sortes de personnes y sont intéressées, spécialement les marchands pour obligations conceues pour marchandises, qui requiert prompte expédition, tant pour les marchandises estrangères, que pour marchandises transportées de pays en autre, le commerce n'ayant besoing de telle despence inutille.

Au Roy. Et en sont les Commissaires d'advis.

Accordé, en remboursant; et cependant l'intention du Roy n'est que ledict Controolle ayt lieu pour les lettres de change et promesses entre marchans.

XXIII.

La révocation de l'escu pour tonneau de mer est demandée, comme préjudiciable au commerce ;

Ceste levée ne peult estre encores révocquée, à cause des despenses nécessaires ausquelles les deniers qui en proviennent sont affectez.

XXIV.

Et de l'impost de neuf livres pour tonneau de vin, quarante sols pour tonneau de sildre, et vingt sols pour tonneau de poiray levé aux villes de Rouen, le Havre et Dieppe.

AU ROY.

Cest impost ne se peult non plus révocquer à présent pour les mesmes considérations.

XXV.

La réparation du pont a tousjours esté espérée; sur ce prétexte sont levez vingt sols pour muid de vin entrant en la ville de Rouen ; et y a des deniers suffisans pour parvenir à une reffection entière, sans que jusques à présent on y aye travaillé. Vostre Majesté est suppliée révocquer ladicte imposition et ordonner que les deniers qui sont levez seront

employez, sans divertissement, à la réparation dudict pont.
Au Roy. Et en sont les Commissaires d'advis.

Sa Majesté a tousjours eu volonté de faire rédiffier ledit pont, et, pour cest effect, a réservé les deniers de ladicte levée y destinez; et maintenant, après avoir par plusieurs fois envoyé des experts sur les lieux, faict entendre leur rapport et considérer leurs plans et deviz, Elle a pris résolution de ce qui s'y doibt faire, et y fera travailler le plus tost qu'il sera possible ; et d'autant que que lesdicts deniers dès-jà levez ne sont, à beaucoup près, suffisans pour cest ouvrage, il est nécessaire que ladicte levée continue encores pour quelques années.

XXVI.

La ferme de l'Imposition foraine est exigée pour les marchandises et manufactures de France transportées de province en autre, comme si elles venoient de pays estranger. Vostre Majesté, s'il luy plaist, retranchera ces exactions, et ordonnera que les procez, intentez et à intenter pour ce subject, seront décidez devant les juges de la Province.
Au Roy. Et en sont les Commissaires d'advis.

Ladicte Imposition foraine ne se lève que sur les marchandises qui se transportent hors le royaume, ou bien ès provinces où les aydes n'ont point de cours, et elles y sont subjectes, au dernier cas comme en l'autre, d'aultant que, les Bureaux n'estans establiz dans lesdites provinces, elles ne payent plus aucuns droicts pour en sortir.

XXVII.

La liberté des foires concédées à la ville de Rouen devient inutile, par la rigueur que tiennent les fermiers de l'Imposition foraine à la sortie des marchandises, qui sont payez, comme ils veullent, sur la force des évocations par eulx obtenues. Vostre Majesté, s'il luy plaist, maintiendra la liberté desdictes foyres, et révocquera l'évocation desdicts fermiers.

Au Roy. Et en sont les Commissaires d'advis.

La volonté du Roy est, que les marchands, traffiquans aux foyres de Rouen, jouissent entièrement de la liberté et franchises d'icelles, et deffend ausdicts fermiers de les y troubler ; mais, pour le regard des évocations qui leur ont esté accordées, sa majesté ne les peult révocquer, en ce qui concerne ses droicts.

XXVIII.

Autrefois les Estats ont faict plaincte contre un nommé Bauquet, partisan des Sergenteries héréditaires. Vostre Majesté a révocqué ce party pour ce qu'il estoit injuste. A présent nous nous plaignons des rigoureuses poursuittes qu'il commet, comme commis à la recepte des droicts des Aydes Chevelz deubz à Sa Majesté en Normandie, à cause de sa promotion à l'ordre de chevallerie, lorsqu'il estoit Dauphin ; car ses exécutions sont adressées sur les terres des Ecclésiastiques, bien qu'elles soient amorties, et partant exemptes de telles charges. D'avantage, pour les autres terres, il se faict payer, oultre le droict taxé par les Commissaires, d'un sold pour quictance, bien que la pluspart desdictes quictances ne soit que pour un, deux ou trois deniers, tellement qu'il se trouvera qu'un qui n'est taxé qu'à cinq sols en paye plus de vingt, dont il ne se faict recepte et ne se tient compte, comme il se vériffiera par les quictances et se verra par les comptes renduz à la Chambre. Ceste exaction est signallée, veu le grand nombre des quictances qu'il a délivrées jusques à plus de trente mille. Car en lieu de bailler une seulle quictance et y comprendre les sommes spéciallement employées au roolle des taxes, il abstrainct des particulliers à prendre quictance pour chacune desdictes sommes, la plus grande desquelles ne monte pas à trois deniers. En ce faisant une seulle personne aura trente ou quarante quictances ; et puis, pour le recouvrement de sommes si légères, les Sergents se font payer beaucoup pour leurs sallaires. Cest abus est encores remarquable en ce qu'il baille des quictances ausquelles la signature est imprimée et non escripte. Sa Majesté est suppliée ordonner qu'il sera informé des exactions cy-dessus, et à ceste fin depputer des juges et commissaires dans la Province, et ce pendant ordonner que la commission dudict Bauquet sera surcise.

Au Roy. Et sont les Commissaires d'advis, qu'il soit informé des concussions prétendues.

Le Roy n'entend qu'il se commette aucunes indues exactions en la perception desdicts droicts, accorde qu'il soit informé de celles dont les supplians se plaignent qu'a usé ledict Bauquet, veult que les taxes soient modérées selon l'intention du feu Roy, déclarée par sa responce au vingt-neufième article du Cahier de leurs remonstrances faictes en l'an mil six cens neuf, et que, suivant icelle, la Court de Parlement de Rouen congnoisse des différents qui surviennent à l'occasion de la levée dudict droict, attendu qu'il est domanial.

XXIX.

Nous supplions vostre Majesté mettre l'ordre que les marchands, qui traictent en Angleterre, seront traictez aussi favorablement que les Angloys qui négocient en France ; car ils jouyssent de pareils droicts que nous ; et en la Grande Bretagne, nous payons plus de cinq sols pour cent d'impost de plus que les subjects du Roy de la Grande Bretagne.

AU ROY.

Il a jà esté escrit sur ce subject à l'ambassadeur de sa Majesté résident en Angleterre, et mesmes en a traicté par son commandement avec celuy qui est près d'Elle de la part du Roy de la Grande Bretagne, ce qui sera encores continué, affin que les supplians en reçoivent les effects qu'ils en peuvent attendre.

XXX.

Le restablissement de la jurisdiction d'Arques, transférée à Dieppe, est demandée, et que la commission, pour cest effect commencée par Monsieur Mangot, soit achevée.

Au Roy. Et en sont les Commissaires d'advis.
Sera commandé au Sieur Mangot d'achever la commission.

XXXI.

Il y a plusieurs procez entre voz officiers des Ellections qui se consomment en fraiz, pour raison des qualitez de second président. Vostre Majesté est suppliée supprimer une desdictes qualitez par mort ou résignation, et que ceulx qui y sont pourveuz et non receuz seront remboursez, par les dicts Esleuz, de la finance qu'ils ont payée, affin qu'il n'y aye qu'un président en chacune Ellection, conformément à une déclaration de vostre Majesté du mois de septembre mil six cens cinq.

Au Roy. Et en sont les Commissaires d'advis.
Ceulx qui ont eu du Roy lesdictes quallitez pourront estre remboursez par lesdicts Esleuz de la finance qu'ils ont payée à sa Majesté.

XXXII.

Le Domaine du comté du Perche, pour ce qui est de l'ordre et direction des finances, a esté, de tout temps, tenu et réputé du ressort de la Générallité de Rouen, mesmes pour les ventes des couppes de boys qui en deppendent; et les Grands Maistres des eaues et forestz, particullièrement ceulx du département de l'Isle de France, l'ayant ainsi recongneu, ont tousjours envoyé aux Trésoriers généraulx de

France en ladite Génerallité les procez-verbaulx des adjudications desdictes ventes, affin de dresser les estats des deniers qui en doibvent revenir ès coffres de vostre Majesté, ce que lesdicts sieurs Trésoriers généraulx de France de Normandie ont faict pour le recouvrement desdicts deniers. Et, néantmoins, les Receveurs généraulx des bois dudit département de l'Isle de France prétendent maintenant usurper ledict recouvrement, et, pour y parvenir, ont faict assigner au Conseil, sur la requeste qu'ils y ont présentée, lesdicts Receveurs généraulx de Normandie, laquelle requeste est fondée plustost sur l'inthérest particullier de quelques taxations espérées, que sur aucun tiltre et raison vallable, et à desseing aussi d'accroistre les fonds pour distraire et oster la congnoissance du faict desdictes ventes et recouvrements de deniers aux officiers de ladicte Province, sans considérer le désordre et la conséquence qu'une telle distraction attireroit à soy, pour laquelle empescher et destourner, vostre Majesté est très-humblement suppliée de vouloir maintenir et conserver les dicts officiers de Normandie aux pouvoirs et attributs de leurs gages.

AU ROY.

Il y a instance pendante au Conseil sur laquelle y sera pourveu.

XXXIII.

Les Estats supplient vostre Majesté de révocquer la commission du Port des mandements donné aux receveurs des tailles, qui sont plus que remboursez depuis le temps qu'ils en jouyssent.

AU ROY.

Sa Majesté déclara, l'année passée, aux supplians comme ceste attribution ne peult estre révocquée, sans que les receveurs soient remboursez de la finance par eux payée.

XXXIV.

La révocation de l'Impost du pied fourché recœuilly par ceulx de Caen est demandée, pource qu'il y a long-temps que des-jà ceste levée se faict au préjudice du pays, n'estant juste que les bestiaulx passans dedans et hors la ville, sans y estre consommez, payent ledict impost.

AU ROY.

Sa Majesté ne peult rien adjouster aux arrests du Conseil sur ce donnez, ainsi qu'Elle a déclaré les années passées, sinon qu'Elle ordonne à ceulx de ladite ville de Caen, qui manient lesdits deniers, d'en envoyer les comptes en son Conseil.

XXXV.

Vostre Majesté est suppliée révocquer les Receveurs des Consignations establiz en la pluspart des villes de ceste Province, au préjudice du public.

AU ROY.

L'édict de l'establissement desdicts Receveurs ayant esté vériffié, sa Majesté ne peult rien changer à présent.

XXXVI.

Vostre Majesté est suppliée révocquer les taxes des Confirmations faictes au préjudice des officiers, taverniers, cabaretiers et autres mestiers de ceste province, comme choses qui tournent au préjudice du peuple.

Au Roy. Et en sont les Commissaires d'advis.

Le Roy ayant faict estat des deniers provenans du droict des Confirmations, qui est royal et ancien, sa Majesté ne peult révocquer lesdictes taxes, qui, dès le commencement, ont esté fort modérées, et depuis encores réduictes aux trois quarts.

Par noz plainctes est recongneu la vérité de noz misères redoublées par la stérilité, la calamité des gresles, la contagion, débordement de la mer et des rivières. En quelque estat pourtant où nous soyons réduicts, nous offrons à vostre Majesté les sommes portées en la Commission, pourveu qu'Elle aye agréable de nous descharger de la grande Crue. Faict en la Convention des Estats tenuz à Rouen, en la maison abbatialle de Saint-Ouen, le lundy, vingt-troisiesme jour de septembre mil six cens treize.

Signé, ECHARD.

Les Commissaires tenans la présente Convention, ayant ouy la responce des delleguez des Estats à la proposition et demande à eulx faicte de la part du Roy, par laquelle ils consentent luy payer, pour l'année prochaine mil six cens quatorze, les sommes portées par la Commission, pourvu qu'il plaise à sa Majesté les exempter de la grande Crue, Nous avons ordonné, veu ladicte responce des depputez, que levée sera faicte en ladicte année prochaine, suyvant lesdictes lettres-patentes de Commission pour ce expédiées selon la forme portées par icelles; et pour ce qui est de la grande Crue, qu'ils se pourvoiront par devers sa Majesté, ce qui a esté prononcé publiquement en l'Assemblée desdicts Estats. Faict à Rouen par nous dicts Commissaires, le lundy, vingt-troisième jour de septembre mil six cens treize.

Signé, LANGLOIS.

Sa Majesté a voulu prendre particullière congnoissance des incommoditez des paroisses qui ont esté affligées de la gresle, l'année passée, affin de les soulager en celle-cy, comme Elle a faict aultant qu'il luy est possible; et les affaires de çest Estat ne luy permettant de faire d'avantage, Elle ne se peut passer des sommes que par la commission Elle a ordonné estre levées.

Les Remonstrances contenues au présent Cahier ont esté veues et respondues par le Roy estant en son Conseil, la

Royne Régente, sa Mère, présente. A Paris, le vingt-deuxiesme jour de janvier mil six cens quatorze.

Signé, LOUIS.
Et plus bas,   POTIER.

Collationné à l'original, par moy Procureur sindic des Estats de Normandie.

Signé, ECHARD.

AU ROY.

Et à Nosseigneurs de son Conseil.

SIRE,

LES Estats de vostre pays et duché de Normandie vous remonstrent très-humblement que depuis l'année six cens-neuf, lesdicts Estats auroient continuellement demandé la révocation du party des greffes et des domaines, et que ceulx qui auroient esté contraincts de prendre la condition des saize années, ou de qui l'engagement auroit esté réduit en rente au denier vingt, fussent restablis en la jouyssance paisible de ce qu'ils possédoient, soit greffe ou domaine, attendu que les contracts, qu'en avoient faict les particulliers avec les partisans, avoient plustost esté faicts par une force et violence, et pour les rachepter des traverses et vexations ausquelles de jour en jour ils se voyent embarasser que de leur gré et libre consentement. Aussi, au lieu de procurer en cela le bien et le profit de vostre Majesté, lesdicts partisans, après avoir par ce moyen extorqué une grande somme de deniers, se seroient faict descharger dudict party, duquel vostre dicte Majesté auroit accordé la surcéance par responce des Cahiers desdicts Estats, jusques à ce qu'Elle en eust octroyé l'entière suppression, comme il apparoist par les extraits cy attachez. CE CONSIDÉRÉ, SIRE, et veu que, par la descharge que lesdicts partisans ont obtenu dudict party, ils font paroistre qu'ils ne l'avoient mis en avant que pour en tirer quelque advantage, comme ils ont faict aux despens des particulliers, IL VOUS PLAISE en accorder la révocation entiére, et, sans avoir esgard ausdictes compositions faictes par force et contrainctes, remettre ceulx qui jouyssoient desdits greffes ou domaine en la paisible jouyssance d'iceulx, comme ils estoient auparavant ledict party; et vous les obligerez à prier Dieu pour vostre Majesté.

Signé, François Pericard, E. d'Evreux, De la Pallu, Adequenel, De Bauquemare, De la Porte, Du Val et Echard.

Le Roy veult que ceulx qui ont tenu les partis desdicts greffes et domaine en rendent compte, ainsi qu'il est ordonné, et par après y sera pourveu aux supplians sur le contenu en la présente requeste. Faict par le Roy, estant en son Conseil, la Royne Régente, sa Mère, présente. A Paris, le vingt-deuxiesme jour de janvier mil six cens quatorze.

Signé, POTIER. (¹)

---

(1) Réimprimé d'après l'exemplaire conservé à la Bibliothèque nationale. L. K. 14,138.

ARTICLES
DES
REMONSTRANCES
Faictes en la Convention des Trois Estats
DE NORMANDIE
Tenue à Rouen, le dix-huitième jour de septembre
mil six cens quatorze.

Avec la Response et Ordonnance sur ce faicte par le Roy estant en son Conseil, la Royne Regente, sa Mère, présente,

A Paris, le vingt-neuvième jour de janvier mil six cens quinze

AU ROY
ET A LA ROYNE RÉGENTE GOUVERNANTE ET LIEUTENANTE GÉNÉRALLE POUR SA MAJESTÉ EN NORMANDIE

Et à Monseigneur le Duc de Montbazon, Pair et Grand Veneur de France, Gouverneur des ville, comté et évesché de Nantes, et Lieutenant général pour le Roy en ses pays et duché de Normandie,
Et à Messeigneurs les Commissaires depputez à tenir la présente convention.

SIRE,

C'est une faveur du ciel, quant les vertus du Prince sont proportionnées aux nécessitez de son peuple. Noz misères sont infiniement grandes, non toutes fois désespérées, puis que vostre clémence est infinie, s'il plaist à vostre Majesté de tourner le visage sur nos plaies et ulcères. Dieu vous faict entrer aux ans de vostre majorité, conduicte jusques à présent, avec heur et prospérité, par la singulière et rare prudence de la Royne, vostre Mère. Que ce grand Dieu, qui vous a destiné et estably pour commander, vous ouvre les yeulx pour considérer noz maulx, vous imprime la volonté d'y remédier! Il y a jà plusieurs années, l'une pire que l'autre et nulle bonne, que nous attendons l'effect de plusieurs promesses que nous n'avons encores eu qu'en papier. Ceste-cy est pire que les autres: en laquelle nous avons esprouvé les indiscrets et viollents déportements de plusieurs trouppes et compagnies de soldats, tant de pied que de cheval, qui se sont emparées de noz maisons, usé, voire abusé de noz biens à discrétion, et ruiné en beaucoup d'endroits l'espoir de noz moissons. La misère et pauvreté de tous costez nous environnent, et ne nous reste que ce dernier ancre de recourir à la miséricorde de vostre Majesté, que nous supplions nous donner en effect ce que voz prédécesseurs nous ont promis de parolles.

AU ROY.

C'est au grand regret du Roy, que sa Majesté a esté contraincte, pour conserver son authorité et maintenir le repos de son royaume, de faire passer ses trouppes en quelques provinces d'iceluy, et mesmes en lever de nouvelles qui n'ont peu apporter que beaucoup de despence à Elle et d'incommodité à ses subjects. Mais l'estat présent de ses affaires, et la majorité de son aage (à laquelle sa Majesté est, par la grâce de Dieu, heureusement parvenue) leur doit faire espérer qu'ils ne recevront plus de tels dommages, et qu'Elle aura le moyen, comme Elle a tousjours eu la volonté, de faire, pour leur soulagement, plus qu'il ne luy a encores esté possible.

II.

Le plus évident tesmoignage d'un Estat bien pollicé est quant les Ecclésiastiques y sont honnorez, et qu'ils s'esjouissent des privilléges, d'aultant plus grands que leur ministère est le plus hault et le plus éminent. Ceste monarchie a tousjours esté florissante et mieulx gouvernée que nulle autre du monde : vostre Majesté maintiendra doncques, s'il luy plaist, les Ecclésiastiques en leurs franchises, honneurs et immunitez, et seront tenuz deschargez et exempts de gens d'armes et autres charges semblables.

Au Roy. Et en sont les Commissaires d'advis.

Le Roy entend que les Ecclésiastiques soient conservez en leurs franchises, immunitez et exemptions.

III.

Les Nobles ont de tout temps mérité des prérogatives par dessus le vulgaire, pour n'avoir jamais espargné leurs vies à deffendre l'Estat ; ils protestent de continuer ceste mesme affection : il est raisonnable de leur en conserver les effets, desquels ils sont privez par l'avarice ou artiffice de partisans qui les contraignent de payer tous péages, daces et impostz, mesmes sont vexez pour le sel comme le reste du peuple. Vostre Majesté aura esgard au rang que tient la Noblesse en vostre royaume, qui est une victime tousjours preste à estre sacriffiée pour vostre service. Elle la dispensera doncques, s'il luy plaist, de toutes ces charges et autres telles prestations qui la rendroient esgalle au tiers Estat.

Au Roy. Et sont les Commissaires d'advis que la noblesse soit maintenue ès privilléges à elle concedez par les Roys.

Sa Majesté veult aussi que la noblesse jouisse de ses privilléges et immunitez, et spécialement pour ce qui est du sel ; mais les Gentils-hommes, comme tous ses autres subjects, sont tenus d'en prendre en ses greniers ; et encores que, par l'ordonnance du roy François premier, ils fussent subjects à la recherche, sa Majesté veult qu'ils en demeurent exempts, deffendant à ses officiers de leur donner aucunes assignations pour ce subject et révoquant toutes celles qui leur pourroient avoir cy-devant esté données, à la charge de n'user du faulx sel, ne favoriser les faulx-sauniers et se conformer, au reste, à ses ordonnances.

IV.

Nostre zelle est grand, nostre affection démésurée à vostre service ; mais l'impuissance et la pauvreté la fait mourir en nous, estans réduicts à telle extrémité qu'il ne nous reste que la voix pour gémir et plaindre, et nulle commodité pour payer une si excessive taille. Tant s'en fault que nous puissions fournir au payement de la grand Crue, dont le peuple supplie vostre Majesté le descharger du tout !

AU ROY.

Le Roy, voulant adviser aux moyens de soulager son peuple, sur les plainctes et remonstrances des Estats généraulx, y pourvoira en respondant leurs Cahiers.

V.

Les tailles, au commencement, s'estant levées par le consentement du peuple pour une subvention temporelle, se sont converties en prestations ordinaires, par la volonté aux roys et obéissance des peuples, qui se sont petit à petit tellement crues en ceste Province, qu'elles accablent plustot qu'elles ne chargent. D'y adjouster encore un second fardeau, seroit faire perdre l'aleine, du tout, comme l'on prétend faire, ayant vostre Majesté, à la sollicitation de quelques ennemis de ceste Province, envoyé édict à la Chambre des Comptes pour imposer sur vostre pauvre peuple trois deniers pour livre sur le principal de la taille et crues incorporées pour augmentation de gages aux Receveurs : qui est une surcharge qui vous apportera peu de proffict, et pour luy une ruine présente. Qu'il plaise à vostre Majesté de révocquer ladicte imposition, et vous contenter des tributs accoutumez, de peur que les extraordinaires ne facent, par impuissance, cesser les ordinaires.

Au Roy. Et sont les Commissaires d'advis, qu'il luy plaise avoir agréable la révocation de l'édict.

La dicte attribution a esté faicte aux Receveurs, sur ce que l'on a esté adverty que d'eulx-mêmes il la levoient par abuz, de sorte que, sans accroistre la charge du peuple, l'on a tiré secours d'eulx pour les affaires plus nécessaires de ce royaume.

VI.

La commission décernée par vostre Majesté contre ceulx qui veullent, soubz prétexte de quelques privilléges, s'exempter du payement de la taille, à la foulle du peuple, a jà esté effectuée par Messieurs Jannin et Arnault, et ne reste plus, s'il plaist à vostre Majesté, que de l'envoyer à la Court des Aydes de la Province avec commandement exprès de l'observer. Ainsi les foibles seront quelque peu soulagez, et les plus forts porteront leur part du fardeau.

Au Roy. Et en sont les Commissaires d'advis.

Ce réglement a esté envoyé depuis peu de jours en la Court des Aydes de Rouen, la vériffication n'en ayant peu estre plustot faicte en celle de ceste ville.

VII.

Les deux autres Ordres demandent la révocation de l'édict faict en faveur des Ecclésiastiques et de la prolongation du temps qui leur a esté donné pour recouvrer leurs biens aliénez. Cela trouble un monde de familles qui se pensoient asseurez par une longue possession, et faict naistre mil procez par un embarras de garanties diverses, qui causent enfin la ruine totalle de ceulx qui avoient contracté soubz l'authorité de la foy publique.

AU ROY.

Les deux années durant lesquelles le Roy a prolongé ausdicts Ecclésiastiques ceste faculté de rentrer en leurs biens aliénez seront bientost expirées.

VIII.

Nos maulx nous font redoubler noz plainctes accoutumées pour supplier vostre Majesté de supprimer le Prévost général et ses archers qui, soubz prétexte de telles charges inutilles à tout bien, exercent, de jour en jour, leurs animositez particullières contre les pauvres gens et les travaillent d'exactions infinies. D'en avoir justice, il est impossible, à cause des évocations qu'ils pratiquent au grand Conseil: cela sert d'impunité à leurs délitz et d'obstacle aux offencez d'en poursuivre la raison. Tout le monde crie contre eulx; les noms mesmes de Prévost et d'Archers sont odieux au publicq. Le réglement que l'on avoit faict, en six cens six, pour remédier à ce désordre, ne nous a que peu ou point soulagez. Le vray moyen d'estoufer le mal est d'en couper entièrement la racine, ou que, pour le moins, il plaise à vostre Majesté ordonner que leurs faultes et malversations seront punies et corrigées par voz juges de la Province, où les offencez se pourront plus aisément pourveoir pour avoir justice et réparation de leurs injures.

Au Roy. Et sont les Commissaires d'advis, qu'il plaise à sa Majesté ordonner que les délitz des Prévost, lieutenants et archers, commis en l'exercice de leurs charges, soient jugez par les juges de la Province, et par appel au Parlement.

Le réglement de l'année mil six cens six ayant esté faict, avec la considération qu'il a esté possible du bien de la Province et du consentement des supplians, sa Majesté n'y peult à présent rien adjouster, et s'asseure que, pourveu qu'il soit bien observé, ainsi qu'Elle l'a ordonné, sur le Cahier de l'année passée, la justice sera faicte, comme il appartient, et eulx n'auront occasion de se plaindre.

IX.

Nous espérons qu'à ceste fois la commission des Paluds et Marestz sera du tout revocquée, estant contre toute raison, voire contre le droict des gens, de dépouiller un million de pauvres familles de telles possessions que la nature mesme a faict et créé Paludz et Marestz pour servir en commun aux habitans du pays, que l'on ne peult oster sans rendre un nombre infiny de personnes misérables, qui envoyeront au ciel mille gémissements, dont le contre-coup seroit dangereux. Qu'il plaise à vostre Majesté, par ce bien faict, provocquer les prières et les bénédictions de vostre pauvre peuple, plustost que de le rendre, à l'entrée de vostre règne, perdu et nécessiteux.

Au Roy. Et en sont les Commissaires d'advis.
Le Roy a sursiz la dicte commission.

X

L'IMPOST d'un escu pour Tonneau de mer empesche fort le commerce ordinaire, rend les villes plus célèbres désertes, transférant le trafficq aux pays voisins : vostre Majesté est suppliée le révocquer.

AU ROY.

Sa Majesté advisera au contenu en cest article et au suivant, sur les Cahiers desdicts Estats généraux.

XI.

Et, par un mesme moyen, l'impost de neuf livres pour tonneau de vin, quarante sols pour tonneau de sildre et vingt pour poirey, qui se lèvent aux villes de Rouen,

Havre et Dieppe : chose si griefve que chacun père de famille est contrainct d'achepter ce que Dieu luy donne de revenu de ses terres et héritages.

AU ROY.

XII.

Quelque devys que l'on ayt faict pour la réparation du pont de Rouen, quelques plans que l'on en ayt dressez, tout cela n'a rien proffité ; et néantmoins l'on a continué jusques à présent à lever vingt sols pour muid de vin entrant dans la ville, aux fins d'y satisfaire. Les deniers que l'on en a recueilliz sont plus que suffisans pour cest ouvrage. Nous supplions vostre Majesté les y faire promptement employer, et faire cesser dès à présent ledict impost qui n'en a esté levé que pour cest effect, et ordonner que l'aménagement desdicts deniers sera faict par les eschevins de la ville de Rouen.

Au Roy. Et en sont les Commissaires d'advis.

Le Roy, ne désirant pas moins que les supplians la réparation dudict pont, a tousjours faict réserver les deniers qui ont esté levez pour y employer ; et comme maintenant il y a une somme notable, et que les devis et raports des experts ont esté veuz et considérez, la résolution de sa Majesté est d'y faire travailler aussitost que la saison y sera propre, et pour cest effect faire proclamer au premier jour les marchez au rabais. Mais, d'aultant qu'il est certain que la dicte somme n'est encores, à beaucoup prez, suffisante pour un tel ouvrage, il est nécessaire de continuer la levée qui se faict à ceste occasion. Et affin que la despence s'en face si fidellement et utillement que les supplians en reçoivent la commodité, et sa Majesté le contentement qu'Elle désire, Elle commettra de ses principaulx officiers en la Province pour en avoir le soing, faire les marchez et conduire l'ouvrage : à quoy seront par eulx appelez les eschevins de la dicte ville de Rouen, pour y avoir esgard, et contribuer de leur part ce qu'ils cognoistront à propos pour le bien public.

XIII.

Puis que l'Imposition foraine se lève sur les marchandises qui se transportent d'une province en autre où les aydes n'ont point de cours, en considération seullement que les Bureaulx n'y estant point establiz, elles ne payent plus aulcuns droicts pour en sortir, il est doncques raisonnable que les marchandises, ainsi transportées èsdictes provinces, qui vray semblablement s'y consomment et ne sortent point hors de France, ne soient subjectes à l'Imposition foraine.

Au Roy. Et en sont les Commissaires d'advis.

Comme l'on ne peult estre asseuré que les marchandises qui se transportent aux provinces où les aydes n'ont point de cours soient consommées en icelles, et ne soient après transportées hors le Royaume, elles ne peuvent aussi estre exemptes de la dicte Imposition foraine que les Bureaux ne soient establiz ès dictes provinces.

XIV.

La pluspart de ceulx qui ont des rentes à prendre sur la Recepte géneralle, qui sont veufves et enfans orphelins, n'ont autre revenu en ce monde. Si l'on continue à les en priver, tantost d'une moitié, tantost du tout, pour ne se trouver fonds certain, on les rendra entièrement misérables. Il plaira à vostre Majesté destiner un fondz sur la Recepte géneralle sans divertissement à l'advenir, veu qu'elle y est nommément affectée pour les faire payer, tout ainsi que leurs prédécesseurs en ont justement desbourcé les deniers.

Au Roy. Et en sont les Commissaires d'advis.

Le Roy accorde pour l'advenir le fondz destiné au payement desdictes rentes sur la Recepte génerale, sans aucun divertissement.

XV.

Ceulx qui recueillent les quatriesmes du vin et autres boissons, ne se contentent de lever rigoureusement ce droict sur la première vente et sur la valleur ; mais ils le prennent aussi sur tous les impostz que l'on en a payé, tant pour le droict d'entrée, pour le gros, que pour quelque autre cause que ce soit. C'est proprement prendre impost de l'impost, chose injuste et que vostre Majesté n'a jamais entendue. C'est pourquoy Elle ordonnera, s'il luy plaist, que, sur les quatriesmes que l'on lève sur les prix que les dictes boissons ont esté acheptées, on en déduira les charges qu'il a convenu premièrement payer, tant pour le droict d'entrée, du gros, qu'autres.

Au Roy. Et en sont les Commissaires d'advis.

Le Roy ne peult rien changer en la forme de la levée des dicts quatriesmes, qui est la mesme qui s'observe par tout le reste du royaume pour semblables aydes ; mais sa Majesté entend qu'elle se face sans aucunes indues exactions.

XVI.

Vostre Majesté nous avoit promis donner un reiglement sur le faict des monnoyes. Le désordre y est si grand qu'il n'en court plus que d'estrangères : cela ruine le commerce public. Vostre Majesté est suppliée d'y pourveoir, et cependant enjoindre aux Receveurs des tailles de prendre la monnoye dont le peuple se sert, au mesme prix qu'elle est publiquement exposée.

Au Roy. Et sont les Commissaires d'advis qu'il luy plaise faire un réglement général pour le faict des monnoyes, pour esviter à de grands inconvéniens qui croissent journellement.

Le Roy y a donné l'ordre qui a esté jugé plus convenable, en attendant que sa Majesté y puisse pourveoir par un réglement diffinitif.

XVII.

Encores que, par la responce du Cahier des Estats de l'année dernière, vostre Majesté nous eust accordé que le Controlle des tiltres n'auroit plus de lieu pour les lettres de change et promesses entre marchands, parce que la liberté de commerce requiert que la rigueur des formalitez ne soit pas si exacte en telle espèce de pactions comme elle pourroit estre aux autres, néantmoins, sur une simple requeste présentée par le sieur de la Champagne, capitaine de Fontainebleau, prétendant avoir le party desdicts Controlles, il auroit obtenu arrest du vingt-quatrième avril dernier, par lequel la responce donnée ausdicts Estats seroit révocquée, et permis au dict Champagne et à ses fermiers se faire payer du Controlle sur lesdictes lettres de change et promesses entre marchands. Si cela avoit lieu, ce seroit rendre illusoire tout ce qui seroit résolu en vostre Conseil sur les justes demandes de vostre peuple, et les responces qu'il plaist à vostre Majesté luy donner (qui doibvent estre tenues sainctes et inviolables) les convertir en fumée. Il plaira à vostre Majesté ordonner que la dicte responce du Cahier de l'année dernière, pour ce qui concerne les lettres de change et promesses entre marchands, sera exécutée.

Au Roy. Et en sont les Commissaires d'advis.

Le Roy entend que sa responce faicte pour ce subject sur le vingt-deuxième article du Cahier, que les supplians luy présentèrent, l'année passée, soit exécutée.

XVIII.

Il y a jà long-temps que les Receveurs des tailles sont remboursez de la finance par eulx payée pour la commission du Port des mandements, de laquelle on demande la révocation. Il s'y commet des abbuz si grands que telle parroisse, qui ne doibt que vingt ou trente sols du corps de la taille, pour son extrême pauvreté, en paye cinquante pour

le Port des dits mandements ; et tel, qui n'en doibt que
cinq ou six pour les crues, en paie néantmoins quinze pour
le port.

Au Roy. Et en sont les Commissaires d'advis.

La dicte attribution ne peult estre à présent révocquée.

XIX.

L'impost du pied fourché qui se lève par ceulx de Caen
sur les bestiaux, lesquels ne sont point consommez ou vendus en la dicte ville, est fort préjudiciable au publicq : nous
supplions vostre Majesté le révocquer.

AU ROY.

*Les comptes du maniement des dicts deniers ayant esté
depuis peu portez au Conseil du Roy, sa Majesté les fera
veoir au plus tost, et puis ordonnera, de la dicte levée, ce
qu'elle congnoistra estre plus à propos pour le bien de ses
subjets.*

XX.

Les Estats supplient vostre Majesté révocquer l'édict de
création des Receveurs des consignations et de la commission décernée pour la vente et revente d'iceulx, comme très-préjudicante au bien de voz subjects, estant plus expédient,
suivant voz antiennes ordonnances, de consigner ès mains
de personnes solvables, dont les parties conviennent, ou qui
sont nommées par les juges, lesquels ne prennent aulcun
sallaire pour le dépost, ou pour le moins bien plus modéré
que ne feroient tels receveurs, qui le plus souvent ne sont
de la Province, et entre les mains desquels ne seroient de si
grandes sommes de deniers asseurées.

AU ROY.

*Le Roy accorde que la dicte commission demeure sur-
cize.*

XXI

Nous demandons la révocation de l'édict de création de deux Receveurs payeurs des rentes constituées sur les greniers à sel de ceste province, et deux Controlleurs, attendu que desjà ayants esté remboursez une fois, il n'y a apparence de les restablir et charger le peuple tout de nouveau de ce que des-jà il a payé.

AU ROY.

L'édict de création des dicts Receveurs et Controlleurs ayant esté vériffié en la Chambre des Comptes de la Province, sa Majesté n'y peult à présent rien changer.

XXII.

La multitude des présidents, lieutenants, esleus, controlleurs, et autres officiers en chacune Election est parvenue à un nombre si excessif qu'ils nuisent les uns aux autres, et apportent une très-grande incommodité au publicq. Au département des tailles, chacun d'eulx veult favoriser les paroisses dont ils sont originaires, où leurs biens sont situez et assis, de sorte que les unes sont sans raison, voire contre raison, soullagées, les autres, qui n'ont aulcune recommandation, injustement foullées et vexées, oultre le désordre et confusion que ceste multitude apporte à la distribution de justice. Il est très-utile et à vous et à vostre peuple de les supprimer et réduire au nombre antien, qui est d'un ou deux pour le plus en chacune Election, en les remboursant des deniers qu'ils justifieront avoir loyallement payé et estre entrez sans fraulde ou déguisement à voz coffres. Ou du moings que les dicts deniers leur soient convertiz en rente au denier quatorze (qui n'égallera, à beaucoup prez les gages qu'ils perçoivent par chacun an), dont sera faict fonds du surplus pour racquiter les dictes rentes aux ungs et puis aux autres. Et en ce faisant, incensiblement vos finances seront deschargées de grandes sommes, et vostre peuple d'un fardeau de juges inutilles, qui leur est insupportable.

Au Roy. Et en sont les Commissaires d'advis.

Cest article et le suivant estant pour affaires généralles, qui importent à tout le royaume, sa Majesté y pourvoira sur les remonstrances des Estats généraulx d'iceluy.

XXIII.

C'est un mauvais prix que de convertir en argent ce qui se doibt achapter par vertu. Voz prédécesseurs ont eu la justice en tel respect, qu'ils en ont voulu retrencher toute suspition de sordidité, ayants déclaré indignes des offices de judicature ceulx qui par argent y aspiroient, les obligeans, auparavant que d'y estre receuz, jurer solemnellement que, directement ou indirectement, ils n'avoient donné ou promis aulcune chose pour y parvenir. La nécessité de l'Estat a relaché quelque peu ce nerf, et faict mettre les offices aux parties casuelles pour en tirer quelque honneste commodité, ce qui estoit tollérable. Mais ce dernier aage, au moyen de la pallotte et droict annuel, a engendré une très-pernicieuse marchandise d'estats et offices de toutes sortes, qui sont vendus à prix prodigieux et excessif, qui faict que la Noblesse et autres personnes de doctrine, suffisance et mérite, sont hors d'espoir de pouvoir jamais parvenir à vous servir en l'administration de la République, n'ayants que de la vertu, droicte et sincère affection, et point d'argent. Vostre Majesté est très-humblement suppliée de pourveoir à ce désordre, et par un salutaire réglement remettre à la vertu et au mérite ce qui a esté corrompu et dépravé par argent, tant aux offices et estats de la justice que des armes, mesmes ceulx de vostre Maison qui se souloient donner en récompense aux Gentils-hommes qui vous avoient fidellement servy.

AU ROY.

XXIV.

De tous les offices supernuméraires nouvellement érigez il n'y en a point dont la conséquence soit tant périlleuse au public comme ceulx d'assesseurs. Les charges de judicature sont, par ce moyen, divisées en tant de parties et si infirmes, que cela estouffe la vigueur de la justice, ternist son lustre et ravalle l'honneur et l'authorité des magistrats. Tel qui n'a jamais faict profession des lettres, qui sçait à grande peine discerner le juste d'avec l'injuste, se faict facilement pourveoir à ces petits offices, le vray reffuge des personnes de telle farine, pour distribuer aveuglément la justice à voz pauvres subjectz. Nous en avons tant de fois demandé la révocation que vostre Majesté nous l'avoit accordée par les responces des Cahiers des années précédentes ; et néantmoins, un nommé Langloys, s'estant depuis peu faict pourveoir d'un office d'assesseur en la vicomté d'Avranches, auquel nul n'avoist jamais esté pourveu, il a esté maintenu par arrest de vostre Conseil du mois de juing dernier. Cela apporte un tel désordre à toute la Province que, soubz prétexte que tous sont ainsi maintenus et nul refusé, plusieurs se font pourveoir journellement de pareils offices. Vostre Majesté est suppliée enjoindre audit Langloys de rapporter ses provisions ensemble ledict arrest, et ordonner que les responces des Cahiers des années précédentes seront observez.

Au Roy. Et en sont les Commissaires d'advis.

Le Roy entend que tous offices d'antienne et nouvelle création où il n'a esté pourveu demeurent supprimez, comme aussi les offices vacans par mort auparavant l'année mil six cens, ausquels n'a pareillement esté pourveu.

XXV.

Nous demandons la suppression des Commissaires examinateurs des procureurs nouvellement érigés aux juridictions inférieures, Marqueurs de Cuirs, Grand Visiteur des poids et mesures, Jaulgeurs de vaisseaux, de Parisy, Droict de clerc, Doublement et Tiercement de sceau, ensemble des Présentations ausquelles il est juste, pour le moins, de donner quelque réglement. Quelle raison qu'en telle instance, qui se forme devant un juge inférieur pour cinq sols ou autre légère somme, l'on en paye six sols pour ledict droit de présentation ! Vostre Majesté ordonnera, s'il luy plaist, que l'on ne sera point tenu de présenter, sinon aux causes qui monteront à quelque notable somme.

AU ROY.

Le Roy, par sa déclaration du mois de juillet mil six cens dix, a surciz l'establissement qui restoit à faire des offices de Jaulgeurs mesureurs et visiteurs de tonneaux et vaisseaux à mettre vin et autres breuvages, et veult que, si depuis ce temps là il a esté expédié aucune commission pour l'establissement, elle demeure révocquée. Et pour celle des Poids et Mesures et amendes d'icelles, elle l'a esté cy-devant, et sa dicte Majesté entend que la révocation, qui en a esté faicte, tienne, faisant deffences à tous commissaires et juges d'y procéder, à quoy les officiers des lieux tiendront la main; comme aussi qu'il ne se face aucune recherche pour le droict du Roy des merciers, révocqué par l'article septiesme de ladicte déclaration, et si aulcuns y contreviennent, il en sera informé par lesdicts officiers, à la requeste du substitut de son procureur général, et le procez faict et parfaict aux délinquans. Et pour le surplus du contenu au présent article, il y sera pourveu sur les remonstrances desdicts Estats généraulx.

XXVI.

Par le quatre cens cinquante-troisiesme article de la

Coustume de ceste Province, est décidé que le contract d'acquisition, qui n'auroit esté leu et publié à l'issue de la messe paroissialle, seroit subject à retraict de lignage et consanguinité dans trente ans, quelque possession qu'en ayt eu l'acquisiteur. L'expérience a apris que ledict article est injuste, cause d'une infinité de procez, ruines et subversions de beaucoup de familles, et que l'ancien usage, qui ordonnoit que la possession de dix ans fust au lieu de lecture, est beaucoup plus juste, raisonnable et conforme à l'équité naturelle. Tout vostre peuple supplie vostre Majesté de changer la rigueur dudict article 453 de ladicte Coustume, au lieu duquel sera mis et pratiqué, de ce jour à l'advenir, que la possession de dix ans servira de lecture et qu'après la possession dudict temps, nul ne sera recevable à se clamer à droict de lignage.

Au Roy. Et sont les Commissaires d'advis qu'il luy plaise envoyer commission aux baillifs et vicontes de la Province, pour informer et prendre l'advis des praticiens, de la commodité ou incommodité, pour, ladicte information rapportée par devant les commissaires qu'il luy plaira depputer, en ordonner ainsi qu'il appartiendra.

Sera envoyé commission aux baillifz et vicontes de la Province pour informer et prendre l'advis des praticiens de la commodité ou incommodité du changement requis en cet article, pour estre ladicte information rapportée par devant les commissaires que sa Majesté a depputez, sur l'advis desquels elle y pourvoira.

XXVII.

C'est une règle gardée et observée en vostre Parlement de ceste Province, que les causes qui y sont pendantes, encores qu'il n'y ayt aulcune procédure ny expédition que la simple présentation, ne tombent en péremption, et, qui pis est, en prescription, par quelque laps de temps que ce soit, de sorte qu'après soixante et quatre-vingts ou autre plus long temps, on contrainct les héritiers, qui sont quelquefois les six et septiesmes, de reprendre ces procez rancides et moisis qui surpassent la mémoire des hommes, et renverse-t-on quelquesfois six ou sept familles par un seul procès, qui est de très-périlleuse conséquence à tout vostre peuple, qui supplie vostre Majesté d'ordonner qu'à l'advenir l'ordonnance donnée à Paris, au mois de janvier mil cinq cens soixante-trois, publiée sans aucune modification en vostre dicte Court de Parlement, le trentiesme jour d'aoust mil cinq cens soixante-six, en l'article quinziesme, faisant mention de ladicte péremption, sera gardée et observée tant en vostre dict Parlement, Chambre des Requestes que autres juridictions, comme elle est en tous voz autres Parlemens et ressorts d'iceulx.

Au Roy. Et sont les Commissaires d'advis, qu'il luy plaise faire expédier lettres-patentes adressantes au Parlement.

Le Roy, ayant agréable ce qui sera plus utile aux supplians, fera expédier et adresser à son Parlement de Rouen des lettres-patentes sur ce subject, pour estre pourveu à ceste demande, à leur contentement et advantage.

XXVIII.

Vostre Majesté est suppliée faire restablir la jurisdiction du bourg d'Arques, comme elle estoit auparavant les derniers troubles, à cause desquels elle a esté transférée en la ville de Dieppe où elle est encore exercée : tesmoignage, note et marque desdicts troubles contre le vouloir et intention du roy deffunct Henry le Grand, vostre très-honoré seigneur et père, qui, pour en effacer la mémoire, avoit ordonné que toutes jurisdictions seroient remises et restablies comme elles estoient auparavant iceulx troubles, ce qui n'a esté faict, quelque instante supplication qu'en ayent faict à vostre Majesté un million de pauvres familles qui sont ruinées au moyen de ladite translation de jurisdiction, oultre l'incommodité qu'en reçoivent les Ordres de vostre peuple et l'administration de la justice.

Au Roy. Et en sont les Commissaires d'advis.

Ledict Mangot n'ayant encore achevé d'exécuter sa commission, il luy sera ordonné de l'accomplir.

XXIX.

Plusieurs deniers se lèvent sur le peuple, pour estre employez à la réparation des pontz, passages et autres édiffices et affaires du pays : il est raisonnable que les receveurs en rendent et tiennent compte en la Chambre des Comptes de la Province pour éviter le divertissement et mal employ d'iceulx, ce qui seroit aysé de faire, si le compte en estoit rendu ailleurs que par devant les officiers du lieu où la recepte et despence se faict.

Au Roy. Et en sont les Commissaires d'advis.

Le Roy a déclaré, par sa responce au dix-septième article du Cahier, que les supplians luy représentèrent en l'an mil six cens dix, comme il ne pouvoit estre compté de ces deniers en la Chambre des Comptes de Rouen, à cause des inconvéniens qui arriveroient, si la despence qui s'en faict par tout le royaume, n'estoit comprise en un mesme compte ; et a néantmoins ordonné, pour le contentement desdicts supplians, qu'il sera envoyé en ladicte Chambre un extraict dudict compte, pour ce qui est du particullier de ladicte Province, affin d'y avoir recours, quand il en sera besoing.

XXX.

Vostre peuple vous doibt tout, et vous luy debvez justice, qui luy doibt estre faicte et rendue par privillége spécial dans la Province, sans pouvoir estre tiré ou distraict ailleurs. Néantmoins, par importunité ou surprise, vous auriez concédé à plusieurs des évocations générales, qui, au moyen d'icelles, vexent et tourmentent un nombre infini de vos subjectz, les contraignent d'aller plaider les ungs à Paris, les autres en Bretagne et autres jurisdictions où l'attribution en est faicte, et ce pour un œuf, un sold de rente seigneuriale, et autres petites ou grandes sommes, qui ruinent les biens, les familles et personnes de vos subjectz. Il vous plaise à l'advenir ne concéder aucune évocation générale, révocquer celles qui ont esté concédées et remettre le tout au point de voz ordonnances, par lesquelles il a esté amplement pourveu ausdictes évocations.

Au Roy. Et en sont les Commissaires d'advis.

En cottant les évocations particulières dont ils se plaignent, il leur y sera pourveu; mais il est certain qu'il ne s'en accorde aulcune qu'aux termes des ordonnances.

XXXI.

Semblable incommodité est apportée à vostre peuple par les Archers du sel, Fermiers des quatrièmes, ceux qui ont le Tonneau de mer et autres, qui, pour vexer et, contre votre intention, extorquer beaucoup plus qu'il ne leur appartient, évocquent toutes instances en vostre Conseil. Vostre Majesté est suppliée que, tant en demandant que en deffendant, ils se pourvoiront par devant les juges de la Province, qui sont establiz pour juger et décider lesdicts différents.

Au Roy. Et sont les Commissaires d'advis que les différends d'entre les fermiers et particulliers sur l'exécution des baulx soient renvoyez pour estre jugez par devant les juges de la Province.

Sa Majesté n'entend que celles des fermiers s'estendent plus avant que pour ce qui concerne ses droicts et lorsqu'ils sont mis en question. Et pour le regard desdicts Archers, Elle veult que l'on leur face observer ses réglements, par lesquels elle a pourveu aux abuz et vexations que l'on s'est plainct qu'ils commettoient.

XXXII.

Nous supplions vostre Majesté que les comptes des deniers d'octroy attribuez aux villes se rendent par devant le juge des lieux, appellez les eschevins de ville, ou bien quelques notables bourgeois, où il n'y a maison de ville, parce que, lesdicts comptes se rendant en la Chambre des Comptes, il s'y faict des fraiz si grands qu'ils passent et consomment ordinairement tous les deniers dudict octroy. Et plaira, par un mesme, à vostre Majesté supprimer les receveurs desdicts deniers, en les remboursant par les communautez.

AU ROY.

Sa Majesté entend que les comptes des deniers patrimoniaulx se rendent par devant les juges ordinaires des lieux, appellez les eschevins, ou, à faute d'iceulx, les plus notables des villes; et deffend sa dicte Majesté à tous autres officiers d'en prendre aucune congnoissance. Mais, pour le regard des deniers d'octroy, il en doibt estre compté, de six ans en six ans, à la Chambre des Comptes, comme il a esté ordonné par les lettres de déclaration du feu Roy dernier, du vingt-huictiesme avril mil six cens cinq.

XXXIII.

Les usages, stils et coustumes doibvent estre changées, quant ils commencent à estre en charge et préjudice. En vostre Parlement, les déclarations de despens ont accoustumé d'estre dressées en roolle et non en cahier, qui apporte de grands fraiz à vostre peuple, lequel vous supplie d'ordonner que lesdictes déclarations seront à l'advenir dressées, taxées et payées, en la mesme forme dont l'on use au Parlement de Paris. Ainsi vostre peuple sera deschargé de plusieurs coustz, inutilz et superflus, dont il est travaillé.

Au Roy. Et en sont les Commissaires d'advis.

Le Roy, n'ayant rien plus agréable que le soulagement et la commodité des supplians en toutes occasions, envoyra, pour celle-cy, ses lettres-patentes en congnoissance de cause aux gens tenant son dict Parlement, affin qu'il y soit pourveu.

XXXIV.

Les recherches qui se font pour les débetz des receveurs, cinquante, voire soixante ans après qu'ils sont hors de charge, sont infiniment ruineuses. L'on s'adresse à de pauvres veufves, ou bien à des enfants orphelins, qui ignorent les affaires de leurs prédécesseurs, desquels ils ont perdu les lettres et quictances, tant par le ravage des guerres civilles, que autres accidents qui ont peu arriver, par le laps d'un si long temps passant la mémoire des hommes; et néantmoins, soubz ce prétexte, on les contrainct rigoureusement de payer. Nous supplions vostre Majesté d'ordonner qu'il ne se fera aulcune recherche pour les débetz desdicts receveurs, vingt ans après leurs charges expirées. Cela soulagera beaucoup vostre peuple, et advancera le payement de voz finances.

AU ROY.

Le Roy n'entend que les veufves et héritiers des comptables soient indeuement travaillez pour les débetz de leurs comptes; et quand ils ont perdu leurs papiers, sa Majesté y a tousjours eu esgard. Mais si par la négligence de ses officiers ou autres occasions, les deniers de sa Majesté sont demeurez en leurs mains, il est raisonnable que la répétition en soit faicte, en quelque temps que ce soit; et aultrement, il en pourroit naistre beaucoup de désordres préjudiciables à son service.

XXXV.

Les particuliers sont travaillez au payement des vieilles

amendes jugées, il y a fort longtemps. Nous supplions vostre Majesté ne permettre qu'il s'en fasse aulcune poursuitte après trois ans du jour de la condamnation.

AU ROY.

Le Roy accorde que la recherche de toutes amendes ne se face plus, passé cinq ans après l'adjudication d'icelles, ainsi que cy-devant sa Majesté a particullièrement accordé aux supplians pour celles des eaues et forestz.

XXXVI.

Antiennement Dieu visitant son peuple de la maladie de lespre, la charité des gens de bien avoit aumosné, tant en terres que autres revenuz, grands biens pour nourrir et assister les malades, laquelle maladie ayant cessé, les revenus demeurent entre les mains de particulliers qui en abusent. Vostre Majesté est suppliée d'ordonner que lesdicts revenuz, après les fondations et services accompliz, soient convertiz à l'entretien d'un précepteur pour l'instruction de la jeunesse, et aulmosnez aux pauvres veufves et orphelins des lieux où les dictes léproseries sont scituées. Et, par un mesme, vostre Majesté révocquera, s'il luy plaist, certaine commission adressée à un conseiller de vostre grand Conseil pour la recherche desdicts deniers desdictes léproseries, comme préjudiciable à vostre peuple.

AU ROY.

Sa Majesté a commis, avec Monsieur le Cardinal du Perron, grand aumosnier de France, quelques personnes de son Conseil et autres de ses officiers, pour pourveoir à la deue et sincère administration desdictes maladeries, et faire que les deniers, qui en proviennent, soient fidellement employez au bien des pauvres et du public. Et pour ce qui est des précepteurs, dont les supplians requièrent l'entretènement sur iceulx, il en sera conféré avec ledict sieur cardinal, comme aussi de la Commission dont ils se pleignent, pour en estre puis après ordonné ce qui se trouvera raisonnable.

XXXVII.

Les officiers des eaues et forestz font visitation sur les petites rivières : cela incommode grandement les voisins et riverains. Vostre Majesté ordonnera que lesdicts officiers visiteront les grands fleuves et rivières qui portent basteaux et non les petits qui n'ont formes que de ruisseaux

AU ROY.

Accordé.

XXXVIII.

Les conseillers eschevins de Rouen supplient vostre Majesté que restitution leur soit faite de plusieurs pièces de canon qui ont esté, par cy-devant, tirées des magasins de ladicte ville, et portées en la ville et chasteau de Verneuil et autres places pour le service de vostre Majesté, avec promesse de les faire rendre et remettre aux magasins de ladicte ville de Rouen.

Au Roy. Et en sont les Commissaires d'advis.

Sa dicte Majesté se fera représenter l'estat des pièces d'artillerie qui sont en ladicte Province, par lequel elle verra en quels lieux elles sont, pour après en ordonner ce qu'Elle congnoistra estre requis pour son service et la seureté de la dicte Province.

XXXIX.

Par cy-devant, pour le bien du public, les grands chemins des forestz avoient esté eslargiz et les bois esartez, à ce que commodément toutes sortes de personnes, chevaulx et charrettes y passassent sans danger. Depuis, les bois y estans recreuz, le sieur Grand Maistre les veult conserver comme le reste de la forest, de sorte que les allans et venans, menants des bestiaulx, qui quelquefois y mangent et broutent, sont arrestez, et ceulx ausquels ils appartiennent condamnez en grosses amendes. Il plaira à vostre Majesté ordonner que lesdicts grands chemins seront remis et esartez de la largeur qu'ils estoient, et deffendre audict sieur Grand Maistre de travailler ceulx qui y mèneront leurs bestiaulx par confiscations et amendes.

AU ROY.

Comme lesdicts grands chemins ont esté eslargiz pour la seureté et commodité publique, sa Majesté a agréable que, pour les mesmes considérations, ils soient maintenuz et conservez en cest estat, et que ses subjects ne soient travaillez par confiscations et amendes, pour avoir mené leurs bestiaux dans l'estendue desdits grands chemins, pourveu qu'ils n'en abusent.

XL.

Nostre pauvreté et misère vous est assez congnue, par les plainctes qu'avez reçeues par cy-devant, et recevez encores chacun jour. Elle est redoublée, ceste année, par le passage des gens de guerre, qui ont vescu licentieusement sur le peuple, ausquels ils n'ont laissé que ce qu'ils n'ont peu emporter, et mesmes par la stérillité causée d'une sécheresse extraordinaire, qui nous a apporté une entière calamité. Néantmoins nostre fidélité, zelle et affection à vostre service surpassera toute difficulté, et tirerons jusques au dernier denier pour satisfaire au contenu de vostre Commission, sçavoir :

Pour la Génerallité de Rouen, la somme de unze cens soixante-huict mil quatre cens quarante livres ;

Et pour la Généralité de Caen, la somme de six cens trente-quatre mil sept cens vingt livres.

Toutes lesquelles sommes reviennent ensemble à la somme de dix-huict cens trois mil cent soixante livres.

Dont vostre Majesté se contentera, s'il luy plaist, et nous deschargera entièrement de la grand crüe. Faict en la Convention des Estats de Normandie, tenuz à Rouen au couvent des Carmes, le dix-huictiesme jour de septembre mil six cens quatorze.

Signé : ECHARD.

Les Commissaires tenans la présente Convention, ayant ouy la responce des delléguez des Estats à la proposition et demande, à eulx faicte de la part du Roy, par laquelle ils consentent luy payer, pour l'année prochaine mil six cens quinze, les sommes de la taille portées par la Commission, pourveu qu'il plaise à sa Majesté les exempter de la grand Crue, Nous avons ordonné, veu ladicte responce des depputez, que levée des deniers sera faicte en la dicte année prochaine, suivant lesdictes lettres-patentes de Commission, pour ce expédiées, selon la forme portée par icelle ; et, pour ce qui est de la grand Crue, qu'ils se pourvoiront par devers sa dicte Majesté. Ce qui a esté prononcé publiquement en l'assemblée des dicts Estats. Faict à Rouen par nous dicts Commissaires, le jeudy, dix-huictiesme jour de septembre mil six cens quatorze.

Signé : LANGLOYS.

Le Roy a agréable la bonne volonté des supplians, et ne perdra nulle occasion de les soulager, quand ses affaires le luy permettront.

Les articles et remonstrances, contenues au présent Cahier, ont esté veues et respondues par le Roy estant en son Conseil. A Paris, le vingt-neufiesme jour de janvier mil six cens quinze.

Signé : LOUIS.

Et plus bas : Potier.

Collationné à l'original par moy Procureur sindic des Estatz de Normandie.

Signé : Echard.

AU ROY.

Sire,

Les Depputez des Estats de vostre pays et duché de Normandie, vous remonstrent très-humblement que ladicte Province, estant presque toute en forestz et en bois, les meilleurs et plus asseurez revenuz qu'ayent les suppliants, sont les usages et droicts de chaufages qu'ils ont dans les dictes forestz, ce qui leur ayde à nourrir leurs familles, payer les décimes, tailles et autres droicts et devoirs qu'ils doibvent à vostre Majesté. Desquels lesdicts suppliants, de temps immémorial, ont jouy paisiblement, suivant leurs tiltres, possessions et dénombrements, qu'ils ont confirmez par patentes expresses des Roys, vos prédécesseurs, jusqu'à ce que Monsieur de Fleury a esté pourveu de l'office de Grand Maistre des Eaues et forests, et principalement depuis un an que, sans raison, voire contre toute justice, il a empesché aux supplians lesdictes libertez d'usages, et denié à une infinité de pauvres monastères, hospitaux et générallement à toute la Noblesse, les chaufages qu'ils avoient droict de prendre dans lesdictes forestz, contre l'intention de vostre Majesté et les privilléges particulliers de ladicte Province. Ce qui, tolléré, apporteroit une ruine présente, tant aux Ecclésiastiques, Nobles, que à tout le reste de vostre pauvre peuple, qui, pressé de beaucoup d'autres incommoditez, n'a autre recours qu'à ce seul moyen, par l'ayde duquel ils entretiennent leurs familles et subviennent aux nécessitez de l'Estat. Ce considéré, Sire, et veu principallement que par les responces de leurs Cahiers des années précédentes, vostre Majesté veut et entend que les Ecclésiastiques et Nobles soient maintenuz en leurs privilléges, franchises et immunitez, dont ceux-ci sont les plus conséquentieux, il vous plaise faire très-expresses deffenses audict sieur Fleury et autres Maistres particuliers, de troubler les dicts suppliants en leurs libertez d'usages, et d'ordonner qu'auparavant que faire nulles adjudications des ventes de voz forestz, ils soient tenus délivrer, à ceux qui ont lesdits droits de chauffage, ce qui leur en appartient, suivant leurs tiltres, possessions et dénombrements. Et ils continueront à prier Dieu pour vostre Majesté.

Signé : Behotte, Mallet, Lestandart, Turgot, Anzeray, Hourdebourg et Echard.

Le Roy a déclaré et déclare, sur le contenu de la requeste qui est de l'autre part, qu'il n'entend point que les supplians soient troublez en la jouissance des usages et chauffages qui leur appartiennent, et veult que délivrance leur en soit faicte par les maistres des Eaues et Forests, aux temps et selon les formes accoustumées. Faict à Paris, le vingt-neufiesme jour de janvier mil six cens quinze.

Signé : POTIER.

AU ROY.

Sire,

Les Députez des trois Estats de vostre pays et duché de Normandie, vous remonstrent très-humblement, que, par le Cahier qu'ils ont présenté à vostre Majesté depuis peu de jours, ils l'ont suppliée révocquer toutes les évocations génerralles qu'Elle auroit accordées par importunité à plusieurs particuliers, et remettre le tout à voz ordonnances, par lesquelles il a esté assez amplement pourveu ausdictes évocations. Mais, congnoissant qu'encores qu'elles y fussent réduites, comme ils l'espèrent de vostre bonté, il ne laissera de se trouver un grand nombre de procez évocquez, tant aux parlements de Paris, Bretagne et autres, en vertu des Committimus dont les officiers de vostre Maison et autres privilégiez jouissent, qui, à cause mesme des parentés et aliances qui sont en vostre parlement de Normandie, desquels parlements de Paris, Bretagne et autres les juges, sans considérer le lieu d'où ces procès leur sont renvoyez (que c'est d'un païs coustumier, suivant les loix et coustumes duquel les habitants de ladicte Province font leurs contracts et intentent leurs actions) ils ne laissent de juger lesdicts procez aux reigles et uz de leurs provinces, qui sont pour la plus part contraires à celles dudict pays, si bien que celuy qui estoit bien fondé et qui justement avoit intenté son action devant les juges, se voit, par le moyen de telles évocations, descheu de son bon droit, ce qui apporte un grand préjudice et notable intérest à vos subjectz de ladicte province, ce considéré, Sire, il vous plaise ordonner que les juges, par devant lesquels les causes de vos dicts subjects de Normandie seront renvoyez par évocation ou autre privilége, soient tenuz de juger lesdictz différends, tant les personnels que les réels, suivant et conformément à la Coustume dudict pays. Et ils continueront à prier Dieu pour la prospérité et santé de vostre Majesté.

    Signé: Behotte, Lestandart, Turgot, Hourdebourg, Anzeray et Echard.

Les juges sont obligez de juger selon les coustumes des lieux d'où les procez sont évocquez. Et néantmoings, s'il est besoing de quelques déclarations plus amples sur ce subject, le Roy les accordera volontiers, désirant donner aux suppliants tout le contentement qui luy sera possible en ceste occasion, comme en toutes autres. Faict à Paris, le vingt-neufiesme jour de janvier mil six cens quinze..

    Signé : POTIER.

---

(1) A Rouen. De l'Imprimerie de Martin le Mesgissier, Imprimeur ordinaire du Roy, tenant sa boutique au haut des degrez du Palais, M.DC.XV. Avec privilége dudict seigneur. Réimprimé d'après l'exemplaire appartenant à M. le marquis de Blosseville.

ARTICLES
DES
REMONSTRANCES
Faictes en la Convention des Trois Estats
DE NORMANDIE
Tenue à Rouen, le septième jour de décembre mil six cens seize.

Avec la Response et Ordonnance sur ce faicte par le Roy estant en son Conseil.

A Paris, le trentiesme jour de mars mil six cens dix-sept.

AU ROY.

ET A LA ROYNE, MÉRE DU ROY, GOUVERNANTE ET LIEUTENANTE GÉNÉRALLE POUR SA MAJESTÉ EN NORMANDIE.

ET A MONSEIGNEUR LE MARQUIS D'ANCRE, *Mareschal de France, Premier gentilhomme de la Chambre du Roy, et son lieutenant général au pays et Duché de Normandie. Et à Messeigneurs les Commissaires depputez pour tenir la présente Convention.*

SIRE,

Nous avons supporté, voire surmonté par patience tant d'afflictions, de maux, de viollences, que là parolle ne peult dignement vous représenter, espérant que la paix, que redonneriez à vostre peuple, y apporteroit ou la fin ou quelque remède. Mais du port nous nous voyons rejettez au milieu des flots et orages, qui nous versent, voire bouleversent, tellement que nul cable ne peult sauver ce pauvre vaisseau de bris et nauffrage. Nous avons veu la paix comme une lueur très-agréable; mais n'en ressentons aulcun effect, n'en recepvons que peu ou point de commodité. Noz maux ne cessent point, ils changent seulement de forme. Ce que l'inclémence et rapacité du soldat a laissé sera emporté par les sergents et autres exécuteurs de vostre justice; voire voz prisons regorgeront des corps de voz pauvres subjectz, pour le payement de sommes si grandes et excessives ausquelles vostre peuple ne pourra fournir et satisfaire. Ce n'est à vostre peuple, plein d'obéissance, à entrer en inquisition de la nécessité de voz affaires ; mais il vous supplie en toute humilité de proportionner, en quelque sorte, la vostre et la sienne, et le charger de fardeau si modéré qu'il le puisse porter, non seulement ceste année, mais le continuer aux autres suivantes, plustost que de l'accabler tout d'un coup et le rendre impuissant d'effect, non de volonté, de subvenir aux affaires de vostre Estat.

I.

Les vœux que les Ecclésiastiques redoublent incessamment rendent le ciel propice au bien et maintien de vostre Estat : il est raisonnable que vostre piété intercède pour eulx vers vous-mesmes affin de leur conserver leurs priviléges et immunitez.

Au Roy. Et en sont les Commissaires d'advis.

La volonté du Roy est que les Ecclésiastiques soient conservez en leurs priviléges et immunitez.

II.

La Noblesse déplore que, par le moyen de plusieurs levées qui se font indifféremment sur toutes personnes, on la dépouille de ses prérogatives et la rend on, par telles voyes oblicques, honteusement contribuable à des charges indignes de sa condition. Elle supplie vostre Majesté d'estre mieux conservée à l'advenir en ses prérogatives qu'elle n'a esté par le passé, et qu'elle jouisse des mesmes exemptions que font les officiers des Courts souveraines.

AU ROY.

Le Roy veult maintenir à sa Noblesse toutes les prérogatives qui luy appartiennent et dont elle a jouy soubz les roys ses prédécesseurs, ainsi que sa Majesté l'a déclaré par sa responce au troisiesme article du Cahier précédent.

III.

Le tiers Estat est réduict à l'extrémité ; le désordre passé a mis sa misère au souverain degré : l'année stérille, peu de bleds, point de fruicts, de sildres, ny brevages, qui est la seulle commodité qu'il a de faire quelque argent pour payer voz tailles et tributz. Sire, ne considérez point ce que désirez tirer de luy, mais ce qu'il peut porter ; le pressant davantage, vous n'en tirerez que des soupirs et des larmes. Donnez luy donc, s'il plaist à vostre Majesté, quelque diminution notable de la taille, et deschargez le des trois deniers pour livre attribuez à voz Receveurs, et du tout ostez luy la grand Crue.

AU ROY.

Ladicte Crue a tousjours esté levée du règne du feu Roy, et depuis, et est affectée à des despences nécessaires : c'est pourquoy sa Majesté n'en peult descharger les supplians, ny des trois deniers pour livre attribuez aux Receveurs, d'aultant qu'ils ont financé pour jouir dudit droict

IV.

Puis qu'il a pleu à vostre Majeste nous accorder que toucherions à l'advenir les deniers destinez pour la reffection du pont de la ville de Rouen, à ce qu'un ouvrage, si honorable à vostre Majesté et nécessaire au public, se puisse plus seurement entreprendre et conduire à la perfection, il est juste d'ordonner le remplacement des deniers, qui, par le passé, se sont levez pour cest effect, et que ceulx qui en ont eu le maniement soient tenuz en rendre compte, et que doresnavant les eschevins de la ville de Rouen reçoivent les deniers destinez à cest ouvrage, et que la ferme des vingt sols sera baillée comme les autres octroys, pour éviter au rabaiz que pourroient prétendre les fermiers, comme ils font journellement pour les fermes baillées en vostre Conseil.

Au Roy. Et sont les Commissaires d'advis que le remplacement soit faict par sa Majesté, quand la commodité de ses affaires le permettra, et que le bail des vingt sols soit faict, à l'advenir, par les Trésoriers de France en ceste ville, appellez les eschevins, et qu'il plaise aussi à sa dicte Majesté faire payer lesdicts eschevins de dix mil escus assignez sur les Générallitez de Paris, Rouen et Caen.

Le Roy pourvoira volontiers au remplacement desdictz deniers, quand la commodité de ses affaires le pourra permettre, et cependant sa Majesté a ordonné, par arrest du   que cest ouvrage sera conduict par les eschevins de Rouen, et les deniers, qui y sont destinez, mesnagez par eulx et employez, par leurs ordonnances et mandemens, sans que les Trésoriers de France establiz en ladicte ville ou aultres officiers s'en puissent entremettre, et que la ferme des vingt sols, qui se lèvent sur chacun muid de vin entrant en ladicte ville de Rouen, sera publiée et adjugée tout ainsi que les aultres fermes des impositions octroyées par sa Majesté à ladicte ville.

V.

Il n'est pas peste plus capitalle en une République que

de ceulx qui se licentient au mal soubz le voile du bien. Les Archers du Prévost général, soubz un vain prétexte de vouloir refréner l'insolence des soldats pendant ces derniers mouvemens, ont plus commis d'oultrages et plus désolé de familles que n'ont faict les soldats mesmes, dont ils demeurent impunis à cause des évocations qu'ils ont au grand Conseil. Ce cuisant ressentiment est un surcroist des plainctes, justement redoublées, que depuis si longtemps nous faisons à vostre Majesté, d'extirper et du tout oster cest office de Prévost général avec sa suitte, ruineuse à voz subjectz, du sang et de la substance desquels ils s'entretiennent, et de révocquer telles évoccations, causes de telle impunité.

Au Roy. Et sont les Commissaires d'advis que les délictz des Lieutenans et Archers soient jugez par les juges de la Province et, par appel, au Parlement.

Ledict Prévost général a esté establiy, par le feu Roy d'heureuse mémoire, pour le bien de ladicte Province, et y a esté recongneu très-utille. C'est pourquoy sa Majesté ne le peult révocquer; mais elle veult que le réglement faict en l'an mil six cens six soit suivy et observé, ainsi qu'Elle l'a déclaré par ses responces aux Cahiers précédents. Et, d'abondant, Elle accorde que les Lieutenans et Archers dudit Prévost général seront tenuz de respondre, en toutes causes civiles et criminelles, et mesme des faultes qu'ils pourront commettre en leurs charges, par devant les juges des lieux, et, par appel, au grand Conseil.

VI.

Pareille incommodité nous est apportée par les Archers du sel, qui, soubz ce nom d'Archers, sont aultant de volleurs qui pillent et ravagent licentieusement toutes les maisons de voz pauvres subjectz. Par plusieurs fois, vostre Majesté leur a commandé et à leur cappitaine de comparoir aux Estats pour y rendre raison de leurs malversations : ce dont ils n'ont tenu compte. Nous supplions vostre Majesté de leur enjoindre de rechef, et de porter leurs commissions aux greffes des Eslections au paravant que de pouvoir faire aulcunes recherches, et que pareillement il sera informé des concussions que font les Revendeurs de sel à petites mesures.

Au Roy. Et en sont les Commissaires d'advis, suivant le réglement faict par sa Majesté..

Le Roy veult que la charge de cappitaine des dicts Archers ne soit commise qu'à un homme congneu et domicillié dans la Province, et enjoinct à celuy qui l'exercera de comparoir tous les ans avec tous ses Archers en l'assemblée desdicts Estats, comme il a esté cy-devant ordonné, à peine de quinze cens livres d'amende, applicable aux pauvres de la ville de Rouen, et de mettre sa commission et le roolle desdicts Archers, contenant leurs noms et domicilles, au greffe de la Court des Aydes ; ordonne aussi sa Majesté que lesdicts Archers porteront leurs commissions aux greffes des greniers à sel, auparavant que de pouvoir faire aucunes recherches dans l'estendue du ressort desdicts Greniers, voulant que ses ordonnances soient observées, et spécialement le réglement du mois de mars mil six cens dix, et qu'il soit informé par les Grènetiers des contraventions et concussions que l'on prétend avoir esté commises par les Revendeurs de sel à petites mesures.

VII.

Vostre Majesté, ayant voulu que l'on payast le droict de confirmation pour son advènement à la Couronne, quoyque jamais il n'eust esté demandé, lorsque la Couronne tomboit du père au fils, les partisans se debvoient contenter de l'exiger rigoureusement sur les officiers, sans l'estendre, contre l'intention de vostre Majesté, sur les Taverniers, Cabaretiers, Usagers des forestz et Communes, Tiers et danger, Moulins à eaues, à papier et à vent, Chauffages, Chauffours qui sont dans les forestz, les terres fieffées et aultres telles sortes employées dans leurs roolles, dont nous demandons la révocation, estant une chose inaudite et par trop rigoureuse d'abstraindre ceulx de ceste condition, qui ne possèdent rien de révocable ou subject à suppression. Quelle apparence que tel contribue à ce droict plus qu'il n'a vaillant, jusques là que pour oster le moyen de se pourveoir à ceulx qui sont injustement taxez, les Commissaires, destinez pour cest effect, s'attribuent pouvoir d'en juger souverainement jusques à cent livres, somme excédant quelquefois le bien des condamnez, qui est contre voz ordonnances qui limittent telle souveraineté à dix livres !

Au Roy. Et en sont les Commissaires d'advis.

Le Roy, par son soing et bonté, a prévenu, en cest endroict, les supplications de ses subjectz, ayant pourveu au contenu de cest article par arrest donné en son Conseil, le dix-neufiesme jour du mois dernier.

VIII.

Les fermiers, partisans et aultres telles sortes de gens travaillent extrêmement le pauvre peuple par le moyen des évocations générales. Il n'est pas les appellations des Commissaires pour le droict de confirmation qui ne s'évocquent. Ce sera le soulagement de voz subjectz de révocquer toutes telles évocations, affin que ceulx qui auront subject de se plaindre n'en soient, par telles voyes, forclos.

Au Roy. Et sont les Commissaires d'advis, que les oppositions et appellations soient jugées par les juges de la Province.

L'intention du Roy est que lesdictes évocations n'ayent lieu que quand les droictz de sa Majesté sont débatus, ainsi qu'Elle a déclaré par les responces aux Cahiers précédens, et que les fermiers ne se puissent pourveoir ailleurs qu'aux Courts des Aydes pour faire juger les différendz naiz ou à naistre, pour raison des immunitez et franchises des foires et marchez francs des villes.

IX.

L'une des causes de la grandeur, ornement et richesse des villes de vostre Royaume, Sire, est le traffic et commerce qui se faict avec toutes provinces tant d'iceluy que nations estranges, qui apportent ce qui nous deffault et emportent ce dont nous abondons, à quoy elles sont invitées venir principallement en vostre ville de Rouen, pour les immunitez et franchises que voz prédécesseurs ont donné aux foires qui ont esté de tout temps establies, les libertez et priviléges desquelles aulcuns prétendent retrancher, voulant que le temps de l'immunité d'icelles se passe et escoulle, encores que lesdictes foires ne puissent tenir, à cause des inondations des rivières de Seine, et aultres incommoditez qui surviennent au temps destiné pour icelles. Vostre Majesté est suppliée d'ordonner, conformément à ce qui a esté tousjours gardé et observé, que voz Courts, tant de Parlement que des Aydes, pourront transférer et différer les dictes foires à tel aultre temps qui sera trouvé utile et commode.

Au Roy. Et en sont les Commissaires d'advis.

Il y a instance pendante au Conseil, sur laquelle, le fermier ayant esté ouy, y sera pourveu.

X.

La Grandeur de vostre Empire ne consistant pas seulement en la terre de vostre royaume, mais par toute l'estendue de la grand mer Occéane, vous debvez, à l'un comme à l'aultre, protection et sauvegarde à tous ceulx qui navigent. Voz prédécesseurs ont faict de bonnes et sainctes loix pour le faict de la navigation ; mais elles sont à présent mal gardées, l'utille estant par plusieurs préféré à l'honneste, et la piraterie au loyal traffic. Vostre Majesté fera, s'il luy plaist, faire inhibitions et deffences, tant à Monsieur l'Admiral, Visadmiral, et ses Lieutenans, de bailler et concéder aulcuns congers qu'à personnes congnues gens de bien, et qui baillent caution, pour le moings juratoire, de faire bon et loyal traffic, sans qu'ils puissent sortir des havres, sans avoir esté leurs navires, marchandises et équipages veues et visitées par les juges de l'Admirauté et le tout enregistré aux greffes; deffences aussi soient faictes à tous gouverneurs et cappitaines des villes et places maritimes de recepvoir ny permettre de sortir et entrer ausdicts ports et havres aulcuns volleurs et pirattes, sans les arrester et mettre en justice, comme il en a esté abuzé et s'abuze journellement par plusieurs, et ce sur peine d'estre tenuz complices desdicts volleurs et puniz suivant la rigueur de voz ordonnances.

Au Roy. Et sont les Commissaires d'advis que les ordonnances soient exactement gardées par les officiers de l'Admirauté, à peine d'en respondre en leur propre et privé nom; mesmes soit faict deffences à tous cappitaines de places et aultres de recevoir aulcuns pirattes, à peine d'estre responsables de tous délitz commis par eulx.

Accordé, voulant sa Majesté que ses ordonnances soient exactement gardées par ses officiers de l'Admirauté, à peine d'en respondre en leurs propres et privez noms, et deffendant à tous cappitaines et gouverneurs de ses portz et havres d'y recevoir aulcuns pirattes, sinon pour les prendre et mettre en justice, ce que sa Majesté leur enjoinct de faire, au cas qu'ilz entrent dans lesdictz portz et havres, à peine d'estre responsables de tous les délitz par eulx commis.

XI.

VOSTRE MAJESTÉ est suppliée n'accorder aulcunes commissions aux estrangers pour achapter et enlever des bledz en la viconté de Rouen, cela estant contre les uz et police du pays.

Au Roy. Et sont les Commissaires d'advis que les ordonnances soient gardées,

Le Roy veult que ses ordonnances soient gardées.

XII.

Vostre Majesté a concédé à vostre peuple, par la responce du Cahier de l'an mil six cens quatorze, que les rentes que luy debvez seroient payées sur les deniers de vostre Recepte généralle; mais il se trouve que les sommes nécessaires pour le payement desdictes rentes estant postposées aux nécessitez de vostre Espargne, il ne reste que peu ou rien, de sorte que tant de pauvres veufves et enfans orphelins languissent. Il plaira à vostre Majesté ordonner que le fondz nécessaire pour l'acquict desdictes rentes sera le premier pris, et sur les plus clairs deniers de vostre Recepte généralle, sans divertissement, non seulement pour une moitié à laquelle la nécessité de vostre Estat les a réduictes depuis quelque temps, mais pour le tout, ensemble pour les fraiz du compte.

Au Roy. Et en sont les Commissaires d'advis.

Sa Majesté a tousjours affecté au payement desdictes rentes la mesme somme qui y estoit employée du règne du feu roy, et a plus faict pour le contentement des supplians, en ayant donné l'assignation sur la Recepte généralle de Rouen, dont elle n'a permis ny permettra estre faict aulcun divertissement.

XIII.

Vostre Majesté nous avoit accordé, par la responce du Cahier des Estats derniers, que les grands chemins des forests seroient entretenuz de la mesme largeur à quoy ils avoient esté réduits par édict, et ce tant pour éviter les volleries, meurtres et oultrages qui s'y commettent ordinairement, que pour la commodité des riverains. Néantmoins, par une simple requeste présentée en vostre Conseil par le Grand Maistre des Eaues et forestz de France, il a obtenu surcéance de ce qui a esté si sainctement ordonné : il plaira à vostre Majesté luy imposer silence, et nous continuer l'effect de la responce tant dudict article, que de l'aultre pour la délivrance des chauffages.

Au Roy. Et sont les Commissaires d'advis que les grands chemins ordinaires soient tenuz de la largeur portée par les ordonnances.

Le Roy a esté certiffié que les grands chemins qui vont de ville en ville ont esté renduz de la largeur portée par les ordonnances ; et pour le regard des chauffages, sa Majesté ne peut rien changer à l'arrest donné en son Conseil, le dix-huictiesme jour de juillet mil six cens quinze, par lequel il est permis aux particulliers de se pourveoir par les voyes de droict.

XIV.

Au lieu de retrancher le nombre effréné des Estats supernuméraires, l'on en érige, tous les ans, de nouveaux, comme les Triannaux de tous offices, non seulement de finance, mais aussi de judicature, des trésoriers et controlleurs des ponts et chaussées : dont nous demandons la révocation, estant impossible que cette grande multiplicité d'officiers ne cause un grand désordre, avilissant la justice, et empeschant qu'elle soit sainctement exercée.

AU ROY.

La nécessité des affaires de sa Majesté l'a contraincte de créer des offices nouveaux, mais Elle s'est chargée du payement des gages pour le soulagement de ses subjectz.

XV.

Nous demandons la révocation des Conseillers assesseurs, Commissaires examinateurs, Affranchiz, Parisy, Présentations, Droict de clerc, Doublement et Tiercement de sceau, Port de mandements, Controlle des tiltres et Marques de cuirs, tous lesquels sont à la ruine de vostre pauvre peuple, sans apporter aulcun advancement et commodité au bien de voz affaires.

AU ROY.

Le Roy a révoqué l'édict des Affranchiz pour ce qui restoit à exécuter, par arrest donné en son Conseil, le seiziesme décembre mil six cens quatorze, entend que les Commissaires examinateurs ne puissent faire aulcuns inventaires, s'ils n'en sont requis par les parties, sans toutesfois qu'aultres y puissent estre employez au préjudice de ce qui leur est attribué ; et, pour le surplus, sa Majesté y a pourveu par sa déclaration du mois de juillet mil six cens dix, et sa responce sur le vingt-quatriesme article du Cahier précédent, par laquelle Elle a accordé que tous offices d'antienne et nouvelle création où il n'a esté pourveu demeureront supprimez, comme aussi les offices vacquans par mort au paravant l'année mil six cens dix, ausquels n'a pareillement esté pourveu.

XVI.

La révocation des neuf livres pour thonneau de vin, quarante sols pour thonneau de sildre, et vingt sols pour thonneau de poirey levez aux villes de Rouen, le Havre et Dieppe, et de l'escu pour thonneau de mer est demandée, comme apportant un grand préjudice au commerce.

AU ROY.

Le Roy ne peult à présent révocquer ces levées, qui ont esté establies par le feu Roy, et dont le revenu est affecté aux despences plus nécessaires de cest Estat.

XVII.

De tout temps le Grand Voyer de France a accoustumé de préposer, en chacune province, quelques ungs des Trésoriers de France, pour prendre garde à ce que les chemins, ponts et passages publics soient deuement entretenuz; et d'aultant que, depuis quelque temps, ceulx que le duc de Sully, Grand Voyer, y avoit commis en Normandie, sont pourveuz de nouvelles charges hors la Province, qui les empeschent d'y avoir l'œil, vostre Majesté est trezhumblement suppliée d'ordonner, pour la commodité du public, qu'il en nommera, en leur place, d'aultres résidans en la Province.

AU ROY.

Le Roy veult que ceulx qui ont esté commis par ledict Grand Voyer facent leur debvoir, et que, s'ils y manquent, il en nomme d'aultres, en leur place, dans la Province.

XVIII.

Par les remonstrances que vostre peuple vous avoit faict, en l'an mil six cens quatorze, pour le revenu des léprosaries, qui est dissipé par des particulliers, sans en estre rien converty en œuvres pieuses, il vous avoit supplié d'ordonner qu'il seroit employé à l'entretien d'un précepteur, dont n'est encores sorty aulcun effect; et d'aultant qu'il n'y a rien si nécessaire à la République que l'instruction de la jeunesse, ne qui rende les hommes plus obéissantz aux loix et au Prince que la bonne institution, vostre Majesté est suppliée d'ordonner qu'en toutes les églises collégialles, il y aura une prébende, la première vaccante, affectée à un homme capable, de mœurs et litérature suffisante, pour instruire la jeunesse des paroisses voisines desdictes églises, mesme que les abbez seront tenuz de nourrir et entretenir un personnage, de semblable qualité, pour exercer la mesme fonction, tant pour les novices que les enfans des parroisses voisines des abbayes, n'ayant le pauvre peuple moyen d'envoyer leurs enfants aux écoles publiques, qui partant demeure sans discipline et instruction, et enjoindre à tous voz juges de faire promptement exécuter et observer vostre volonté et ordonnance, et à voz procureurs d'y tenir la main.

Au Roy. Et en sont les Commissaires d'advis.

Le Roy veult, pour ce qui est des églises cathédralles et collégialles, que les ordonnances soient suivies et observées, aux conditions portées par le trente-troisiesme article de celles de Blois, et le traiziesme de l'édict faict à Melun en l'an mil cinq cens quatre-vingts. Pour les abbayes, il en sera traicté avec les depputez du clergé de France en la prochaine assemblée d'iceluy; et pour le regard des léprosaries, sa Majesté ordonne, dès à présent, que les comptes en seront renduz par devant les juges royaulx et les maire et eschevins de ville, suivant les anciennes ordonnances.

XIX.

Nous supplions très-humblement vostre Majesté que les comptes des estappes levées pour le passage des gens de guerre, qui en ces derniers mouvemens ont esté mis sur pied pour le service de vostre Majesté, seront renduz par devant le Gouverneur de la Province et aultres commissaires depputez pour tenir lesdicts Estats, suivant les édicts et ordonnances, et comme il s'est de tout temps faict et pratiqué.

AU ROY.

La volonté du Roy est que les comptes des vivres qui auront esté fournis aux gens de guerre par ordonnance du Gouverneur ou des Lieutenants généraux de sa Majesté en la Province soient renduz par devant lesdicts Gouverneurs et Lieutenans généraux et les Commissaires depputez par sa dicte Majesté, pour se trouver, de sa part, aux Estatz de ladicte Province, et ceulx des deniers qui auront puis après esté imposez et levez pour le remboursement des advances faictes pour la fourniture desdicts vivres, en la Chambre des Comptes de Rouen, ainsi qu'il en a esté usé par le passé.

XX.

Vostre Majesté est pareillement suppliée faire rendre et restitûer aux eschevins de la ville de Rouen les canons qui furent transportez de leur ville, il y a quelque temps, au chasteau de Verneuil, estant plus asseurément en la capitale de la Province.

Au Roy. Et en sont les Commissaires d'advis.

Sa Majesté en ordonnera comme Elle jugera estre à propos pour le bien de son service et la seureté de ladicte Province.

XXI.

Nous demandons pareillement la révocation du pied fourché recueilly par ceulx de Caen, pour les bestiaux passants et non consommez dans ladicte ville.

AU ROY.

Sa Majesté ayant faict apporter et mettre entre les mains du sieur de Maupeou, intendant de ses finances, les comptes du maniement des deniers provenant de cest impost, a commandé qu'ilz soient veuz, pour après ordonner de ladicte levée, ainsi qu'il congnoistra estre raisonnable; et cependant sa Majesté ordonne qu'elle surçoira, si, dans six mois, ceulx qui ont eu ledict maniement n'apportent les acquictz justificatifs dudict compte.

XXII.

Nous avons tousjours demandé, et ne nous lasserons

d'importuner vostre Majesté, jusques à ce qu'Elle ayt congnu la justice et équitté de nostre demande : nous payons sans murmure les tributz et daces qu'il vous plaist imposer sur nous; mais de faire payer le tribut du tribut, il n'y a non plus de justice que de vouloir exiger l'usure de l'usure, ce que vos loix deffendent et prohibent. Quelle raison que les fermiers de voz quatriesmes, ne se contentant d'avoir le quart du prix des boissons qui se despencent en vostre Province, se font payer du quart des tributz qu'on a payez pour icelles, comme à Rouen où on paye un escu pour ponson de vin, vingt sols, quinze sols, cinq sols et plusieurs autres parties, lesquelles ils remettent avec le prix du vin, et du tout en exigent le quart ! Il plaira à vostre Majesté faire cesser ceste exaction qui vient au proffict desdicts fermiers, et n'augmente en rien vostre revenu.

AU ROY.

Le Roy n'a adjousté aulcune nouvelle clause au bail desdicts fermiers; mais ils ont tousjours peu lever lesdicts quatriesmes sur tout le prix du vin et aultres boissons.

XXIII.

SA MAJESTÉ est suppliée deffendre aux fermiers des traictes domanialles et impositions foraines d'exiger aulcun droict d'entrée pour les marchandises du creu de France, qui se transportent en la ville de Rouen, des villes de Marseille, Bretagne et aultres, comme si elles venoient de pays estranger.

Au Roy. Et sont les Commissaires d'advis que les fermiers ne lèvent aucuns droitz sinon comme les précédents.

Le Roy a déclaré, par sa responce sur le quatorziesme article du Cahier précédent, les raisons pour lesquelles les marchandises qui se transportent ès provinces où les aydes n'ont point de cours, ne peuvent estre exemptes de ladicte imposition foraine, à quoy Sa Majesté ne peult rien changer jusques à ce que les Bureaux soient establiz ès dictes provinces; et pour le regard de celles qui s'apportent par mer de Bordeaux et aultres lieux semblables en ladicte province de Normandie, elles y ont tousjours esté subjectes, comme celles qui viennent de dehors le royaume.

XXIV.

Noz LARMES, SIRE, ne vous esmouveront-elles jamais ? Les gémissements de noz femmes et enfants attendriront-ils point vostre cœur, pour nous laisser ce que Dieu, nature, le temps, et la bonté de vos prédécesseurs nous ont donné et octroyé, que vous ne nous pouvez oster sans les offencer ? Les Pallus et Marais de Caen et Costentin et aultres de ceste Province contiennent la nourriture d'une grande partie de vostre peuple. Ostez-les, vous leur ostez la vie. Les Roys sont les pères du peuple, qui doibvent plustost conserver la vie de leurs subjectz que de leur tollir. Nous vous supplions et adjurons, par ce grand Dieu qui vous faict régner, de révocquer du tout la commission de l'aliénation d'iceulx. Que si Monseigneur le comte de Soissons a quelque intérest, vous le pouvez récompenser plus doucement que du sang et vie de voz subjectz.

AU ROY.

Le Roy, voulant gratiffier Madame la comtesse de Soissons et la faire jouir du don que le feu Roy, d'heureuse mémoire, auroit faict à feu Monsieur le comte de Soissons, des deniers qui proviendroient de la vente ou inféodation desdicts Palluz et Maraiz, ainsi que sa Majesté a faict entendre ausdictz Estatz, par ses lettres de novembre dernier, ordonne que, dans trois mois, ladicte commission sera exécutée selon sa forme et teneur, si mieux n'ayment lesdicts Estatz récompenser ma dicte dame la comtesse de Soissons.

XXV.

Les eschevins de vostre ville de Rouen ont accoustumé d'assister au département des tailles, taillon et aultres semblables levées, avec les officiers de vostre Eslection de Rouen, la présence desquels n'est innutille pour la conservation de l'égalité requise à la distribution desdictes levées. Il vous plaise ordonner que les Esleuz les y appelleront tous les ans, sans pouvoir faire ledict département qu'en leur présence, encores que les Estats n'eussent tenu.

Au Roy. Et en sont les Commissaires d'advis.

Sa Majesté veult que les eschevins de la ville de Rouen soient appellez, et assistent tous les ans au département des tailles, taillon, et aultres semblables levées qui se font en l'Eslection de ladicte ville, encores que les Estatz ne se tiennent.

XXVI.

Plusieurs chasteaux et places fortes espandues par vostre Province ne font que nuire et apporter dommage à vous, pour l'entretien des garnisons qui vous sont en grand coustage, et au public. Vostre Majesté les fera raser et desmollir pour le bien de vous et de vostre peuple.

AU ROY.

Le Roy aura agréable que les supplians luy nomment les places dont ils reçoivent de l'incommodité affin qu'il y soit pourveu.

XXVII.

Vostre Majesté a permis aux Receveurs des tailles de prendre deux sols six deniers pour droict de quictance, laquelle somme ne doibt estre mise ny imposée sur vostre peuple, ains doibt estre payée par les Collecteurs de ladicte taille, ausquels on a attribué vingt deniers pour livre, laquelle somme est pour satisfaire ausdictz deux solz six deniers pour quictance, bois, chandelle et aultres menuz fraiz, pour lesquels néantmoins on prétend lever encores un sold pour livre, ce qu'il n'est raisonnable, et seroit le peuple chargé de deux payemens d'une mesme chose. Nous supplions donc vostre Majesté ne permettre que levée soit faicte desdicts deux sols six deniers pour le droict de quictance, ny du sold pour livre pour le bois, chandelle et aultres menuz fraiz.

AU ROY.

Le droict de quictance sera payé par les Collecteurs, ainsi qu'il a esté de tout temps, et ne sera doresnavant imposé sur le peuple ; et pour le sold pour livre, il est attribué aux Commissaires des tailles, nouvellement créez pour subvenir à la nécessité des affaires du Roy, et partant ne peult estre révocqué.

XXVIII.

Si le principal de la taille ne se peut modérer, nous supplions au moings vostre Majesté nous en rendre la levée facile, les fraiz de laquelle montent à prix excessif, jusque-là que d'un escu levé sur vostre peuple il n'en va pas quinze sols aux coffres de vostre Espargne. La multitude des officiers et les taxations excessives qu'ils prennent causent ce désordre, desquels les Esleus ne se contentant, ont encores obtenu arrest de vostre Conseil, du vingt-septiesme aoust dernier, par lequel il leur est permis prendre six sols pour signature. Vos édictz, vériffiez en voz Courts souveraines, ne leur en attribuent que deux : nous supplions donc vostre Majesté les réduire au nombre antien, qui estoit d'un ou deux pour le plus, leur enjoindre de garder voz ordonnances et se contenter des taxes qui leur sont par icelles attribuées, sans avoir esgard audict arrest du vingt-septiesme aoust, obtenu par surprise.

Au Roy. Et en sont les Commisssaires d'advis.

Le Roy a tiré quelques secours en la nécessité de ses affaires de l'attribution desdicts droicts. C'est pourquoy Sa Majesté ne les peut révocquer, à présent qu'Elle est contraincte de faire de grandes et extraordinaires despences pour réprimer les entreprises qui se font contre son authorité, conserver ses bons subjectz en repos et ranger les aultres à l'obéissance. Mais quand Elle aura moyen de soulager son peuple desdictz droictz et de réduire lesdictz Esleus à deux en chacune Eslection, sa Majesté l'aura très-agréable.

XXIX.

VOSTRE MAJESTÉ ayant faict veoir à son Conseil combien estoit préjudiciable à ses subjectz le party touchant les greffes, et que les particulliers avoient esté contraincts, contre les formes, de prendre la condition des seize années a déclaré, par diverses responces des Cahiers des Estats de ceste Province, que le party estoit surcis. Vostre Majesté est suppliée trés-humblement d'ordonner que ladicte surcéance sera diffinitive, que les greffiers ne pourront estre dépossédez, ny leurs offices revenduz à l'advenir, qu'ils ne soient actuellement remboursez de leur finance et en un seul payement.

AU ROY.

Le Roy a révocqué ledict party par édict que Sa Majesté a envoyé en ses Courts souveraines de la Province.

XXX.

ENCORES qu'il ne nous reste rien ou peu, que noz biens ayent esté dissipez, voire noz corps battuz et oultragez, noz femmes et filles indignement traictées par la fureur et rage des soldats qui ont ravagé le pays sans en partir, et plusieurs, sans commission, non pour vous servir, mais exercer leurs cruautez, emplir leurs bourses et désoler ceste Province impunément, se pourmenans aujourd'huy, au conspect des magistrats, braves de nos dépouilles, riches de nostre substance, qui debvroient estre, suivant les loix et vos ordonnances, punis corporellement, néantmoins, soit par importunité ou aultrement, obtiennent de Vostre Majesté rémissions et abolitions de crimes si énormes, servent et serviront d'amorces à l'advenir, pour inviter plusieurs à faire le semblable, dont ils seroient destournez par les supplices et chastiments des coulpables. Qu'il plaise à vostre Majesté ne concéder telles abolitions, et, en cas que, par importunité ou aultrement, en fussent aucunes obtenues, mander à voz juges n'y avoir aulcun esgard. Pour le moings doibvent estre les cappitaines condamnez civilement à réparer le dommage.

Le Roy n'entend accorder aulcunes abolitions.

Néantmoings la fidélité et le zèle ardent que ceste désolée Province a tousjours portée à ses princes nous fera combattre et surmonter toute nécessité pour satisfaire à vostre volonté et au contenu de vostre Commission.

Pour la Générallité de Rouen, la somme de unze cens soixante-huict mil quatre cens quarante livres,

Et pour la Générallité de Caen, la somme de six cens trente-quatre mil sept cens vingt livres,

Toutes lesquelles sommes, revenans ensemble à la somme de dix-huict cens trois mil cent soixante livres, dont vostre Majesté se contentera, s'il luy plaist, nous deschargeant de toutes les aultres levées.

Faict en la Convention des Estats de Normandie tenuz à Rouen, au manoir archiépiscopal de l'Archevesché dudit lieu, le septiesme jour de décembre mil six cens seize.

Signé : ECHARD.

Les Commissaires tenant la présente Convention, ayant ouy la responce des délégués des Estats à la proposition et demande à eulx faicte de la part du Roy, par laquelle ils consentent luy payer, pour l'année prochaine mil six cens dix-sept, les sommes de la taille portées par la Commission, et supplient sa dicte Majesté qu'il luy plaise les exempter de la grand Crue, NOUS AVONS ORDONNÉ, veu la responce des depputez, que levée des deniers sera faicte, en ladicte année prochaine, suivant lesdictes lettres-patentes de Commission pour ce expédiées, selon la forme portée par icelles, et pour ce qui est de ladicte grand Crue, qu'ils se pourvoirront par devers sa dicte Majesté. Ce qui a esté prononcé publiquement en l'assemblée desdicts Estats. Faict à Rouen par nous dicts Comissaires, le mercredy, septiesme jour de décembre mil six cens seize.

Signé : LANGLOYS.

Les articles et remonstrances contenues au présent Cahier ont esté veues et respondues par le Roy estant en son Conseil. A Paris, le trentiesme jour de mars mil six cens dix-sept.

Signé : LOUIS.
Et plus bas : Potier.

Collationné à l'original, par moy Procūreur sindic des Estats de Normandie.

Signé : Echard (1).

---

(1) A Rouen de l'Imprimerie de Martin le Mesgissier, Imprimeur ordinaire du Roy, tenant sa boutique au haut des degrez du Palais. M.D.C. XVII. Avec privilége dudict seigneur. — Publié d'après l'exemplaire appartenant à M. le marquis de Blosseville.

ARTICLES
DES
REMONSTRANCES
Faictes en la Convention des Trois Estats
DE NORMANDIE

Tenue à Rouen, le vingt-quatrième jour de novembre et autres jours ensuivans mil six cens dix-sept.

Avec la Responce et Ordonnance sur ce faicte par le Roy estant en son Conseil,

Tenu à Paris, le quatorziesme jour de février mil six cens dix-huit.

AU ROY.

ET A LA ROYNE, MÈRE DU ROY, GOUVERNANTE ET LIEUTENANTE GÉNÉRALLE POUR SA MAJESTÉ EN NORMANDIE.

ET A MONSEIGNEUR DE LUYNES, *conseiller d'Etat, premier gentilhomme de la Chambre du Roy, Grand faulconnier de France, Gouverneur des villes et chasteaulx d'Amboise et de Pont de l'Arche, et Lieutenant général au pays et duché de Normandie, et à Messeigneurs les Commissaires depputez pour tenir la présente Convention.*

SIRE,

LE CŒUR DES ROYS est en la main de Dieu, qui, par son esprit, a conduit le vostre à faire au commencement de son aage un acte plusqu'humain, qui vous eslève au dessus de vostre père (la merveille du monde) autant que luy surpassoit en grandeur et vertu le reste des autres roys de la terre. Il avoit reconquis son royaume, redonné la paix à son peuple, mais non sans sang. Et vous, par une petite saignée, avec une prudence admirable, avez tary des fleuves de sang qui commençoient à courir, et par la perte d'une teste, conservé un million, mis en repos plusieurs provinces, principallement celle de Normandie, où l'autheur des maux publics avoit esleu son domicille, et où il a le plus laissé de marques et vestiges de son ambition. Sire, parachevez vostre œuvre, joignez à vostre valeur la clémence, qui est la seulle vertu qui vous rendra plus semblable et vrayement lieutenant en terre du Dieu vivant. Toutes sortes de calamitez ont assailly ceste pauvre Province, à laquelle il ne reste que l'espoir qu'elle a en vostre bonté, pour estre soulagée en partie du fardeau qui l'oppresse, voire qui l'accable. Nous envoyrons, pour ce bien faict, milles prières au ciel, qui retomberont, comme pluye agréable, en bénédictions sur vous et vostre royale famille.

I.

Les Ecclésiastiques requièrent estre maintenuz en leurs prérogatives, et entre autres, en l'exemption de l'impost du sel ; autrement ce seroit diminuer l'honneur dû à Dieu, que de ravaller l'authorité de ses ministres et leur retrancher les priviléges et immunitez, dont ils ont jouy soubz les règnes de vos prédécesseurs.

AU ROY.

Le Roy, ayant les Ecclésiastiques en singulière recommandation, veut qu'ils soient maintenus en leurs priviléges et immunitez, et faict sa Majesté inhibitions et deffences à tous ses officiers de les imposer, à la charge toutes fois qu'ils seront tenuz de prendre le sel aux Greniers et non ailleurs, sur peine de l'amende.

II.

La Noblesse estant le premier et principal nerf de vostre Estat, qui, maintenu, ayde à le conserver, ramolly et relaché, ne peut le soustenir en la première vigueur, vostre Majesté est suppliée ne permettre qu'elle soit flestrie d'aucunes impositions extraordinaires, ny assujettie à des contributions que leurs pères et ayeulx n'ont jamais congneues, et en tout l'esgaller, pour toutes sortes d'immunitez, aux officiers de voz Courts souveraines.

AU ROY.

Le Roy veut et entend que sa Noblesse soit conservée en toutes les prérogatives qui luy appartiennent et dont elle a accoustumé de jouyr.

III.

Le Tiers Estat est réduit à la pire condition qu'il ayt jamais esté. Sy tost que luy avez donné la paix, Dieu luy a faict la guerre, ayant rendu ses arbres stérilles et sans fruict, ses blez gastez, ses grains pour la plupart, par l'inclémence du ciel, fondu en pluye, tellement pourris, qu'il est privé de ses aliments ordinaires. A ce malheur s'en est joinct un autre, qui est que le Mareschal d'Ancre, abusant de l'authorité qu'il avoit, a permis, voire contrainct qu'on enlevast tout le vieil bled qui pouvoit subvenir à la nécessité présente, dont il a tiré de grands tributz. Sire, Dieu, qui n'abandonne jamais son peuple sans secours, vous a préposé icy-bas pour luy bien faire, et, ayant esgard à tant d'afflictions, le soullager des tailles et impotz et du tout luy oster la grand Crue.

AU ROY.

Le Roy a trouvé ses finances tellement engagées et en

arrière, quand sa Majesté est entrée en l'administration de ses affaires, qu'Elle ne peut encore, pour le présent, rien diminuer de la taille. Mais, en attendant qu'Elle le puisse, comme Elle en a la volonté, et espère, avec l'ayde de Dieu et la conservation de la paix, que le temps luy apportera le moyen, Elle en a fait plusieurs bons réglements, dont ses subjectz recevront beaucoup de soulagement, par ce qu'ils empescheront les abuz et malversations qui se commettent sur eulx, et les incommodoient plus que les levées qui viennent au profict de sa Majesté, lesquelles ne sont point augmentées depuis le décedz du feu roy, encores que les despences le soient infiniement, excepté la grand Crue où l'on adjouta, l'année passée, quatre cens mil livres pour tout le royaume, qui ont encores esté imposez en la présente, et sur lesquelles il s'est trouvé des assignations pour les fraiz de la guerre, qui sont cause que sa Majesté n'en a peu révoquer la levée; mais Elle ne veut pas qu'elle soit continuée davantage, non seulement pour ce qui est de sa province de Normandie, mais aussi pour tout le reste du royaume, et dès à présent accorde à son peuple la révocation, pour avoir lieu au commencement de l'année prochaine.

IV.

La stérélité de ceste année est telle qu'à grand peine la terre nous a elle donné de quoy nous pouvoir substenter, et toutes fois il y en a dont l'avarice est tant insatiable, que de nous ravir ce que nous avons de bledz pour le transporter aux estrangers. Nous demandons que tel transport soit deffendu, et qu'il soit adressé commission à la Cour des Aydes pour procéder extraordinairement contre ceux qui, de leur authorité et sans édict, ont levé trois escus pour muid de bled sortant de ce royaume.

Au Roy. Et en sont les Commissaires d'advis.

Le Roy a faict cesser, il y a desjà long-temps, ladicte levée, dont ceulx qui faisoient la recepte ont rendu compte, et est bien adverty qu'il ne se faict maintenant aucune traicte de bledz: c'est pourquoy il n'est besoing de la deffendre.

V.

Nous espérions que vostre Majesté, assez advertie de nostre misère et pauvreté, debvoit nous soullager et diminner les tailles et crues, pour les proportionner à nostre puissance, au lieu de quoy on nous baille une surcharge de vingt-quatre mil livres pour le sieur de Fontaines-Martel, pour la récompense de ce qu'il a rendu le Neuf-chastel, dont des-jà, par arrest de vostre Conseil, il a reçeu trois mil livres outre quarante-huict mil livres qu'il en avoit des-jà eubz, encores qu'il n'eust achapté le gouvernement que cinq cens escus, et pour lequel il n'y a jamais eub que vingt livres de gages, estant d'ailleurs chose de très-grande conséquence, que vostre Majesté soit contraincte de rachapter ses places, et, quand il luy plaist de changer de cappitaines et gouverneurs, il ne le puisse faire sans payer des sommes grandes et excessives. Nous vous supplions de révoquer ceste levée, qui nous chargeroit d'un fardeau desraisonnable, et qui apporteroit un exemple périlleux pour tous cappitaines de vos villes et places, qui vous rendroient ce qui vous appartient pour en faire payer le prix à vostre peuple.

Au Roy. Et en sont les Commissaires d'advis.

Le Roy entend que le sieur de Fontaines-Martel se contente, pour la récompense qui luy a esté accordée de douze mil livres, dont la levée a esté ordonnée par arrest de son Conseil, et ne veut sa Majesté qu'il s'en face cy-après aucunes autres sur ses subjectz pour ceste occasion.

VI.

Il n'est raisonnable que les Esleus, qui ont des gages à

plus que ne se monte la finance par eux payée, prennent encores jusques à six sols pour signature, somme qui va extrêmement haut. Vostre Majesté est suppliée de révocquer l'édict envoyé à la Court des Aydes, qui leur attribue ce droict, et suprimer le nombre excessif desdicts officiers, qui est de dix ou douze en chacune Eslection, et les réduire au nombre entier d'un ou deux pour le plus, en les remboursant de la finance qu'ils justifieront avoir payée. Par ce moyen, vous deschargerez vostre peuple d'un fardeau de juges supernuméraires qui luy est insuportable.

Au Roy. Et en sont les Commissaires d'advis.

Les affaires du Roy ne luy permettent de révoquer à présent ledict édict; et, pour le regard de la suppression desdicts Esleus, sa Majesté y pourvoirra volontiers, lorsqu'Elle en aura le moyen.

VII.

Il avoit esté accordé par la responce au Cahier des Estats de l'année dernière, que les deux sols six deniers pour droict de quittance seroient payez par les Collecteurs des tailles, et ne seroient doresnavant imposez sur le peuple, lequel néantmoins en est chargé par les patentes envoyées pour la présente Convention. Nous vous supplions qu'elles soient refformées en ce chef, et que, conformément à ce qui nous a esté cy-devant accordé, ledict droict de quittance soit rejetté sur les Collecteurs des tailles, au soulagement du peuple.

Au Roy. Et en sont les Commissaires d'advis. Et surséance.

C'est la volonté du Roy, que ledict droict de quittance ne soit imposé sur le peuple, mais sur les Collecteurs, ainsi qu'il a esté de tout temps, et conformément à la responce faicte par sa Majesté au vingt-septiesme article du Cahier précédent, ordonnant sa dicte Majesté que lettres-patentes seront au plus tost expédiées à cest effect, et porteront révoquation de ce qui a esté employé au contraire en la commission envoyée pour la convocation desdicts Estats.

VIII.

Les Commissaires des tailles, nouvellement érigez, ne debveroient avoir lieu en ceste Province, estant surrogez au lieu des greffiers que le peuple a par cy-devant remboursez. Et encores, avec inégale mesure, on leur attribue un sold pour livre, qui est la vingtiesme partie de toute la taille, combien qu'aux autres provinces moins chargées de beaucoup, on ne leur baille que six deniers, outre que les plus riches et puissants des parroisses, se faisant pourveoir à des charges, rejetteront ce qu'ils doibvent porter sur les pauvres, ce qui les ruinera du tout. Vostre Majesté est très-humblement suppliée de les révocquer.

AU ROY.

Lesdicts Commissaires des tailles ont un sold pour livre par tout le royaume, et ne sont establiz qu'à la charge de rembourser lesdicts greffiers, conformément à la vérification de l'édict faicte en la Court des Aydes de Rouen; n'estant exemptz de tailles, ils ne peuvent rejetter sur les autres ce qu'ils en doibvent porter.

IX.

La ville de Rouen, estant la première et capitale de la Province, où de toutes parts les marchands apportent leurs marchandises et denrées, ceux de ce pays les y debveroient librement vendre et débiter. Néantmoins les marchands de ceste ville, soubz prétexte du privilége qu'ils disent estre particulier aux Bourgeois, les veullent empescher, les contraignant de leur vendre lesdictes marchandises à tel prix qu'ils veulent: il plaise à vostre Majesté ordonner que les habitans de ceste Province vendront et distribueront leurs marchandises librement en ladicte ville, comme les bourgeois, tant au temps de foires que hors icelles.

AU ROY.

Après que les marchans intéressez auront esté oys, y sera pourveu.

X.

SIRE, tant de fois vostre peuple vous a demandé la suppression du Prévost général, ses lieutenans et Archers, qui sont en nombre excessif, non seulement innutilles, mais préjudiciants à vostre service, et une excrescence corrompue qu'on a joint mal proportionnément au corps de la justice, qui ruine, désolle et renverse du tout l'ordre ordinaire d'icelle ! Il plaira à vostre Majesté de donner en cela quelque chose à noz supplications, importunes et néantmoins très-justes, en supprimant cest attirail de confusion, et par mesme moyen un estat de Receveur payeur des gages desdicts Prévost et Archers, qu'on a depuis peu érigé et présenté à la Chambre des Comptes pour vérifier, ensemble la commission de six deniers pour livre pour le maniement des deniers de leurs gages.

Pour le regard du Prévost général, au Roy. Et pour la suppression de l'office, en sont les Commissaires d'advis.

Le Roy, n'ayant jugé à propos pour le bien de ladicte Province de révoquer le Prévost général, qui y a esté estably par le feu Roy, d'heureuse mémoire, et recongneu très-utille, a accordé aux supplians, par sa responce au cinquiesme article du Cahier de l'année passée, tout ce qu'Elle a estimé raisonnable pour leur contentement; à quoy sa Majesté ne peut rien adjouster maintenant sinon pour le regard du Receveur payeur des gages dudict Prévost et de ses Archers qu'Elle a agréable qu'il soit supprimé, et la commission par laquelle luy sont attribuez six deniers pour livre, pour le maniement des deniers desdicts gages, révoquée.

XI.

Plusieurs fois vostre Majesté avoit deffendu d'exiger les amendes après cinq ans, lesquelles, comme peine odieuse, demeuroient extainctes et prescriptes. Néantmoins aucuns de vos receveurs, à la grand foulle et oppression de vostre peuple, les exigent, et font rigoureusement payer après dix et vingt ans, faisans déclarer plusieurs amendes inutiles, qu'ils ne laissent de recevoir et appliquer à leur profict, au préjudice de vous et du particulier, de sorte qu'il ne faut estre que dix ans receveur de voz amendes, pour de pauvre devenir riche, de la lye du peuple esgaller les plus éminents. Qu'ils vous plaise ordonner qu'il sera informé, par tels commissaires qu'il plaira à vostre Majesté depputer, de ceux qui ont reçu, exigé et converty à leur profict les amendes qu'ils avoient faict déclarer inutiles, et qu'ils ont exigé après lesdicts cinq ans.

Au Roy. Et en sont les Commissaires d'advis.

Le Roy veut que lesdictes amendes ne puissent estre exigées ny recherchées cinq ans après la condamnation, suivant ce qui a esté cy-devant accordé aux supplians; et ordonné que les commissaires qui seront depputez à cest effect par la Court de Parlement de Rouen, informent exactement contre ceux qui ont reçeu, exigé et converty à leur profict les amendes qu'ils avoient faict déclarer inutiles après lesdicts cinq ans passez.

XII.

L'un des plus cuisants fléaux qui battent vostre peuple est l'exaction des amendes jugées en voz Courts souveraines que les receveurs envoyent recueillir par personnes commis à leur poste, entre lesquels il y a telle intelligence que celuy de voz pauvres subjectz qui sera condamné en six livres d'amende, payera deux fois autant pour la course, fraiz et despens de celuy qui ira faire l'exécution, envoyé, ce dit-il, exprès de quarante, cinquante et soixante lieues. Nous supplions vostre Majesté deffendre à tous les receveurs de voz amendes d'envoyer aucun commis pour les exiger, ains qu'ils seront tenuz, de mois en mois, ou autre terme que vostre Conseil jugera compétent, envoyer extraict des roolles desdictes amendes aux juges ou substitutz de vostre Procureur général en chacune viconté, pour estre par eux baillez aux sergeants des lieux, pour faire les diligences de faire sortir le payement desdictes amendes, suivant le réglement mis par voz ordonnances pour la recollection de voz autres deniers : qui soulagera vostre peuple d'un grand et important fardeau, sans aucune diminution de voz droictz.

Au Roy. Et en sont les Commissaires d'advis.

Le Roy ordonne à sa dicte Court de Parlement de régler les taxes des huissiers qui sont envoyez pour recueillir les amendes, et les rendre si modérées que ses subjectz n'ayent occasion de s'en plaindre.

XIII.

Le mesme inconvénient arrive pour le recouvrement des espices taxées en voz Courts souveraines pour les arrestz donnez en icelles, où le receveur et commis pour les recepvoir envoye huissiers exprès de ceste ville de Rouen sur les lieux, pour faire rigoureuses exécutions et contrainctes, qui prennent pour leurs salaires autant quelques fois et plus que ne se montent lesdictes espices, ce qui ne se fait en vostre Court de Parlement de Paris, Grand Conseil et autres Compagnies souveraines, où jamais on ne poursuit et exécute pour les rapports ; mais simplement ceux qui lèvent et recueillent les arrestz ne les peuvent avoir, s'ils ne payent au préalable les espices, stille trop plus juste et honnorable. Il plaise à vostre Majesté dispencer le peuple de ceste rigueur, et faire deffences ausdicts receveurs et commis d'en faire aucune poursuitte et exécution, ains simplement que ceux qui recœuilliront les arrestz, payeront lesdictes espices au paravant que lesdicts arrestz leur soient délivrez, et que le mesme soit gardé et observé en toutes les autres juridictions de ceste Province, où les espices ne seront payées qu'en levant les sentences.

Au Roy. Et en sont les Commissaires d'advis.

La volonté du Roy est que les arrestz de sa dicte Cour de Parlement de Rouen soient publiquement leuz de huict en huict jours, ainsi qu'il se pratique au Parlement de Paris, et que le semblable se face ès autres jurisdictions de la Province pour les sentences qui y seront rendues, ne voulant sa Majesté qu'il soit décerné aucune contraincte contre les parties pour le payement desdictes espices.

XIV.

Il n'y a rien tant nécessaire en une République que la justice, sans laquelle ce ne seroit que désordre et confusion, et que vostre Majesté est obligée envers Dieu de faire administrer à vostre peuple en toute sincérité. Toutes voz ordonnances deffendent de recevoir en mesme Cour et siége de jurisdiction les parens et alliez jusques à certain degré, qui ne peuvent, par leurs jugements, apporter que du soupçon aux parties, longueurs et ruines, à cause des évocations qu'on pratique pour lesdictes parentelles. Ces ordonnances, faictes en l'assemblée des Estats de vostre royaume, quoyque sainctes et nécessaires, ont esté trés-mal observées, et se trouvent aujourd'huy la plus part de voz officiers tous parens et alliez. Nous supplions vostre Majesté enjoindre aux Compagnies souveraines de ceste Province garder et observer à l'advenir lesdictes ordonnances sur la réception de voz officiers, et en attendant qu'autrement Elle ayt pourveu au restablissement d'un bon et sincère ordre de justice, ordonner que, les parens se trouvant en mesme chambre et jugement, leurs opinions qui se comptent et ne se paisent pas, ne seront prises ny comptées, à la conclusion des arrestz et jugemens, que pour une seulle.

Au Roy. Et en sont les Commissaires d'advis.

Le Roy a tousjours désiré l'observation des ordonnances au faict desdictes parentelles, n'en ayant accordé aucune dispense, et pourvoirra, sur les remonstrances des Estats généraulx, aux abuz qui s'y sont glissez contre son intention, ayant agréable que ce pendant les oppinions des parens au degré prohibé par l'ordonnance, qui se trouveront en mesme chambre et jugement, ne soient contez que pour une en la conclusion des arrestz, quand ils seront de mesme advis.

XV.

MESMES ne concéder à l'advenir aucune évocation aux fermiers et partisans, au moyen desquelles ils ruinent tous ceux qui ont affaire à eulx. Aussi est vostre Majesté suppliée d'ordonner que voz officiers et commençaux se pourvoirront, pour leurs causes personnelles, par devant les juges de la Province, attendu qu'il y en a de commis pour les privillégiez, sans contre les droicts du pays pouvoir tirer les parties ailleurs, et retrancher un monde qui abusent et obtiennent des provisions d'offices, dont ils ne font pourtant aucun exercice, et ne leur servent que pour évocquer et travailler leurs parties.

Au Roy. Et sont les Commissaires d'advis, que les abuz soient retranchez.

Le Roy n'entend accorder aucunes évocations ausdicts fermiers, sinon lorsqu'il est question des droicts de sa Majesté, et qu'ils sont contestez, sa volonté estant aussi qu'il n'y ayt que ceux qui sont employez sur ses Estatz et servent actuellement, qui jouyssent des priviléges attribuez à ses officiers; et quant à ceux qui ont leurs causes commises aux Requestes, y sera pourveu sur les remonstrances des Estats généraulx.

XVI.

Tous les ordres de votre royaume ont demandé la révocation du droict annuel, au moyen duquel il se fait une ignominieuse marchandise et nondination d'offices, et est vostre Noblesse privée d'entrer aux charges de la République, ne les pouvant achapter un prix si desreglé, combien que vous et voz prédécesseurs lui ayez promis de les préférer à tous autres. Ce droict annuel apporte un tel désordre que vostre peuple est privé de justice, laquelle, au lieu de luy estre gratuitement et sincèrement administrée, comme elle lui est deue, est vendue bien chèrement; et sont plusieurs contraincts abandonner leurs droicts pour ne les pouvoir poursuyvir sans leur totalle ruine. Vostre peuple vous supplie de vous ressouvenir de la promesse qu'avez faicte aux Estats généraulx de supprimer ce droict annuel. Cela éternisera vostre mémoire à jamais, en remettant en vostre royaume la justice en son lustre et splendeur.

AU ROY.

Sa Majesté y a pourveu.

XVII.

L'on continue tous les jours de travailler le peuple pour le droict de confirmation que l'on exige rigoureusement sur les taverniers, cabaretiers, usagers des forestz et communes, tiers et danger, moulins, chauffages, chauffours et terres fieffées, encores que cela soit directement contre la nature et l'establissement antien dudict droict, et que jamais il n'ayt esté demandé, sur telles choses, par aucuns de voz prédécesseurs. Il est juste de les en descharger, et qu'il nous soit permis d'informer contre ceux qui, soubz prétexte de ce droict, ont commis de grandes exactions sur le peuple.

Au Roy. Et en sont les Commissaires d'advis.

Ledict droict ne se lève que sur ceux qui y sont de tout temps subjectz et l'ont payé aux roys prédécesseurs de sa Majesté, laquelle a pourveu à la descharge des supplians par plusieurs arrestz de son Conseil, et particulièrement par celuy du dix-neufiesme jour du mois de janvier dernier, que sa dicte Majesté veut estre observé; et entend que, s'il y a esté contrevenu, il en soit informé, affin de pourveoir à la restitution de ce qui aura esté indeuement exigé.

XVIII.

Ceux qui ont eu le maniement des deniers destinez pour la réfection du pont de Rouen en ont usé et abusé comme il leur a pleu jusques à présent: nous demandons qu'il leur soit enjoinct nous bailler estat de la recepte et employ d'iceux, et qu'il plaise à vostre Majesté nous pourveoir sur le remplacement des deniers qui se trouveroient avoir esté divertis, suivant qu'Elle le nous a promis, les années précédentes. Affin qu'à l'advenir ce désordre n'arrive, que les eschevins de la ville de Rouen, ausquels vous en avez accordé l'amesnagement, soient tenus, tous les ans, en l'assemblée des Estats, apporter extraict de la recepte et despence qu'ils auront faicte desdicts deniers.

Au Roy. Et sont les Commissaires d'advis que les eschevins de la ville de Rouen, qui se trouveront en la convocation des Estats, représenteront l'extraict de la recepte et despence du compte rendu à la Chambre, des deniers destinez pour le pont.

Le Roy entend que l'arrest par lequel sa Majesté a accordé le maniement desdicts deniers aux eschevins de la ville de Rouen, soit observé, à la charge que lesdicts eschevins apporteront, tous les ans, en l'assemblée des Estatz de ladicte Province, l'extraict de la recepte et despence qu'ils en auront faicte ; mais pour le regard du remplacement desdicts deniers, les affaires de sa Majesté ne luy permettent d'y pourveoir à présent.

XIX.

Vostre Majesté nous a bien accordé que les deniers de la recepte généralle demeureroient destinez au payement des rentes deues sur icelle sans divertissement; mais cela nous est inutile, en considération que ausdictes rentes plusieurs charges sont préposées qui espuisent le fondz. Nous vous supplions d'ordonner qu'elles seront payées par cy-après sur les plus clairs deniers de ladicte recepte et par préférence, non seulement pour une moitié, à laquelle la nécessité de vostre Estat les a réduictes, mais pour le tout, affin qu'un monde de pauvres veufves, orphelins et autres personnes misérables ne demeurent privez de ce peu de revenuz qu'ils ont pour subvenir à leur nourriture.

Au Roy. *Et sont les Commissaires d'advis que les rentes soyent payées suivant les contracts.*

La volonté du Roy est que la somme que sa Majesté a affectée au payement desdictes rentes, qui est la mesme qui y estoit employée du temps du feu Roy, et qu'Elle a assignée sur la recepte généralle de Rouen, selon le désir des supplians, soit payée, suivant l'estat qui en est envoyé tous les ans, et sans aucun divertissement, et qu'en cas de manquement, qui ne peut provenir que des receveurs, toutes contrainctes nécessaires soient délivrées contre eulx.

XX.

Encor que l'usage de la mer soit commun, et qu'aux lieux voisins d'icelle chacun ayt eu liberté de tout temps de lever de la tanque, qui n'est autre chose que du sable propre pour engresser et enfumer les terres, néantmoins depuis peu, quelques ungs, de leur authorité privée, s'efforcent, soubz prétexte de leurs fiefz, d'empescher ceste commodité au peuple, autrement qu'en payant certaine somme, rendant ce que Nature a faict commun à tous particuliers tributaire à eulx : nous demandons qu'à l'advenir, telles exactions soyent deffendues, et qu'il soit permis à un chacun de prendre de ladicte tanque pour son usage, sans pour ce payer aucun tribut.

Au Roy. Et en sont les Commissaires d'advis.
Accordé.

XXI.

Le prix du sel est si excessif qu'il couste plus au peuple que le reste de sa nourriture, ce qui luy sera un extresme soulagement de retrancher, en quelque chose, le prix immodéré de ceste imposition. Et, d'autant que le cappitaine et archers du sel n'ont comparu aux Estats, suivant ce que vostre Majesté leur a tousjours enjoinct, nous demandons que, conformément à la responce du Cahier de l'année dernière, il soit délivré exécutoire de la somme de quinze cens livres, en quoy ils sont condamnez par ladicte responce au proffict des pauvres de ceste ville de Rouen, faute de comparoir, et qu'il soit informé par la Court des Aydes des concussions faictes, tant par l'adjudicataire que Grènetiers, sur le faict des amendes du sel.

Au Roy. Et sont les Commissaires d'advis qu'il soit informé des malversations et concussions.

Le Roy entend que sa responce sur le sixiesme article du Cahier de l'année passée soit observé, qu'il soit informé par la Court des Aydes desdictes concussions et malversations, et, en cas que lesdicts cappitaine et archers manquent de comparoir en l'assemblée desdicts Estats, ainsi qu'il leur est ordonné, que l'adjudicataire de la ferme s'y trouve, et demeure responsable de leurs actions.

XXII.

Voz subjectz de la Basse-Normandie n'ont point de plus

grand allègement ny qui leur ayde autant à subvenir aux tailles et contributions que l'usage du sel blanc; et néantmoins, si leurs herbages leur fournissent quelques nourritures, qu'ils envoyent soit à Paris, Rouen, ou ailleurs, sallées dudit sel blanc, parce qu'ils n'en ont point d'autre, on les faict, soubz ce prétexte, arrester et confisquer avec condamnations d'amendes. Nous supplions vostre Majesté qu'il soit deffendu en ce cas de les poursuyvre ny travailler comme ne violants en rien les ordonnances de la gabelle, ains usans seulement de la commodité que Dieu leur donne, pour subvenir aux charges de l'Estat.

AU ROY.

Le Roy entend que les supplians puissent user dudict sel blanc pour les beurres et fromages, et que, pour le surplus, l'arrest donné au Conseil, le dernier jour de janvier mil six cens six, soit observé.

XXIII.

Par les édicts et ordonnances de paciffication, il a esté pourveu de lieux et endroicts où ceux de la Religion prétendue refformée pourroient avoir escolles pour instruire et enseigner la jeunesse : vostre Majesté est suppliée leur deffendre d'enfraindre ce qui est prescript par les ordonnances.

AU ROY.

C'est la volonté du Roy que les édicts soient observez, et qu'en cas de contravention, les parties se pourvoient à la Chambre de l'Edict.

XXIV.

Il y a procez pendant en vostre Conseil entre les lieutenants du bailly, vicontes et esleus, touchant la compétence et jurisdiction des réparations des murailles et pavez de quelques villes: qu'il vous plaise, en attendant que ce différend soit terminé, ordonner par provision que les eschevins feront travailler ausdictes murailles et pavez, de peur que, ce pendant, les villes ne se ruinent et difforment.

AU ROY.

Il sera pourveu à la réparation des grands chemins par les lieutenans du Grand-voyer, ainsi qu'il est accoustumé et porté par l'édict vériffié en ce Parlement.

XXV.

Nous demandons qu'il soit deffendu aux fermiers des traictes foraines d'exiger aucun droict sur les marchandises du creu de France, qui se transportent de province en autre, et qu'il soit permis d'informer des concussions que font leurs commis, tant en ce qui est les quictances que autrement touchant ledict droict.

AU ROY.

Les supplians, ayant plusieurs fois entendu les raisons pour lesquelles les marchandises, qui se transportent ès provinces où les aydes n'ont point de cours, ne peuvent estre exemptez de l'imposition foraine, ne doibvent désirer autre chose de sa Majesté jusques à ce que les Bureaux y soient establiz; mais, si les fermiers ou leurs commis ont faict quelques concussions ou malversations, sa Majesté veut qu'il en soit informé.

XXVI.

SIRE, voz prédécesseurs ont bien congneu que le moyen de faire vivre vostre peuple en paix, est faire punir les meschants qui, par la licence du temps, se sont multipliez en si grand nombre, principalement aux bailliages esloignez de vostre Court de Parlement, où avec toute impunité plusieurs vexent, battent, tuent, outragent et font mille extorsions au pauvre peuple, n'ayant les juges des lieux assez de force et authorité pour réprimer telles voyes de faict, par la grandeur et qualité des coulpables. Pour pourveoir à telz désordres voz prédécesseurs avoient promis qu'ils establiroient des Grands Jours, chacun an, aux provinces plus loingtaignes de voz Parlemens (seul remède propre à ce mal), qui ne furent jamais tant nécessaires en ce pays qu'ils sont à présent, pour réprimer un monde de forfaicts exécrables qui s'y font et commettent sans aucune punition et vengeance. Vostre Majesté est suppliée d'y pourveoir, et ordonner que lesdicts Grands Jours seront tenuz ceste année, en telle ville des bailliages de Caen ou Costentin qui sera trouvée la plus propre et commode, à ce que vostre pauvre peuple, soulagé des cruautez qu'on luy faict souffrir, vous donne à bon droict le titre de Louis le juste.

Au Roy. Et en sont les Commissaires d'advis.

Accordé.

XXVII.

Vostre Majesté est suppliée faire restablir la juridiction au bourg d'Arques transférée en la ville de Dieppe : ceste translation ruine voz subjectz, et trouble l'ordre de la justice.

Au Roy. Et en sont les Commissaires d'advis.

La Commission cy-devant décernée à cest effect sera exécutée.

XXVIII.

Nous demandons la révocation des Controlleurs généraulx des gabelles, ayans des-jà esté rembourcez par le peuple, des Conseillers assesseurs, Commissaires examinateurs, Procureurs des jurisdictions inférieures, Seconds avocats de vostre Majesté, Sergeants priseurs, vendeurs exploitans par tout le royaume, Affranchiz, Parisis, Présentations, droict de Clerc, Doublement et Tiercement de Sceau, Controolle des tiltres, Marque de cuirs, Jaugeurs, ensemble du Port des mandements, lequel nous offrons rembourser, en nous permettant de jouir par trois ans des droicts attribuez à ceux qui s'en sont faict pourveoir.

Au Roy. Et pour le Port des Mandements, en sont les Commissaires d'advis.

Le Roy ayant faict tout ce qui luy a esté possible pour le contentement des supplians, par plusieurs arrestz de son Conseil et déclarations, et spécialement par sa responce au quinzième article du Cahier précédent, sa Majesté n'y peult maintenant adjouster autre chose sinon qu'Elle accorde la suppression du Port des dits mandemens, en remboursant actuellement et en un seul payement ceux qui en jouyssent suivant les arrestz des vingtième mars mil six cens six, trentiesme dudict mois mil six cens sept et vingt-cinquiesme aoust audict an.

XXIX.

Nous demandons la révocation de neuf livres pour tonneau de vin, quarante sols pour tonneau de sildre et vingt sols pour tonneau de poirey, comme aussi de l'escu pour tonneau de mer, à cause du grand préjudice qu'il apporte au commerce.

AU ROY.

Ces levées, qui ont esté establies par le feu Roy, estant affectées à des despences nécessaires, sa Majesté ne les peult révocquer à présent.

XXX.

La révocation du pied fourché, qui se recueille par ceux de Caen jusques à cinq lieues loing de la ville, est pareillement demandée.

AU ROY.

Les acquits justificatifs des comptes du maniement des deniers provenans de cest impost n'ayant esté apportez au

Conseil du Roy par les eschevins de ladicte ville, ainsi que sa Majesté l'avoit ordonné par sa responce au vingtiesme article du Cahier précédent, Elle leur défend de plus lever ledict impost, jusques à ce qu'ils y aient satisfaict.

XXXI.

IL EST juste que les deniers qui se lèvent pour la réparation des ponts et chaussées, se montant jusques à trente mil livres, soyent employez à cest usage en chacune Génerallité sans les divertir, veu que, tous les ponts, chemins et passages estants totallement ruinez et inaccessibles, s'il n'y est promptement pourveu, le trafficq ne se pourra d'oresnavant continuer.

Au Roy. Et en sont les Commissaires d'advis.

Sa Majesté accorde que la somme de dix-huict mil livres, employée sur son estat de la Génerallité de Rouen, quinze mil livres sur celuy de Caen, affectées pour les réparations des ponts et chaussées des dites Génerallitez, quinze mil livres aussi employées audict estat de la Génerallité de Rouen, et sept mil cinq cens livres sur celuy de Caen pour la reffection du pont de la ville de Rouen, soient doresnavant employées à l'effect auquel elles sont destinées et non ailleurs; et pour le surplus qui est affecté à la réparation des ponts de Mante et Saint Cloud, les supplians n'en reçoivent moins de commodité que si la despence s'en faisoit dans ladicte Province.

XXXII.

PUISQU'IL a pleu à vostre Majesté confirmer le don faict par Henry le Grand, vostre seigneur et père, à feu Monsieur le comte de Soissons, des Paludz et Maraiz de Caen et Costentin, et que par arrest de vostre Conseil, il a esté ordonné que la Commission pour ce décernée seroit exécutée, sy les Estats n'aymoient mieux récompenser Monsieur et Madame la comtesse, ayant ceste option en leur liberté, de deux maux les intéressez choisissent le moindre, et sont prestz de composer avec ma dicte Dame pour ladicte récompense, en se contentant de la raison, et subrogeant le peuple à ses droictz, qui sera censé comme propriétaire desdictz Paludz et Marais, à ce que, par cy-après, personne ne les y puisse troubler, laquelle subrogation ils vous supplient avoir agréable et confirmer sans préjudice du droict du particulier.

Au Roy. Et sont les Commissaires d'advis, que Monsieur le Comte et Madame la Comtesse soyent désintéressez.

Le Roy ayant esté bien informé que ceste Commission n'apportera aucun dommage à son peuple, et au contraire luy sera utille, comme aussi à sa Majesté, veut qu'elle soit exécutée, à la charge qu'il ne sera procédé à l'inféodation desdicts Paludz et Marais, sinon après qu'ils auront esté desséchez où besoing sera, et aux habitans des bailliages de Caen et Contentin y ayant intérest baillé telle part que de raison, conformément aux réglements sur ce intervenuz.

XXXIII.

Il despend, Sire, de vostre volonté de faire tenir les Estats de ceste Province, quand il vous plaist ; mais les faisant tenir en saison commode, comme au mois de septembre et octobre, où les jours sont encores longs, la saison commode et belle, relèveroit vostre peuple de grandes incommoditez. Car les tenant si tard, comme il est à présent, les mandements de la taille s'envoyent si proche de l'eschéance du premier quartier, qu'il est impossible de l'asseoir ny la cœuillir, pour la rendre en voz receptes, où les Estats tenus audict mois de septembre ou octobre n'apporteroient nulle incommodité.

AU ROY.

Le Roy fera tenir lesdicts Estats au temps que sa Ma-

jesté congnoistra estre plus commode pour son service et le bien de la Province, et aura esgard que ce soit en saison que les mandements de la taille se puissent envoyer de bonne heure, voulant pourveoir, en toutes choses, au soulagement des supplians.

XXXIV.

Les loix, coustumes et usages ont esté introduicts pour le salut et commodité du peuple, qui se peuvent et doibvent changer, selon que la nécessité et commodité le requiert. La mesme loy sera salutaire en une saison, qui sera injuste en l'autre. Le temps et l'expérience découvrent le bien ou le mal de la loy et constitution. C'est à vous, Sire, à la donner et prescrire, à vostre peuple de la vous demander. Il y a plusieurs années que tous les ordres de ceste Province vous avoient, en toute humilité, supplié de retrancher le temps de trente ans pratiqué pour appeller des décrets, et le remettre à dix ans, comme voz prédécesseurs, par leurs loix et ordonnances, ont faict pour la rescision de tous autres contrats. Vostre Majesté avoit décerné commission à aucuns présidents et conseillers de vostre Parlement pour leur pourveoir, lesquels, quelque poursuitte ou remonstrance qu'on leur ayt peu faire de la ruine et incommodité que ce long temps d'appeller desdicts décretz apporte à toutes les familles de ceste Province, n'y ont voulu entendre ny leur donner aucune responce. Nous vous supplions, de vostre pleine puissance et authorité, donner ceste loy tant salutaire à vostre peuple, ordonner que, à l'advenir, nul majeur et présent ne sera reçeu à appeller des ventes faites par décret de justice après dix ans, et vingt ans pour les mineurs et absents, loy qui mettra vostre peuple en un grand repos, et fera décroistre la meilleure et plus grande partie des procez.

Au Roy. Et sont les Commissaires d'advis, qu'il ne soit rien innové.

Le Roy ne veult rien changer à ce qui est observé jusques à présent, pour le regard desdictz décretz.

XXXV.

Par le vingt-sixiesme article du Cahier de l'an mil six cens quatorze vostre peuple, pour grandes et justes occasions, vous avoit semblablement supplié de corriger la rigueur du quatre cens cinquante-troisiesme article de la Coustume, qui donne trente ans de se clamer de l'héritage vendu, dont la lecture et publication n'auroit esté solennellement faicte, Coustume qui avoit révocqué l'antien usage qui tenoit la possession de dix ans pour lecture, usage, sans comparaison, plus équitable. Vostre Majesté avoit ordonné qu'il seroit envoyé commission aux baillifs et vicomtes pour informer de la commodité ou incommodité du changement dudict article, ce qui a esté faict et exécuté; et néantmoins lesdictz sieurs Commissaires n'y ont donné aucun pourvoy. Vostre peuple supplie vostre Majesté de le rellever d'une infinité de travaux, procez et anxietez que la rigueur de tel article lui apporte chacun jour, et ordonner, suivant l'antien stille, que celuy qui aura possédé un héritage, par luy acquis, ne pourra estre inquiété par clameur lignagère ou seigneurialle après dix ans, temps qui servira de lecture et de publication.

Au Roy. Et sont les Commissaires d'advis que dix ans après le jour de la lecture, l'on ne puisse impugner la solennité de l'acte.

Sa Majesté ne veult rien innover en ladicte Coustume.

XXXVI.

Le fondz destiné pour les frais de la tenue des Estats ne peut porter ny suffire pour contenter un si grand nombre de Commissaires qui s'y trouvent ordinairement. Il vous plaise les réduire au nombre qu'ils avoient antiennement accoustumé d'estre, ou si aucuns, par honneur, désirent y assister, que ce soit sans gages ny pension, comme par la responce du quarante-sixiesme article de l'an mil six cens unze, avez ordonné estre faict.

AU ROY.

C'est la volonté du Roy que, s'il se trouve plus grand nombre de Commissaires ausdicts Estats qu'il n'estoit accoustumé antiennement, ceux qui excèderont ledict nombre y assisteront sans gages ny appoinctemens, suivant ladicte responce faicte par sa Majesté au Cahier de l'an mil six cens unze.

XXXVII.

Nous supplions vostre Majesté d'ordonner que les comptes des Estappes se rendront gratuitement et sans fraiz, pour les vacations de Messieurs les Commissaires ausquels il vous a pleu en attribuer la congnoissance, sinon, que lesdicts comptes se rendront suivant l'ordonnance de Blois.

Au Roy. Et en sont les Commissaires d'advis.

Il y a instance pendante au Conseil, sur laquelle y sera pourveu.

Sire, vous demandez beaucoup, nous pouvons peu. Vostre commandement et authorité, comme deux grandes puissances, nous forcent et contraignent, ausquelles nous opposons nostre pauvreté et impuissance, foibles deffences, si elles ne sont appuyées de vostre bonté et miséricorde, qui s'interpose metoyenne pour tenir la balance en quelque égallité. Practiqués de faict ce que ce prince romain dict de parolle seulement, quand on luy conseilloit de lever beaucoup d'impostz et tributz sur le peuple : respondit que le bon pasteur doibt tondre le troupeau, non l'escorcher. Sire, prenez la layne, laissez la peau entière, affin qu'elle renourrisse ce que vous pourrez retondre chacun an. Celuy qui nous avoit esté baillé pour Gouverneur, au lieu de nous deffendre et protéger, conspirant avec le ciel et la terre, nous ont tant apporté d'incommoditez et stérillitez ceste année qu'ils nous ont plongez jusques au profond de toutes misères et calamitez. Néantmoins nostre obéissance et fervente volonté nous faict renager au dessus de toutes nécessitez, pour vous offrir la somme de dix-huict cens trois mil cent soixante livres, à quoy nous supplions, en toute humillité, vostre Majesté se contenter, nous deschargeant de toutes autres levées. Faict en la Convention des Estats de Normandie tenuz à Rouen, au manoir archiépiscopal de l'archevesché, le vingt-quatriesme jour de novembre mil six cens dix-sept.

Signé : ECHARD.

Les Commissaires tenant la présente Convention, ayant ouy la responce des Déléguez des Estats à la proposition et demande à eux faicte de la part du Roy, par laquelle ils ont volontairement consenty et accordé payer, pour l'année prochaine que l'on comptera mil six cens dix-huict, la somme de dix-huict cens quinze mil cent soixante livres, portez par la Commission, supplians sa Majesté qu'il luy plaise les descharger des autres sommes portées par ladicte Commission et de la grande crue, veu laquelle responce, Nous avons ordonné que la levée de dix-huict cens trois mil cent soixante livres, suivant le consentement des Depputez, sera faicte en ladicte année prochaine, et pour ce qui est du surplus de ladicte Commission, se pourvoirront par devers sa dicte Majesté. Ce qui a esté prononcé publiquement en l'assemblée desdicts Estats. Faict à Rouen par nous dicts Commissaires, le samedy, vingt-quatriesme jour de novembre mil six cens dix-sept.

Signé : LANGLOYS.

Le Roy a déclaré sa volonté sur le contenu au présent article par sa responce aux précédents.

Les Articles et remonstrances contenuz au présent Cahier

ont esté veuz et responduz par le Roy, estant en son Conseil. A Paris, le quatorziesme jour de febvrier mil six cens dix-huict.

Signé : LOUIS.

Et plus bas : POTIER.

Collationné à l'original par moy Procureur sindic des Estats de Normandie.

Signé : ECHARD. (¹)

(¹) À Rouen, de l'Imprimerie de Martin Le Mesgissier, imprimeur ordinaire du Roy, tenant sa boutique au haut des degrez du Palais. M.DC. XVIII. Avec privilége dudict seigneur. — Réimprimé d'après l'exemplaire de M. le Marquis de Blosseville.

ARTICLES
DES
REMONSTRANCES
Faictes en la Convention des Trois Estats
DE NORMANDIE

Tenue à Rouen, le vingt-sixième jour de novembre, et autres jours ensuyvans, mil six cens dix-huit.

Avec la Response et Ordonnance sur ce faicte par le Roy estant en son Conseil,

Tenu à Paris, le vingt-uniesme jour de mars mil six cens dix-neuf.

AU ROY

ET A LA ROYNE, MÈRE DU ROY, GOUVERNANTE ET LIEUTENANTE GÉNÉRALLE POUR SA MAJESTÉ EN NORMANDIE.

ET A MONSEIGNEUR D'ORNANO, *Conseiller du Roy en ses Conseilz d'Estat et Privé, Cappitaine de cent hommes d'armes de ses Ordonnances, Colonnel général des bandes Corses, et Lieutenant général pour Sa Majesté au Gouvernement de Normandie.*

Et à Messeigneurs les Commissaires depputez pour tenir la présente Convention.

SIRE,

QUELQUES grandes afflictions, désastres et calamitez qui puissent arriver sont rendues plus tollérables par l'espérance qui flatte et consolle l'affligé d'avoir quelque jour mieux. Les années passées ont esté des ravages et torrentz de maux, des fléaux de guerre et famine, qui ont tellement courbé et abattu vostre peuple, qu'il ne luy reste que la voix pour gémir, et l'espérance qu'il a en vostre bonté d'estre soulagé à l'advenir des fardeaux intollérables qu'on luy impose. Vous avez, par vostre prudence, donné la paix, non seulement à vostre peuple, mais aussi aux princes voisins; l'esclair de voz vertuz a fait tomber les armes des mains de l'estranger, et contrainct vivre en repos. Ce n'est pas assez d'avoir deschargé vostre peuple de la cruauté et inclémence du soldat, si vostre miséricorde ne luy redonne la paix entière, ne le soulage des impostz et subsides, l'exaction desquels luy est une seconde guerre, peu moings insuportable que l'autre. Il a esté contrainct vendre tout ce qu'il avoit pour subvenir à sa nourriture et combattre la faim, qui, ceste année, l'a assiégé de toutes partz. Nous attribuons à Dieu les qualitez de très-bon et très-grand; mais l'on préfère celle de très-bon, pour estre une vertu plus approchante de la Divinité, et pourtant plus digne d'un grand roy, de faire bien aux siens et les secourir en leurs misères, que de vaincre et dompter plusieurs peuples. Cela nous consolle et faict espérer que vostre clémence, jettant les yeux sur noz afflictions, nous deschargera d'une partie des levées et impostz qui nous accablent.

I.

Noz premiers Roys ont mérité le nom de Très-Chrestiens par dessus tous les autres Monarques de la terre, pour s'estre monstrez les vrays patrons et protecteurs de leurs Eglises. Faictes, Sire, qu'à bon droict un tiltre si auguste se perpétue en vous, en continuant aux Ecclésiastiques les mesmes privilléges réelz et personnelz, séance, rang et honneurs, que voz prédécesseurs leur ont libéralement conférez.

Au Roy. Et sont les Commissaires d'advis, que les priviléges et immunitez du clergé soient conservez.

La volonté du Roy est, que les Ecclésiastiques soient maintenuz en leurs priviléges et aux rangs et honneurs qui leur appartiennent.

II.

Le seul moyen de conserver le lustre et la grandeur de vostre Estat est de maintenir la Noblesse, qui en est le bras droict, en ses franchises et immunitez, luy octroyant les mesmes priviléges dont jouissent les officiers de voz Courts souveraines.

<small>*Au Roy. Et sont les Commissaires d'advis, que la Noblesse soit conservée en ses priviléges, franchises et immunitez.*</small>

Le Roy, aymant sa Noblesse, aura toujours soing de la traicter favorablement, et veut qu'elle soit conservée en toutes les prérogatives et immunitez dont elle a accoustumé de jouyr.

III.

Encor que par cy-devant le tiers ordre fust le plus souvent desnué de substance et de facultez, néantmoins, tant qu'il luy est resté un seul point de vigueur, le labeur de ses bras, suppléant le deffault des biens, l'a faict efforcer, outre son pouvoir, pour contribuer franchement aux charges de l'Estat. A présent il est tellement désollé, à cause de la stérellité de toutes sortes de fruictz, qui a engendré une famine très-grande ceste année, qu'aux champs l'on void en mille endroictz la terre jonchée de corps abbatus d'une longue disette, aux villes, les rues regorger de pauvres languides de faim, qui n'ont rien que l'escorce et la peau, sy bien qu'en effect il n'y a charges ou impositions, si modérées, qui ne nous soient excessives, n'ayans ny biens ny bras que nous y puissions porter. Il est donc juste, à ceste fois, pour ne dire point presque nécessaire, de nous descharger entièrement sinon de taille, à tout le moins de la grande Crue.

AU ROY.

Sa Majesté n'a peu encores entièrement esteindre la levée des quatre cens mil liures adjoustez, il y a deux ans, à la grande Crue, comme Elle l'avoit résolu l'année passée, à cause que les assignations qui estoient sur ceste partie n'ont peu estre acquittées durant le cours d'icelle; mais, dès le premier jour de la présente, Elle en a retranché deux cens mil livres; et pour les autres deux cens mil restans, Elle en deschargera son peuple, et mesmes de la dicte grande Crue, aussi tost que les affaires de son royaume le luy permettront.

IV.

Sire, sy avec raison nous nous plaignons des excessives tailles que l'on nous demande, nous avons encor plus de subject de redoubler noz plainctes de ce qu'on les lève et recœuille avec fraiz, autant ou plus excessifz et onéreux que la taille mesme. Quelle apparence que telle parroisse qui, pour sa pauvreté, n'est taxée qu'à sept ou huict francs de la taille, soit contraincte d'en payer quatorze ou quinze pour les fraiz? Nous n'avons nul regret de sacrifier noz biens, noz fortunes et nous-mêmes pour le service de vostre Majesté, à qui nous debvons tout; mais de voir que, par le moyen de telz fraiz, je ne sçay quels officiers, nouvellement érigez, s'enrichissent de nostre substance, et bravent de noz despouilles, sans qu'il en entre que peu ou point de commodité dans voz coffres, cela nous frappe jusques au cœur, et nous porte à vous supplier de donner quelque réglement, à ce que nous soyons soullagez de telles charges, qui ne se peuvent appeler autrement que ruineuses inventions que l'on pratique soubz le nom et prétexte de la taille.

AU ROY.

C'est la volonté du Roy de modérer les fraiz excessifs qui se font en la levée des tailles, et faire cesser toutes exactions et vexations indeues qui se commettent sur son peuple ; et pour cest effect sa Majesté faict, dès à présent, travailler à un bon réglement, et a pris résolution d'envoyer, dans peu de temps, non seulement en sa province de Normandie, mais aussi en toutes les autres de son royaume où il en sera besoing, des maistres des Requestes de son hostel et autres commissaires bien choisis, pour l'exécuter, en sorte que ses subjectz en reçoivent le soulagement qu'Elle désire.

V.

La révocation du Port des mandemens, dont nous supplions vostre Majesté, est d'autant plus juste, que tel droict, se prenant esgallement sur chasque parroisse, il n'y a rien au monde de plus inégal et plus injuste. Telle parroisse, qui n'est qu'à dix livres de taille, paye pour le Port des mandemens tout autant que celle fixée à mil ou deux mil livres. Est-ce pas trop desréglément excéder la mesure et proportion qui doibt estre en faict d'impositions qui se lèvent sur le peuple ?

Au Roy. Et sont les Commissaires d'advis que le droict des Ports des mandemens soit supprimé, attendu que ceulx qui en jouissent ont esté remboursez de leur finance et intérest, et, pour la vérification, que commissaires seront depputez.

Le Roy a dès l'année passée accordé ausdicts Estats la suppression du Port des mandemens, en remboursant actuellement ceux qui en jouyssent, suivant les arrestz des vingtiesme mars mil six cens six, trentiesme dudict mois, et vingt-cinquiesme aoust mil six cens sept, qui est tout ce que sa Majesté peut faire pour leur contentement, à cause que la jouyssance de ce droict ne peut tenir lieu de remboursement à ceux qui l'ont acquis en payant finance.

VI.

Il n'y a point d'offices nouveaux qui soient tant pernicieux ny dont la révocation soit tant souhaittée que des

Commissaires des tailles. On leur attribue un sold pour livre, qui est une levée extrêmement grande, joinct que les plus riches et les plus puissans de chasque parroisse, voire mesmes la pluspart des Gentils-hommes et Esleuz, s'estant faictz pourveoir de telz offices, commettent mille surprises aux roolles, chargent et deschargent ceux qu'il leur plaist, parce que les Collecteurs des tailles ne sçachans ordinairement lire ny escrire, il est facile ausdicts Commissaires d'employer aux roolles ce qu'ils veullent, d'y changer, altérer et varier à leur fantasie, ce qui apportera finalement une grande diminution à vos tailles et la ruine de voz subjectz.

Au Roy. Et sont les Commissaires d'advis que lesdicts Commissaires des tailles soient supprimez et rembourcez en quatre ou cinq ans.

VII.

IL debveroit suffire que le prix du sel n'est des-jà que trop excessif, qu'en la recherche d'iceluy il se commet un monde d'exactions, et que le pauvre peuple auquel on le baille par impost est contrainct d'en achepter deux fois plus qu'il ne luy en faut pour sa provision, sans en hausser, de surcroist, le prix de seize sols pour minot, comme l'on prétend faire par ce mesme édict des Commissaires des tailles. S'il plaist à vostre Majesté considérer que telle levée n'est principallement qu'à la foulle des plus pauvres et nécessiteux, nous espérons qu'Elle nous en accordera la révocation, ensemble de la Jussion envoyée à la Court des Aydes pour cest effect.

Au Roy. Et sont les Commissaires d'advis de la révocation.

L'establissement desdicts Commissaires des tailles est général par tout le royaume, et n'a esté faict qu'à la charge du remboursement des Greffiers, au lieu d'iceux et en moindre nombre qu'ils n'estoient. Et, pour ceux du sel, ils ne sont establiz qu'aux lieux où il se baille par impost; aussi l'édict a-t-il esté entièrement vériffié aux autres Cours des Aydes, et exécuté au ressort d'icelles, et la fonction desdicts Commissaires a esté tellement réglée, qu'il est mal aysé qu'ils y commettent des abbuz. Toutes fois, s'il s'en descouvre, sa Majesté entend qu'ils soient puniz exemplairement.

VIII.

Tous les ans nous nous plaignons du nombre excessif des officiers de chasque Eslection ; et toutes fois, au lieu de les retrancher, comme vostre Majesté nous avoit faict espérer par les responces des Cahiers des années précédentes, nous les voyons multiplier jusques à un nombre effréné, avec nouveaux droictz et prérogatives, ayant encores esté envoyé, depuis peu, un édict à la Court des Aydes pour attribuer aux Controolleurs, bien que du tout inutilz, la qualité d'Esleu, avec les mesmes droictz, gages et taxations qu'ont les autres officiers. Il plaira à vostre Majesté avoir en cela quelque esgard aux promesses qu'Elle nous a cy-devant faictes, et, conformément à icelles, révocquer cest édict, et réduire les officiers des Eslections à un ou deux au plus.

Au Roy. Et sont les Commissaires d'advis, de révocquer ledict édict, attendu qu'ils ont desjà esté remboursez, et qu'il plaise à sa Majesté, pour le bien de son service et soulagement de son peuple, réduire les Esleuz à chasque Eslection, à deux ou trois au plus.

Le Roy n'entend que son peuple soit aucunement surchargé par ceste attribution, qui est de long temps octroyée ausdicts Controlleurs, et n'accroist point le nombre des officiers aux Eslections, lequel sa Majesté aura agréable de réduire, selon le désir des supplians, quand ses affaires le luy permettront.

IX.

Les Esleuz n'avoient accoustumé d'avoir tous ensemble que trois sols pour tout droict de signature, et néantmoins, par édict envoyé à la Court des Aydes, l'on en attribue jusques à neuf à chacun d'eux, qui sera près de six livres de surcharge sur chacune parroisse, et plus de quarante mil livres par an sur la Province. Nous vous supplions, Sire, de révocquer une levée et attribution si excessive, dont il ne seroit juste que voz subjectz demeurassent éternellement chargez, encor qu'en effet il n'en tourne que peu ou rien du tout au bien de vostre Estat.

Au Roy. Et sont les Commissaires d'advis de révocquer ledict édict.

Le Roy, ayant esté adverty que ses officiers des Eslections (ausquels il n'estoit attribué que trois droictz de vérification et signature de Roolle) se licentioient d'en prendre jusques à huict ou neuf, en auroit faict informer, et recongnoissant que les trois ne leur suffisoient, et que c'estoit la principalle cause du désordre et des abuz qui s'y commettoient, sa Majesté leur en attribue jusques à cinq, avec deffences expresses d'en prendre d'avantage, tellement que cest édict n'est qu'un réglement, par le moyen duquel le peuple est soulagé.

X.

Il ne suffisoit point aux espritz malicieux, ennemis du repos publicq, d'avoir remis sus tous les édictz, charges et impostz que les troubles et la nécessité des affaires avoient autres fois faict naistre de temps en temps, selon les occurrences diverses, s'ils n'avoient encores inventé tout de nouveau je ne sçay quelle forme de levée dont le nom, aussi bien que la chose, nous estoient incongneuz jusques à présent. Qui jamais avoit ouy parler en ceste Province du droict de Bordereau, dont l'on nous veut charger ? Nous supplions vostre Majesté de supprimer une exaction si inaudite, et d'en estouffer le nom avec l'effect.

Au Roy. Et sont les Commissaires d'advis de la révocation.

Le droict de Bordereau est de long-temps estably par édictz vérifiez et exécutez, mesmes en la Court des Aydes de Normandie.

XI.

Il s'est pratiqué, de tout temps, qu'un depputé du tiers estat assiste, lorsque l'on assied la taille; mais, affin que cela ne soit inutil, il seroit à propos d'enjoindre aux Esleuz de prendre l'advis et oppinion dudict depputé, en faisant ledict département.

Au Roy. Et en sont les Commissaires d'advis.

Ledict député assistant pourra faire, pour le faict de l'assiette des tailles, telles remonstrances que bon luy semblera ausdits Esleuz, ausquelz il est enjoinct d'y avoir esgard conformément aux Ordonnances et réglemens.

XII.

Nous demandons la révocation des Gardes des seaux, et de maistres clercs aux greffes des Eslections, avec les quatre deniers pour livre qui leur sont attribuez; car, en outre que telz offices sont inutilz, est-il pas raisonnable de rendre ceste levée au peuple, et que l'effect d'icelle prenne fin puisque la cause a cessé, qui estoit l'ouvrage de la gallerie du Louvre, et celuy du Pont neuf de Paris, qui depuis si long-temps sont parachevez.

Au Roy. Et en sont les Commissaires d'advis.

Les supplians n'ont intérest en l'establissement desdicts Gardes de seaux et maistres clercs aux greffes des Eslections, d'autant que les quatre deniers qui leur sont attribuez se prennent sur les finances de sa Majesté et non sur le peuple.

XIII.

Nous en demandons autant, en ce qui est des trois deniers pour livre que l'on attribue aux Receveurs des tailles, n'estant raisonnable de nous faire porter un tel surcroist de taille, desjà plus grande en ceste Province, qu'en aucune autre de toute la France.

Au Roy. Et en sont les Commissaires d'advis, s'il ne plaist à sa

Majesté le porter sur le fondz de ses finances, suivant l'édict et arrest de vériffication d'iceluy.

La volonté du Roy est que d'oresnavant, à commencer en l'année prochaine, le fondz desdictes taxations de trois deniers pour livre du principal de la taille et crues de six cens et trois cens mil livres y incoporez soit laissé ès estats généraulx qui se dresseront par chacun an pour les finances des Générallitez de Rouen et Caen, ainsi que sa Majesté l'a expressément ordonné par l'arrest donné ce jourd'huy en son Conseil, par lequel Elle a faict deffences aux Trésoriers de France desdictes Générallitez d'en plus faire aucune levée sur ses subjectz; et révocque à ceste fin toutes commissions qui pourroient avoir esté expédiées au contraire.

XIV.

Rien ne travaille tant vostre peuple que les exactions de ceux qui administrent voz fermes, et qui, chasque jour, inventent quelque nouveau moyen pour extorquer des impostz extraordinaires contre vostre volonté, contre voz loix, ordonnances et réglemens, comme, n'aguères, les receveurs de l'Imposition foraine et leurs commis ont contrainct tous les marchans, allants aux foyres de Caen et Guibray, payer cinq sols pour charette et deux sols pour cheval chargé de marchandise; et n'y a marchand, soit de Paris, Lyon, ou autre ville de ce royaume, qu'ils n'abstraignent de prendre acquictz à caution, dont ils leur font payer de grands deniers. Sy tost que vostre Court des Aydes en a voulu informer, ils ont obtenu une évocation au Conseil, qu'ils pensent servir d'impunité à leur malice. Vostre Majesté est suppliée d'ordonner que, sans avoir esgard à ladicte évocation, vostre dicte Court procédera à la perfection dudict procez, et que désormais telles évocations ne soient concédées, ny ausdicts receveurs, ny autres fermiers et partisans.

Au Roy. Et en sont les Commissaires d'advis.

Si ceste exaction de cinq sols pour charette et deux sols pour cheval chargé de marchandise a esté faicte, c'est contre la volonté du Roy, qui enjoinct à la Court des Aydes de Rouen d'en informer et chastier les coulpables, et deffend très-expressément au fermier de la continuer, sans qu'il se puisse prévalloir, pour ce regard, de l'évocation par luy obtenue au Conseil; et, pour les acquictz à caution, ordonne Sa Majesté ausdicts fermiers de n'exiger plus que ce qui leur est permis par les ordonnances, et à ladicte Court des Aydes d'y tenir la main.

XV.

La révocation du tonneau de mer est demandée, ensemble des neuf livres pour tonneau de vin, quarante sols pour tonneau de sildre, et vingt sols pour tonneau de poiray, levez aux villes de Rouen, Havre et Dieppe, n'estant juste, en tout cas, d'exiger ce droict au-dessus du Pontdelarche, contre l'intention de vostre Majesté.

Au Roy. Et sont les Commissaires d'advis, que, au cas que les affaires de sa Majesté ne permettent de révocquer l'impost, il soit faict deffences de le lever au dessus du Pontdelarche, et que pour éviter aux fraudes des fermiers, par lesquelles ils obtiennent des rabaiz, que leurs registres de recepte soient paraphez par les Trésoriers de France, ce qui sera semblablement observé pour tous les autres fermiers.

Les affaires du Roy ne luy permettent encores de révocquer ces impostz establiz par le feu Roy, son père, et affectez aux despences nécessaires de l'Estat; mais, depuis peu de jours, sa Majesté a donné arrest en son Conseil, par lequel la levée d'iceux a esté réglée, en telle sorte que les supplians ont toute occasion de s'en contenter, et recongnoistre le soing que sa Majesté a d'eux.

XVI.

Nous demandons la suppression des Commissaires examinateurs, Conseillers assesseurs, Parisy, Présentations,

Doublement et Tiercement de seau, droict de Clerc, Affranchiz, Jaugeurs, Marque de cuirs et Controlles des tiltres, et Huissiers audienciers, lesquels les sergeans héréditaux offrent de rembourser : tout cela estant à la ruine de vostre peuple, et n'aportant aucune utilité à la justice ny au bien de voz affaires.

Au Roy. Et sont les Commissaires d'advis, que lesdicts offices soient supprimez en remboursant.

Le Roy permet aux sergeans héréditaires de rembourser les Huissiers audianciers. La marque des Cuirs ne se paie qu'une fois, sinon en la ville de Paris seulle, où il est deub demy-marque. Et pour les autres officiers nommez en cest article, sa Majesté a déclaré sa volonté sur les Cahiers précédentz.

XVII.

Sur tous ces offices supernuméraires, il n'y en a point qui apporte plus de ruine que ceux des Voyeurs, dont nous demandons la révocation, à cause des grandes concussions qu'ils commettent, n'estant pas jusques à leurs exploictz dont ils ne tirent des taxes excessives, qu'ils font rigoureusement payer à voz subjectz.

Au Roy. Et en sont les Commissaires d'advis.

Le Roy entend que ceux qui ont charge des chemins ne puissent faire faire des exploictz, ny donner assignations pour ce subject, que par les sergents et Huissiers royaux, et ce de l'ordonnance des juges ordinaires, ausquels ils se doibvent adresser.

XVIII.

Il est juste de révocquer entièrement le pied-fourché recœuilly par ceux de Caen, pour les bestiaux passans et non consommez dans ladicte ville, dont vostre Majesté nous a cy-devant accordé la surcéance.

Au Roy. Et en sont les Commissaires d'advis.

Accordé.

XIX.

Permettez nous, Sire, de renouveller noz plainctes accoustumées contre le Prévost général, pour en demander la suppression. Dieu se plaist à estre importuné de vœux et de prières. Puisque vous estes son vif image en terre, nous sommes résoluz de redoubler tant de fois noz humbles supplications, qu'à la fin elles forceront doucement vostre bonté de nous descharger d'un fardeau si ennuyeux, qui dévore nostre substance, et nous cause un million d'incommoditez.

AU ROY.

La province de Normandie est obligée à la mémoire du feu roy d'y avoir establу ledict Prévost général, et à la bonté du Roy de l'y avoir depuis conservé pour le bien d'icelle ; car il est utile et nécessaire. Et, pour le regard des évocations dont sa Majesté a cy-devant receu plaincte, Elle y a pourveu par le réglement de l'an mil six cens six, et par sa responce au cinquiesme article des Cahiers de l'année mil six cens seize, par laquelle elle a accordé que les Lieutenans et Archers dudict Prévost général seront tenuz de respondre en toutes causes civilles et criminelles, et mesmes des fautes qu'ils pourront commettre en leurs charges, par devant les juges des lieux, et par appel au grand Conseil.

XX.

Nous avons pareil subject de nous plaindre du Prévost général du sel et de ses Archers, qui vexent, désollent et ruinent plus de familles en un mois, que la fureur du soldat n'a peu faire en plusieurs. Leur impudence, colorée d'un prétexte de la recherche du sel, les porte jusques à ce point, que, sans honte ni vergongne, ils fouillent injurieusement, en plain marché, dans les habitz de chacun, sans espargner ny aage, ny sexe, ny condition. Et, pour se préparer impunité de tous leurs crimes et volleries, ils évocquent hors de la Province les pauvres particuliers, qui sont contraincts de céder, ou se rachepter à deniers comptans, plustost que de s'enveloper en un labirinte de procez loing de leur territoire. Qu'il plaise à vostre Majesté ordonner qu'il sera informé de telles concussions et violences, et deffendre audict Prévost général et Archers de distraire à l'advenir les habitans de ceste Province par devant autres juges que ceux de ce ressort, mesme enjoindre à l'adjudicataire général de voz Gabelles, laisser reposer le sel le temps prescript par voz Ordonnances, avant que le distribuer au peuple.

Au Roy. Et sont les Commissaires d'advis, qu'il soit informé des malversations, les évocations révocquées, et faict deffences de distraire les subjectz de la Province, et que les ordonnances soient gardées pour le temps du dépost.

Le Roy n'entend que les Cappitaine et Archers du sel puissent mener leurs prisonniers hors la Province de Normandie, pour les distraire de leur ressort et leur faire leur procez par les juges des autres provinces voisines, à peine audict Cappitaine de privation de sa charge; deffend très-expressément à luy et à ses Archers de ce faire, et enjoinct au Fermier général des Gabelles de laisser reposer le sel dans les Greniers, le temps porté par les ordonnances et réglemens, avant que le distribuer au peuple, voulant au surplus que l'arrest de son Conseil, du trentiesme jour de mars mil six cens dix, soit exécuté, et qu'en conformité d'iceluy et de sa responce au huictiesme article du Cahier de l'année mil six cens douze, lesdicts Archers ne puissent entrer dans les maisons des particuliers, sans permission des juges, ou sans y appeller deux des voisins; et que ledict fermier soit tenu de mettre au greffe de la Court des Aydes de ladicte Province, trois mois auparavant la fin de chacune année, coppie collationnée aux originaux des lettres et commissions décernées au Cappitaine desdits Archers par luy commis, avec le roolle des noms, surnoms, et domicilles d'iceux Archers et dudict Cappitaine, affin que l'on puisse veoir s'il y a des décretz, charges et informations contre aucuns d'eux, pour (en ce cas) en estre mis d'autres en leurs places; enjoinct à luy de se trouver, au temps de l'assemblée des Estatz, prez du Gouverneur ou Lieutenant général au gouvernement de la Province, qui les tiendra de la part de Sa Majesté, affin de respondre aux plainctes qui pourroient estre faictes contre luy et ses dicts Archers, et de mettre copie desdicts roolles entre les mains desdicts Gouverneur ou Lieutenant général.

XXI.

Il est presque impossible au peuple de poursuivre son droict en justice, à cause des sallaires immodérez des greffiers, sergents et tabellions. Le moyen de les resserrer dans les bornes de la raison, est de confirmer le réglement que la Court a donné pour leurs taxes et fraiz, et révocquer l'arrest du Conseil surprins, ceste année, par la sollicitation indeue des partisans, qui, contre toute forme, ont faict juger la surcéance dudict réglement.

Au Roy. Et sont les Commissaires d'advis, que les réglemens faicts au Parlement de Normandie, confirmez par Sa Majesté, par ses Lettres-patentes, soient observez, nonobstant les déclarations obtenues par l'importunité des partisans, et que nulle évocation soit octroyée hors la Province sur ce subject.

L'arrest du Conseil du Roy, mentionné en cest article, a esté donné avec meure délibération et grande congnoissance de l'usage et des anciens réglemens, sur lesquels il est tellement fondé qu'il n'attribue rien ausdicts Greffiers, dont ils ne jouyssoient auparavant.

XXII.

Pour empescher les abus qui se commettent au faict des deniers destinez pour la réparation des ponts et chaussées, il vous plaise ordonner qu'avant et après que les ouvrages auront esté parachevez, ils seront veuz et visitez par les juges, en la présence de vos advocatz ou procureur, appellez le seigneur et les habitans les plus solvables des parroisses voisines, et que, tous les ans, l'on envoyera en l'assemblée des Estatz un mémoire ou estat au vray de la recepte et despence, affin que les depputez de chasque viconté en puissent recongnoistre et attester la vérité. Par ce moyen, vostre Majesté sera servie comme Elle désire, et les deniers de la Province fidellement employez.

Au Roy. Et en sont les Commissaires d'advis.

Le Roy a desjà esté adverty qu'il y a eu de l'abuz au maniement des deniers destinez à la réparation desdictz ponts et chaussées, et a deputé des commissaires pour en reveoir les estatz, affin d'en ordonner puis après ce qu'il appartiendra.

XXIII.

Les misères et calamitez des guerres où Henry le Grand, vostre père, trouva son royaume, et la ruine de ses finances le contraignist de retrancher d'une moitié les rentes deues à son peuple sur les receptes génerallles, ce pendant qu'il restablissoit les fondemens de sa monarchie, avec promesse de le faire payer du total, quand la cause de la diminution cesseroit. A présent que, par vostre prudence, toutes guerres et occasions de grandes despences cessent, nous vous supplions d'ordonner qu'à l'advenir il sera payé du total desdictes rentes, deues pour la pluspart à des pauvres veufves et orphelins, qui n'ont aucun autre moyen de vivre.

AU ROY.

Lesdictes rentes sont payées comme du temps du feu Roy et comme toutes les autres semblables ; et, pour la commodité des supplians, sa Majesté les a assignez sur la recepte génerallle de Rouen, et ordonné qu'ils seront payez suivant l'estat, sans aucun divertissement, qui est tout ce qu'ils peuvent désirer d'Elle pour le présent.

XXIV.

IL n'est pas raisonnable que les habitans qui demeurent prez des chasteaux et costes voisines de la mer soient assubjectis au guet, lorsque nous sommes en plaine paix, sans incursions d'ennemis ny dedans ny dehors le royaume. Vostre Majesté est suppliée deffendre à toutes personnes d'exiger ce droict de guet, sinon en temps de guerre et d'hostilité, et lorsqu'il sera commandé.

Au Roy. Et sont les Commissaires d'advis, que les ordonnances soient gardées.

Le Roy désirant conserver à un chacun ce qui luy appartient, veut que les ordonnances de son royaume et les coustumes des lieux soient suivies et observées.

XXV.

S'IL plaist à vostre Majesté restablir la jurisdiction d'Arques transférée à Dieppe et les autres jurisdictions en leurs antiens lieux, le peuple en sera grandement soullagé, et voz droictz de quatriesmes en augmenteront.

AU ROY.

Le Roy a cy-devant décerné commission pour cest effect et pourvoira qu'elle soit exécutée.

XXVI.

VOSTRE MAJESTÉ avoit, l'année dernière, promis faire tenir des Grands-Jours en l'une des villes de ceste Province. Elle est suppliée d'exécuter ceste promesse, et ordonner du lieu et temps de la séance d'iceux, et depputer les juges et commissaires, affin que vostre peuple vous honore comme un Herculle, d'avoir chassé et chastié les monstres qui outragent voz subjectz.

Au Roy. Et en sont les Commissaires d'advis.
Accordé.

XXVII.

Les Ecclésiastiques nous menacent d'obtenir encores une prolongation de pouvoir retirer ce qui a esté alliéné de leur Domaine, pour la nécessité de la Religion et de vostre Estat, encores qu'ils en ayent jà obtenu deux, de six ans chacune, qui est temps plus que suffisant pour se pourveoir. Mais leur intention n'est pas tant de retirer, que pour faire en sorte que, quelque nécessité ou péril en quoy vostre Estat puisse jamais tomber, il n'espère aucun secours en leurs biens, ne se trouvant personne qui en veuille achapter, puis qu'après un si long temps, il n'y a aucune asseurance de les posséder, et qu'au contraire on ruine une infinité de familles, dont il faudra rescinder les partages, révocquer les contractz et entrer en mille procez de garanties et récompenses. Vostre Majesté est suppliée de ne leur accorder cette prolongation, où si jà elle a esté, la révocquer comme chose manifestement injuste.

Au Roy. Et en sont les Commissaires d'advis.

Le Roy n'a accordé, depuis l'année mil six cens seize, aucune prolongation aux Ecclésiastiques de la faculté qui leur a cy-devant esté octroyée de retirer leurs biens alliénez.

XXVIII.

Nous supplions vostre Majesté d'effectuer ce qui luy avoit pleu nous promettre l'année dernière ; qui estoit de traicter en l'assemblée du Clergé de France avec les depputez d'iceluy, à ce qu'en chasque abbaye et prieuré il y ayt un précepteur entretenu pour l'instruction de la jeunesse des parroisses voisines desdictes abbayes et prieurez.

Au Roy. Et en sont les Commissaires d'advis.

C'est la volonté du Roy de faire proposer et traicter ceste affaire en la première assemblée du Clergé de France.

XXIX.

Le plus pieux et principal soing que vostre Majesté tréschrestienne doibt avoir est de la distribution et employ des deniers des Eglises, à ce qu'ils soient convertis aux usages ausquels ils sont destinez, tant par la volonté de voz prédécesseurs, premiers dotateurs d'icelles, que plusieurs autres qui les ont successivement enrichies, dépendant de la police extérieure de l'Eglise, qui vous appartient. Or est-il qu'après la mort de Monsieur le Cardinal de Joyeuse, vivant abbé de Fescamp et Mont Saint Michel, de revenu annuel de plus de cent mil livres, les Pères de l'Oratoire en auroient entrepris l'amènagement et recepte, dont ils ont de grandes sommes qui sont ocieuses entre leurs mains. Il vous plaise ordonner que lesdicts deniers seront convertis à la réparation des Eglises, maisons, bastimens et édiffices dépendans desdictes abbayes, qui sont pour la pluspart en ruine et désolation, et que, par un mesme, lorsqu'il sera besoing à l'advenir de réparer les Eglises, l'on soit dispensé d'obtenir lettres en la Chancellerie, ains qu'il suffise de se pourveoir par devant les juges des lieux, pour lever les deniers nécessaires ausdictes réparations.

Au Roy. Et sont les Commissaires d'advis, que les évocations obtenues pour le faict desdites abbayes soient révocquées, et pourveu par le Parlement et juge ordinaire pour faire faire lesdictes réparations.

Le Roy est bien informé du debvoir que font les Prestres de l'Oratoire en l'administration du temporel desdictes abbayes, et sçait qu'ils ont employé de grandes sommes de deniers aux réparations des Eglises et autres bastimens de chacune d'icelles, outre qu'ils en rendent compte par devant des personnes de telle qualité et probité qu'il n'y peut avoir de faute.

XXX.

L'une des plus anciennes remarques qui soit en ceste Province, est le miracle que Dieu a faict par l'intercession de Saint Romain, archevesque de Rouen, en mémoire duquel voz prédécesseurs ont donné un singulier privilége au Chapitre de ladicte Eglise, confirmé par vostre très-honoré père Henry le Grand, en l'an mil cinq cens quatre-vingts seize, et dont ledict Chapitre est en bonne et vallable possession de temps excédant la mémoire des vivans. Néantmoins, il se trouve tousjours quelques-uns qui oppiniastrément le veullent révocquer en doubte, et en suscitent plusieurs procez qu'ils taschent d'évocquer hors ceste Province. Il plaira à vostre Majesté ordonner que tous différendz, meuz et à mouvoir contre ceux qui auront jouy dudict privilége, se termineront en vostre Court de Parlement de Rouen, sans pouvoir estre évocquez ailleurs.

Au Roy. Et sont les Commissaires d'advis que les priviléges accordez au Chapitre de Rouen soient conservez, et les différendz en l'exécution d'iceux traictez au Parlement de Rouen, et non ailleurs.

La volonté du Roy est que les priviléges accordez au Chapitre de Rouen soient conservez, à la charge de n'en point abuser.

XXXI.

L'on nous a tousjours faict espérer de remplacer les deniers destinez pour le pont de Rouen, qui ont esté divertis jusques en l'année mil six cens seize. Un ouvrage, si utile au public et digne de la grandeur de vostre Majesté, ne se peut entreprendre, sinon que ledict remplacement soit exécuté, non de promesse simplement, mais en effect.

AU ROY.

Le Roy entendra volontiers au remplacement desdicts deniers lorsque ses affaires le luy permettront; mais sa Majesté n'en ayant diverty aucuns depuis l'année mil six cens seize, et en ayant laissé l'amènagement entier aux eschevins de sa ville de Rouen, Elle leur a donné en cela occasion de contentement, comme elle fera volontiers, en toutes autres choses qui luy seront possibles.

XXXII.

Les officiers de voz Greniers à sel commettent de grands abuz par les amendes, en quoy, à tous propos, voire sans subject, ils condamnent les pauvres particuliers. Ils ne tiennent aucun roolle ny registre desdictes amendes, les faisans exécuter par leurs serviteurs et domestiques, qui n'en délibvrent aucunes quictances, et, qui pis est, les appliquent à leur profict particulier, sans en compter en vostre Chambre des Comptes. Qu'il vous plaise deffendre telz abuz et concussions, et ordonner qu'il en sera informé.

AU ROY.

Le Roy deffend très-expressément la continuation de ces abuz, ordonne à sa Court des Aydes de Rouen d'en informer, et faire punir les coulpables, et à son Procureur général en icelle, de faire toutes les dilligences requises pour cest effest.

XXXIII.

Affin que les responces qu'il aura pleu à vostre Majesté donner sur noz plainctes et demandes, soient rendues notoires à un chacun, et que le peuple se puisse esjouyr du bénéfice d'icelles, il est raisonnable d'ordonner qu'après que les Cahiers auront esté responduz et envoyez aux vicontez de ceste Province, les juges les feront publier en leur jurisdiction, à la dilligence des depputez du tiers Estat.

AU ROY.

Ceste publication n'est nécessaire.

XXXIV.

Tant de fois vostre Majesté a esté importunée de révocquer la commission de l'alliénation des Paluz et Marais de Caen et Costentin, sans en avoir peu obtenir responce favorable, ayant ceux, qui prétendent s'enrichir injustement de la ruine et despouille de vostre pauvre peuple, persuadé à vostre Majesté et à Monseigneur et Madame la comtesse de Soissons que ceste commission n'apporte aucun dommage, au contraire seroit utile, comme le contient la responce du trente-deuxième article du Cahier de l'année passée! Et, tout au contraire, il n'y a orage ny tempeste qui cause tant de désolation à vostre pauvre peuple que l'exécution de ladite commission, qui les réduira à mendicité et impuissance de contribuer aux subsides et tributz ordinaires. Il plaise à vostre Majesté, à l'humble supplication des pauvres habitans desdicts baillages de Caen et Costentin, ou révocquer du tout ladicte commission ou pour le moins la différer jusques après que, par commissaires non suspectz, Elle sera esclaircie du dommage que cela apportera et à vous et à vostre peuple.

Au Roy. Et les Commissaires persistent en l'advis donné l'année passée.

Le Roy veut que les arrestz donnez sur ce subject, en son Conseil, le quinziesme jour de febvrier et le dernier de juillet mil six cens dix-huict, soient suiviz et exécutez, et semblablement la responce au trente-deuxiesme article du Cahier de l'année passée, par laquelle sa Majesté a déclaré qu'estant bien informée que ceste commission n'apportera aucun dommage à son peuple, mais au contraire luy sera utile et à sa Majesté aussi, sa volonté est qu'elle soit exécutée, à la charge toutes fois qu'il ne sera procédé à l'inféodation desdictz Paluz et Maraiz, sinon après qu'ils auront esté déséchez où besoing sera, et aux habitans des bailliages de Caen et Costentin, y ayant intérest, baillé telle part que de raison, conformément aux réglemens sur ce intervenuz.

XXXV.

VOILA, Sire, un eschantillon de noz plainctes et misères.

Nous vous supplions de ne nous charger qu'autant que nous pouvons vraysemblablement porter. Le bon père de famille donne parfois du repos à sa terre, affin que par après elle en fructifie davantage, où, au contraire, trop avidement cultivée, elle se lasse à la fin, et ne produit que des fruictz ingratz, rudes et insipides. Si tout de mesme l'on veut prendre sur nous excessivement, l'on nous rend inutilz ; si modérément, l'on nous donne le moyen de respirer, et de porter à l'advenir plus vigoureusement les charges et nécessitez de l'Estat. Il plaira donc à vostre Majesté relascher quelque chose à nostre pauvreté présente, et se contenter, pour la Générallité de Rouen, de la somme de neuf cens soixante-huict mil quatre cens quarante livres,

Et pour la Générallité de Caen, de la somme de cinq cens trente-quatre mil sept cens vingt livres,

Toutes lesquelles sommes reviennent ensemble à la somme de quinze cens trois mil cent soixante livres, dont vostre Majesté se contentera, s'il luy plaist, nous deschargeant de toutes autres levées.

Fait en la convention des Estatz de Normandie, tenuz à Rouen au Manoir archiépiscopal de l'archevesché dudict lieu, le vingt-sixiesme jour de novembre mil six cens dixhuict.

Signé : Echard.

Les Commissaires tenants la présente convention, ayants ouy la responce des delléguez des Estatz à la proposition et demande à eux faicte de la part du Roy, par laquelle ils consentent luy payer, pour l'année prochaine mil six cens dix-neuf, la somme de quinze cens trois mil cent soixante livres, supplians sa dicte Majesté qu'il luy plaise les exempter de toutes autres levées, Nous avons ordonné que levée de deniers sera faicte en ladicte année prochaine, suivant lesdictes lettres-patentes de Commission pour ce expédiées selon la forme portée par icelles, et ce par provision, et pour le surplus renvoyez par devers sa dicte Majesté. Ce qui a esté prononcé publiquement en l'assemblée desdicts Estatz. Faict à Rouen par nous dicts Commissaires, le lundy, vingt-sixiesme jour de novembre mil six cens dix-huict.

Signé: Langloys.

Le Roy, ayant faict estat, pour des despences nécessaires au bien et à la seureté de ce Royaume, des sommes entières portées par ses Commissions de la présente année (qui n'excèdent en rien celles de l'année passée) ne se peut passer à moins que ce qui est contenu en icelles. Mais sa Majesté conserve tousjours la volonté de soulager son peuple, et luy en fera ressentir les effectz aussi-tost qu'il luy sera possible.

Les articles et remonstrances contenuz au présent Cahier ont esté veuz et responduz par le Roy, estant en son Conseil. A Paris, le vingt-uniesme jour de mars mil six cens dix-neuf.

Signé: LOUIS.

Et plus bas: Potier.

Collationné à l'original, par moy Procureur sindic des Estatz de Normandie.

Signé: ECHARD.

Extraict des Registres du Conseil d'Estat.

Sur ce qui a esté remonstré au Roy en son Conseil, par le Procureur sindic des Estatz de la province de Normandie, qu'encores que, suivant l'édict du mois de febvrier mil six cens quatorze, par lequel sa Majesté a attribué trois deniers pour livre de taxations aux receveurs des tailles des eslections de ladicte Province, des deniers dont ils font recepte, à cause du principal de la taille et crues de trois cens et six cens mil livres y incorporées pour estre prises et retenues par eux des deniers de leur recepte, que ledict édict soit registré à la Chambre des Comptes de Rouen, à la charge qu'il ne se fera aucune levée sur le peuple pour ladite attribution, et qu'en suitte desdicts édict et arrest de registrement, le fondz desdictes taxations ayt esté entièrement prins sur les deniers de sa Majesté ès années mil six cens quatorze et quinze, néantmoins, sans qu'il soit intervenu aucun réglement ny lettres de déclaration de sa dicte Majesté, les Trésoriers de France de Rouen et Caen, en faisant les départemens des tailles pour les années mil six cens seize, dix-sept, dix-huict, et la présente, ont faict augmenter les levées desdictes tailles desdictes taxations, ainsi que celles des crues extraordinaires; et d'autant que le peuple se trouve, par ce moyen, surchargé, contre l'intention de sa dicte Majesté et la foy desdicts édict et arrest, requéroit qu'il pleust à sa dicte Majesté ordonner qu'à l'advenir le fondz desdictes taxations de trois deniers pour livre sera laissé ès estatz généraux des finances qui se dresseront, chacune année, pour lesdictes Générallitez sur les deniers de sa Majesté, et faire deffences ausdicts Trésoriers Généraulx de France, soubz les peines des ordonnances, de faire faire aucune levée sur le peuple, Veu ledict édict du mois de febvrier mil six cens quotorze, arrest de réglement du dix-neufième septembre audit an, LE ROY EN SON CONSEIL, a ordonné et ordonne que doresnavant, à commencer en l'année prochaine, le fondz desdictes taxations de trois deniers pour livre du principal de la taille et crues de six cens et trois cens mil livres y incorporées, sera laissé ès estatz généraux qui se dresseront par chacun an pour les finances des Générallitez de Rouen et Caen, faict deffences aux Trésoriers de France d'en faire plus aucune levée sur ses subjectz, révocquant à ceste fin toutes commissions qui pourroient avoir esté expédiées au contraire, et ce sans tirer à conséquence pour les autres Générallitez de ce royaume ; enjoinct ausdits Trésoriers de France de tenir la main à l'exécution du présent arrest, à peine d'en respondre en leurs propres et privez noms. Faict au Conseil d'Estat du Roy, tenu à Paris, le vingt-uniesme jour de mars mil six cens dix-neuf.

Signé : MALIER (¹).

(¹) A Rouen, de l'Imprimerie de Martin Le Mesgissier, imprimeur ordinaire du Roy, tenant sa boutique au haut des degrez du Palais. M.DC. XVIII. Avec privilége dudict seigneur. — Réimprimé d'après l'exemplaire de M. le Marquis de Blosseville.

ARTICLES
DES
REMONSTRANCES
Faictes en la Convention des Trois Estats
DE NORMANDIE

Tenue à Rouen, le vingtième jour de janvier et autres jours ensuivans mil six cens vingt.

Avec la Responce et Ordonnance sur ce faicte par le Roy estant en son Conseil,

Tenu à Fontainebleau, le sixieme jour d'avril mil six cens vingt.

AU ROY.

Et à Monseigneur le duc de Longueville et d'Etouteville, Pair de France, Comte souverain du Neufchastel et de Vallengin en Suisse, Comte de Dunoys, de Chaumont et de Tancarville, Connétable héréditaire de Normandie, Gouverneur et lieutenant général pour sa Majesté en ladicte Province.

Sire,

Ce fut un grand Prince qui respondit à un qui s'ébahissoit ne veoir ses coffres garnis d'or et d'argent comme des autres roys, que ses trésors estoient dans les bourses de son peuple, dont il puisoit, en sa nécessité, tout autant qu'il luy en falloit. Nous sommes très-déplaisans, Sire, que vostre Majesté n'en peut autant dire : non que vos trésors ne soient en noz volontez, mais non plus en noz puissances, ayans esté noz commoditez aux années précédentes déchirées, ravies et consommées en mille et mille façons. Le soldat en a eu une partie ; les impositions et tributs, doublez et redoublez de nouveaux noms et nouvelles formes, et la multitude de tant d'offices chèrement vendus, chèrement achaptez, en ont dévoré l'autre. Tant d'édictz, que l'on envoye de jour en jour en voz Courtz souveraines, y ont frappé le dernier coup. Ne nous reste que la consolation des misérables, l'espérance, dont la nef agitée de toutes sortes de vents contraires ne veoit port ny havre où elle puisse surgir qu'à l'abry de vostre bonté et miséricorde, laquelle nous implorons à ce que, comme un Hercule, elle abbate la teste de ce monstre de nécessité, pour assouvir laquelle on nous ruine, et, elle ruinée, on nous promet tout soulagement. Que voz yeux donc pitoyables repassent sur noz maux, et tiennent quelque peu la bride pour empescher que, nous poussants à l'extrémité accoustumée, on ne nous face entièrement perdre l'haleine.

I.

Dieu s'est souvent courroucé contre noz péchez, jusques à s'estre repenty d'avoir faict l'homme ; mais autant de fois s'est-il appaisé par larmes et prières, et principalement de ceux qu'il a choisy et préposé au ministère de son Eglise, qui sont conme moyens entre son courroux et nos offences, et qui doibvent d'autant plus estre maintenus en leurs prérogatives, prééminences, priviléges et libertez qu'ils font découller de grâces, par leurs vœux et prières, sur vous et voz subjectz.

Au Roy. Et sont les Commissaires d'advis que les priviléges et immunitez du Clergé soient conservez.

Le Roy, imitant la piété des roys, ses prédécesseurs, a

les Ecclésiastiques en singulière recommandation, et veut qu'ils soient conservez en leurs priviléges et immunitez.

II.

Il n'y a chose qui touche d'avantage l'honneur du ministère de l'Eglise que la pauvreté et mendicité des ministres d'icelle; c'est pourquoy toutes les loix crestiennes leur ont octroyé et concédé immunité, exemption et descharge de toutes tailles, tributz et impositions, à ce que, jouissants les uns de bénéfices ecclésiastiques, les autres de leur patrimoine, tous puissent librement vacquer au service de Dieu. Néantmoings on a voulu assubjectir lesdicts Ecclésiastiques, qui faisoient valoir si peu que leurs pères leur ont laissé, à contribuer à la taille, et ce mesme, par arrest de vostre Court des Aydes de ceste Province, l'année dernière. Vostre Majesté, qui pour le zèle qu'Elle porte à l'Eglise a le tiltre de très-Chrestien, est suppliée que, sans avoir esgard audit arrest, lesdicts gens d'Eglise seront maintenuz en leur exemption, et permis de faire valoir, par leurs mains, sans fraulde, les héritages de leur patrimoine, et ne pourront, pour ce, estre contraincts payer ou contribuer à la taille.

Au Roy. Et sont les Commissaires d'advis que les Ecclésiastiques puissent faire valoir, par leurs mains, leur patrimoine escheu par succession, sans fraulde, et pour ce, ne soient imposez à la taille.

Les arrestz donnez, pour ce subject, au Conseil de sa Majesté, seront reveuz, pour en estre puis après par Elle ordonné ce qu'il appartiendra; et, ce pendant, surçoira l'exécution de celuy de la Court des Aydes du huictiesme janvier mil six cens dix-neuf.

III.

Tant que l'argent a cédé à la vertu, la Noblesse Françoise a porté la peur et terreur jusques aux derniers bouts du monde, a gagné telle réputation que les roys et potentats estrangers ne pensoient pouvoir deffendre leurs limites, ny les oppressez et chassez conserver et recouvrer leurs seigneuries, sans estre aydez et secourus de l'invincible félicité de ses armes. Mais, quant l'argent a triomphé de la vertu, la Noblesse a esté comme estouffée, privée des estatz, dignitez et prééminences, prix et loyer qui luy sont deubz. Elle espère que, soubz les auspices de vostre auguste Majesté, elle recouvrera sa pristine fortune et le rang qu'elle doibt tenir en vostre Estat.

AU ROY.
IV.

Tous les ans vostre Majesté est suppliée de recongnoistre sa dicte Noblesse, la conserver en ses priviléges, et luy donner quelque marque qui la puisse distinguer du reste de vostre peuple. De parolle, cela luy est accordé, et non d'effect : car elle est contraincte de payer et contribuer à toutes sortes de levées et impositions, sinon soubz le mot de taille, soubz autre néantmoings qui retombe au mesme effect. On luy faict payer le sel, les péages et autres subcides qui se lèvent aux entrées et sorties des villes. Elle supplie vostre Majesté de luy permettre prendre le sel en voz greniers au prix du marchand jusques à quelque nombre, comme il est concédé aux officiers des Courts souveraines, et la conserver en l'exemption de tous tributz, coustumes et impostz qui se lèvent aux entrées et sorties des villes, et luy en faire délivrer voz lettres qui, estant présentées et vériffiées aux Courts souveraines, l'assurent désormais et luy ostent tout subject de plainte à l'advenir.

Au Roy. Et sont les Commissaires d'advis que la Noblesse soit maintenue en ses immunitez et priviléges.

La volonté du Roy est que la Noblesse jouisse par effect des priviléges qui luy ont esté concédez et dont elle a accoustumé de jouir ; et pour le regard du sel, sa Majesté n'en peult accorder aucune exemption.

V.

Le tiers ordre se plainct d'une douleur d'autant plus juste, qu'il est le seul qui porte le faiz de toutes les charges et tributz; et, qui est l'extrémité de misère, de quelques maux et calamitez dont il soit accablé, il ne trouve support ou soulagement quelconque. Il semble que le ciel et les hommes ayent, comme à l'envy, conjuré sa ruine et désolation. Les malheurs précédents l'ont despouillé de tout ce qu'il avoit de biens, et, ceste année, il a esté cruellement persécuté de la peste, fléau de l'ire de Dieu, qui a porté au tombeau un million de personnes, et totalement réduit à mandicité ceux qui en ont évité la fureur, pour avoir esté contraincts de cesser toutes sortes de mestiers et trafficqz, dont ils pouvoient substenter leurs familles et subvenir aux charges et nécessitez de l'Estat, sy bien que, les villes estantes quasi désertes, les champs inhabitez, et sy peu qu'il reste de peuple privé de moyens, nous sommes favorables, si jamais, à supplier très-humblement vostre Majesté de nous descharger pour le moings de la grande Creue.

AU ROY.

Le Roy a tousjours continué et perciste encores en la bonne volonté que sa Majesté a déclarée par sa responce au troisième article du Cahier de l'année passée; mais les grandes et extraordinaires despences que sa Majesté a esté contraincte de faire durant le cours d'icelle, tant pour les levées des gens de guerre que pour les autres affaires qui luy sont survenues, et celles qui luy restent encores à supporter en la présente ne luy permettent de rien retrancher de ladicte grande Creue.

VI.

Par cy-devant les Collecteurs des tailles prenoient deux sols pour livre tant pour signature, écriture et confection de roolle, droict de quictance, feu, bois, chandelle et autres fraiz nécessaires pour le département et collecte des deniers de voz tailles, desquels Henry le Grand, vostre très-honoré père et nostre souverain seigneur, en retrancha quatre deniers, destinez pour estre employez aux fraiz de ses bastimens, et depuis attribuez aux gardes des sceaux et autres nouveaux officiers érigez en chacune Eslection, de sorte que ces deux sols furent réduicts à vingt deniers pour lesdicts Collecteurs. Depuis, vostre Majesté ayant érigé, en chaque parroisse, des Commissaires des tailles, offices inutilles à vous, en ruine à vostre peuple, on les chargea de la confection desdicts roolles et autres fraiz, que souloient faire lesdicts Collecteurs, et, pour ce, leur ordonna on ung sold pour livre. Et voyant que, par l'érection desdicts Commissaires, ont deschargeoit lesdicts Collecteurs de plusieurs fraiz, par arrest de vostre Conseil, il a esté mandé, aux Trésoriers de voz finances, réduire lesdicts vingt deniers qu'ils percevoient par cy-devant à douze, ordonnance juste, car leur ostant la charge, il est raisonnable de leur diminuer le loyer, et très-juste que lesdicts huict deniers qui sont retranchez desdicts vingt deniers soient convertis au sallaire desdicts Commissaires, au lieu du sold qu'ils prennent, prix, quoyqu'il semble petit en particulier, mais redoublé et multiplié autant de fois qu'il y a de livres en voz tailles, se trouvera très-grand et plus que suffisant pour le contentement desdicts Commissaires. En ce faisant, voz subjects seront dechargez de douze deniers pour livre; et vous réduirez les choses comme elles estoient auparavant, qui estoit deux sols pour livre pour tous les fraiz de l'assiette et collecte des tailles, soulagement grand pour vostre pauvre peuple, et nulle diminution à voz finances.

Au Roy. Et sont les Commissaires d'advis qu'il plaise à Sa Majesté réduire les douze deniers pour livre attribuez aux Commissaires des Tailles à huict deniers et descharger son peuple des huict deniers pour livre retranchez de vingt deniers, attribuez cy-devant aux Collecteurs des Tailles, que sa Majesté ordonne, par ses lettres du vingt-septième jour de juillet mil six cens dix-neuf, estre receuz par ses receveurs et portez à l'Espargne.

Les offices de Commissaires des tailles ayant esté venduz avec l'attribution desdicts douze deniers, le Roy, qui en tire du secours en ses affaires, n'y peut à présent rien changer ; et, pour le regard des huict deniers restans, sa Majesté en a aussi faict estat, pour employer le fondz qui en proviendra à des despences importantes et nécessaires.

VII.

Ceux qui veulent profiter des despouilles du peuple ne manquent jamais de prétexte pour penser se rendre favorables. Chacun sçait que le sieur de Silly, cy-devant cappitaine et gouverneur d'Evreux, a esté destitué de sa charge, à cause des plainctes rendues contre luy, et un autre préposé par vostre Majesté à la garde et conservation de ladicte ville. Néantmoins ledict sieur s'est faict adjuger, par arrest de vostre Conseil du mois de juillet dernier, douze mil livres sur les contribuables de l'Eslection d'Evreux, pour avoir, à ce qu'il dict, remis ladicte place entre voz mains, comme s'il luy estoit deub quelque récompense pour ladicte remise, autant juste qu'elle estoit causée par son propre faict. Nous demandons estre deschargez de ceste levée, veu que d'ailleurs il seroit d'un exemple périlleux, sy vostre Majesté estoit contraincte de rachepter, aux despens de son peuple, ses villes et places de ceux ausquels elle les confie en dépost.

AU ROY.

Le Roy n'a jugé raisonnable d'oster audit sieur de Silly le gouvernement d'Evreux sans récompense, et a estimé faire beaucoup, pour le bien de ladicte ville et du pays, de le mettre hors de ceste charge, aux conditions portées par l'arrest de son Conseil du dixiesme juillet mil six cens dix-neuf, lequel sa Majesté veut avoir lieu.

VIII.

Tout ainsi, Sire, que la superbe abondance d'humeurs ruine et conduit à la mort le corps, ainsi la multitude d'offices en une République l'opprime et désole. Toutes les Eslections de ceste Province sont si chargez d'offices et officiers qu'ils estouffent et offusquent la justice. Toutesfois et quantes que, par le conseil général de tout vostre royaume, on a voulu pourveoir au bien et salut d'iceluy, on a commencé par leur suppression. Nous ne cesserons jamais de prier, voire importuner vostre Majesté jusques à ce qu'Elle aye exaucé noz si justes prières, et réduict ce nombre effrené d'Esleuz et Controolleurs à un ou deux pour le plus, qui vous rendront plus de service, plus de justice à vostre peuple que la confusion du nombre desréglé, qui diminue voz finances par leurs gaiges et exemptions de tailles, et, comme sangsues, tirent la substance de voz subjetz.

Au Roy. Et sont les Commissaires d'advis que, pour l'oppression que reçoit le peuple de la multitude des officiers des Eslections, ils soient par sa Majesté réduicts au nombre antien.

Le Roy accorde la suppression desdicts Esleuz excédant le nombre antien, quant ils viendront à vacquer par mort.

IX.

Le sel que Dieu distribue aux hommes pour assaisonner et donner goust et saveur à toutes viandes, dégouste tellement et affadist le courage du pauvre peuple, que presque il luy seroit plus expédient qu'il n'en fust point du tout, que qu'il luy fust vendu si cher ; le prix excessif, la quantité qu'on luy en distribue inutille, et encores le surcharger de deux sols pour le port d'iceluy par chacune lieue est intolérable. Vostre Majesté est suppliée de révocquer cest impost, et que deffences soient faictes à toutes personnes de l'exiger, ains que ledict sel se distribuera comme il estoit accoustumé.

Au Roy. Et en sont les Commissaires d'advis.

L'imposition desdits deux sols n'est pas nouvelle et n'est que pour le remboursement des fraiz que font les Collecteurs de l'impost pour le port et voiture de chacun minot de sel des greniers aux parroisses.

X.

Il a pleu à vostre Majesté confirmer le privilége Saint Romain par la responce du Cahier de l'année dernière; mais nous vous supplions très-humblement comme nous faisions dès lors, d'ordonner que les différends qui interviendront, ensuite dudict privilége, contre ceux qui en auront esté déclarez dignes, se jugeront et termineront au Parlement de Rouen, sans pouvoir estre distraictz ny évocquez.

Au Roy. Et en sont les Commissaires d'advis.

Le Roy a cy-devant déclaré, par plusieurs fois son intention sur ce subject, qui est que les priviléges accordez au Chapitre de Rouen soient conservez, à la charge de n'en abuser.

XI.

Sa Majesté est très-humblement suppliée d'ordonner à Monsieur le duc de Longueville de faire promptement procéder à la construction du pont de pierre de la ville de Rouen, affin qu'après la perfection de cet ouvrage, nous puissions espérer la révocation de la levée qui se faict en ceste Province pour cest effect.

Au Roy. Et sont les Commissaires d'advis, qu'il soit promptement travaillé au pont de Rouen, ou avoir agréable que la levée cesse, et les deniers jà levez employez à ung pont de bois, pour servir pendant que l'on fera celuy de pierre.

C'est la volonté du Roy qu'il soit promptement procédé

à la construction du pont de pierre de ladicte ville de Rouen, et que, pour cest effect, l'arrest donné par sa Majesté en son Conseil le vingt-quatrième jour de mars de la présente année, soit au plus tost exécuté.

Voila, Sire, un abrégé de la nécessité en laquelle vit votre peuple, qui roulle incessamment sa pierre du haut en bas, sans jamais luy estre donné une minute de repos. Les maux lui succèdent comme les ondes l'une sur l'autre, qui le menacent d'une submersion et naufrage évident. Toutes fois, en ceste nuict obscure, il luy semble veoir, au travers de tant de brouillars, une lueur qui le consolle et resjouyt, qui est que Dieu, vous croissant d'aage, vous faict croistre en toutes sortes de vertus royalles, dont la miséricorde et clémence, de laquelle un bon Prince doibt user envers son peuple, n'est la moindre. Nous attendons les effectz de vostre bonté en patience, supplians très-humblement vostre Majesté de se contenter,

Pour la Généralité de Rouen, de neuf cens soixante-huict mil quatre cens quarante livres,

Et pour la Généralité de Caen, de la somme de cinq cens trente-quatre mil sept cens vingt livres,

Toutes lesquelles sommes reviennent ensemble à la somme de quinze cens trois mil cent soixante livres, dont vostre Majesté se contentera, s'il luy plaist, nous deschargeans de toutes autres levées.

Faict en la Convention des Estatz de Normandie, tenus à Rouen en la maison abbatiale de Saint-Ouen, le lundy, vingtiesme jour de janvier mil six cens vingt.

Signé : ECHARD.

Les Commissaires tenans la présente Convention, ayant ouy la responce des delléguez des Estatz à la proposition et demande à eulx faicte de la part du Roy, par laquelle ils consentent luy payer pour l'année présente mil six cens vingt, la somme de quinze cens trois mil cent soixante livres, supplians sa dicte Majesté qu'il luy plaise les exempter de toutes autres levées, Nous avons ordonné que levée de deniers sera faicte, en ladicte présente année mil six cens vingt, suivant lesdictes lettres-patentes de Commission pour ce expédiées, selon la forme portée par icelles, et ce par provision ; et, pour le surplus, renvoyez par devers sa dicte Majesté. Ce qui a esté prononcé publiquement en l'assemblée desdictz Estatz. Faict à Rouen par nous dictz Commissaires, le lundy, vingtième jour de janvier mil six cens vingt.

Signé : LANGLOYS.

Les Remonstrances contenues au présent Cahier ont esté veues et respondues par le Roy, estant en son Conseil. A Fontainebleau, le sixième jour d'avril mil six cens vingt.

Signé : LOUIS.

Et plus bas, signé : Potier.

Collationné à l'original, par moy Procureur sindic des Estatz de Normandie.

Signé : Echard ([1]).

([1]) A Rouen. De l'imprimerie de Martin Le Mesgissier, imprimeur ordinaire du Roy, tenant sa boutique au haut des degrez du Palais M DC XX. Avec privilége dudict seigneur. — Réimprimé d'après l'exemplaire appartenant aux archives du département de la Seine-Inférieure.

DOCUMENTS
CONCERNANT
LES
ÉTATS DE NORMANDIE

ÉTATS DE DÉCEMBRE 1610.

I.

EXTRAIT DES REGISTRES DE L'HOTEL DE VILLE ET DU CHAPITRE DE ROUEN.

Lettre du gouverneur de la Province au bailli de Rouen ou à son lieutenant général audit lieu. — « Monsieur le bailly, le Roy voulant que les Estats de son païs et duché de Normandie se tiennent en la ville de Rouen, le 5e jour de décembre prochain, et que, pour cest effect, les gens du clergé, de la noblesse et du tiers estat de vostre bailliage ayent à s'assembler et élire quelques uns d'entre eulx, à sçavoir un ecclésiastique et un noble seulement en vostre dit bailliage et un du tiers estat en chacune vicomté d'icelluy, ainsi qu'il est accoustumé, autres toutefois que de ses officiers et de la justice, pour se trouver, audit jour, à l'assemblée des Estatz, avec pouvoir de consentir et accorder ce qui y sera conclu et arresté, je vous envoye la lettre que le Roy vous en escript afin que, faisant sur ce publier l'intention de S. M. par tous les lieux de vostre ressort où besoin sera, vous ayés aussi l'œil à ce que ladite élection se face de personnes qui ayent pour but principal le service du Roy, le bien général de l'Estat et, en particulier, le bien de la Province ; et, pour ce que c'est chose qui se doibt attendre de vous et de l'affection que vous-mesmes y avés, je ne vous en feray point plus longue lettre que pour prier Dieu, comme je fais, Monsieur le bailly, qu'il vous ayt en sa saincte garde. De Paris, ce 7ᵉ jour de nov. 1610. Vostre plus affectionné amy CHARLES DE BOURBON (¹). Plus bas : BRISSON ; scellé de cire rouge. »

Lettre du Roi au bailli de Rouen. — « A nostre amé et féal conseiller le bailly de Rouen ou son lieutenant général audit lieu. — De par le Roy. Nostre amé et féal, nous avons advisé, pour le bien de nostre service et utilité de nostre païs et duché de Normandie, de faire tenir les Estats ordinaires de lad. Province en nostre ville de Rouen, au 5ᵉ jour du mois de déc. prochain, pour leur faire proposer plusieurs choses concernans nostre service et le bien dud. païs. A ceste cause nous vous mandons que, incontinent la présente receue, vous faciés publier, par tous les lieux de vostre bailliage accoustumés, que les gens du clergé, de la noblesse et du tiers estat de chacune vicomté ayent à s'assembler pour élire quelques notables et apparens personnages d'entre eulx, sçavoir pour vostre dit bailliage un ecclésiastique, un noble et deux eschevins de nostre ville de Rouen, outre un député du tiers estat pour chacune desd. vicomtés de l'estendue dud. bailliage, autres toutefois que de nos officiers ou gens de justice, pour se trouver et comparoir, de leur part, à la tenue desd. Estats au susd. jour avec ample pouvoir pour consentir et accorder ce qui y sera conclud et arresté ; et à ce n'y faictes faute, car tel est nostre plaisir. Donné à

(¹) Charles de Bourbon, comte de Soissons, fils aîné de Louis de Bourbon, prince de Condé, et de Françoise d'Orléans, tout récemment nommé au gouvernement de Normandie.

Paris, le 6ᵉ jour de novembre 1610. Louis ; et plus bas : Potier ; scellé du cachet de S. M. en cire rouge. »

Lettre des officiers du bailliage de Rouen à MM. les conseillers échevins de l'hôtel commun de la ville de Rouen. — « Messieurs, nous avons receu lettres closes de S. M., données à Paris le 6ᵉ jour de ce mois, avec autres lettres de Monsieur le comte de Soissons, du 7° de ce dit mois pour le termement des Estats de ce païs de Normandie, qui est au 5ᵉ de déc. prochain, desquelles lettres nous vous envoyons le vidimus afin que vous ayés à faire assemblée en l'hostel commun, en ceste dite ville, au vendredi 26ᵉ jour de ce présent mois, une heure après midy, pour procéder à l'élection et nomination d'un ecclésiastique, un noble et deux de vostre corps de ville, afin d'assister et estre présents à la tenue desd. Estats, ainsi qu'il est accoustumé et que par cy-devant il a esté observé ; et, n'estant la présente à autre fin, nous prions Dieu, Messieurs, qu'il vous tienne en sa saincte et digne garde. De Rouen, ce 16ᵉ jour de nov. 1610. Vos confrères et bons amis les lieutenant particulier, advocatz et procureur du Roy au bailliage de Rouen. Le Parmentier. »

Mandement aux quarteniers pour la convocation des bourgeois de Rouen. — « Du 24ᵉ jour de nov. 1610, au Bureau tenu par MM. de Hanyvel, Hallé, Voisin et Cotton, conseillers (de la ville de Rouen). — De par Monsieur le bailly de Rouen ou son lieutenant. Quarteniers du quartier de. . . . . . , il vous est enjoinct et commandé semondre, vous-mesme en personne, 25 ou 30 des plus notables bourgeois de votre quartier, et faire semondre les autres bourgeois d'icelluy par vos centeniers, cinquanteniers et dixeniers, à ce qu'ils aient à eux comparoir, vendredy prochain, une heure après midy, en l'hostel commun de lad. ville, pour eslire et nommer à sçavoir ung personnage de l'estat ecclésiastique, ung noble et deux conseillers eschevins d'icelle ville pour assister à la prochaine assemblée des Estats de ce pays, avec les autres depputez de ceste province de Normandie, termés à tenir au 5⁰ jour de déc. prochain, sur paine de l'amende aux deffaillans (¹) ; et rapporterez procès-verbaux de ce qui aura esté par vous faict, ensemble par vos dits centeniers, cinquanteniers et dixeniers, etc. » (Arch. de l'hôtel-de-ville de Rouen, Journal B 6, f⁰ 166.)

Délégation par le chapitre de la cathédrale de deux chanoines pour prendre part à l'élection des députés du bailliage. — Extrait du registre des délibérations du chapitre de Rouen — « Du vendredy, 26 nov. 1610, capitulants. . . . . , s'est présenté le procureur de la maison de ville, lequel a adverty la Compagnie que, ce jour d'huy, une heure après midy, il y a assemblée en lad. maison pour la convention. Messieurs qui sont *ad beneficia conferenda* ont esté priez de se trouver à lad. assemblée. » (Arch. de la S.-Inf. C. 2182) (²).

Procès-verbal de l'élection des députés à l'hôtel-de-ville de Rouen. — « Du vendredy, 6⁰ jour de nov. 1610, en assemblée générale de ceste ville et bailliage de Rouen, tenue en la forme accoustumée en la grand'salle de l'hostel commun par nous Jehan du Fay, sʳ du Taillis (³),

(¹) En vertu d'une délibération prise, en assemblée générale, le 4 jᵉᵗ 1611, on ajouta à l'amende contre les défaillants « la déchéance de tous droits, franchises et libertez concédez et attribuez aux bourgeois » (Arch. de l'hôtel de ville de Rouen, B. 6).

(²) Nous avons cru intéressant de rapporter ici le texte des lettres de convocation, du mandement aux quarteniers et de la délégation du chapitre. Ces actes n'ayant guère varié pendant l'époque qui fait l'objet de cette publication, nous nous dispenserons de reproduire les documents analogues qui sont relatifs aux assemblées postérieures.

(³) Châtelain de Graimbouville, la Brière, le Trait et Sᵉ Marguerite ; il avait été nommé bailli, sur la résignation du sʳ Henri Robert Aux-Epaules sʳ de Sᵉ Marie, 25 nov. 1607 ; — décédé le 23 nov. 1615.

chevalier de l'ordre, gentilhomme ordinaire de la chambre du Roy et bailly dud. Rouen, lecture faicte des copies des lettres closes de S. M. et de Mgr le comte de Soissons....... les ecclésiastiques et nobles de ceste dite ville et bailliage, avec les bourgeois d'icelle et députés des vicomtés dud. Rouen, Pont de l'Arche, Ponteaudemer et Auge, avec les conseillers du Bureau et Conseil des vingt-quatre de lad. ville, ont choisi, élu et nommé, pour tout led. bailliage, c'est à sçavoir : pour l'estat ecclésiastique, vénérable et discrette personne Me Jehan Dadré, d^r en théologie et théologal pénitentier de l'église cathédrale N.-D. dud. Rouen, pour l'estat de noblesse, messire Lois de Mouy, s^r de la Mailleraye, gentilhomme ordinaire de la chambre du Roy, et, pour conseillers eschevins, Robert de Hanyvel, esc., s^r de la Chevalerie et de S.-Etienne, gentilhomme ordinaire de la chambre de sa dite Majesté, 1er et antien conseiller eschevin d'icelle ville, et Pierre Voysin, ausquels est donné pouvoir..... d'assister, avec les autres délégués des trois estats dud. païs, à la convocation et assemblée générale d'iceulx, pour ouir et entendre ce qui leur sera proposé et demandé, au nom de sa dite Majesté, par MM. les Commissaires députés à tenir lesd. Estatz, et sur lad. demande accorder, contredire, accepter, requérir, poursuivir et demander ce qu'ils adviseront estre utile et profitable ausd. habitans dud. païs, avec les autres délégués d'icelluy, spécialement pour le bien du public et de lad. ville, et généralement de faire et négoter ce qu'ils adviseront bien estre pour la conservation d'icelle ville et bailliage. »

Prirent part à l'élection MM. Colombel, avocat du Roi au bailliage, de Hanyvel, Hallé, Voisin, Cotton, conseillers modernes, — Guyjon, grand vicaire, Le Pigny, De la Place, chanoines, — Esteville, de Guenonville, de Laval, de Baudrouart, Faucon, Pavyot, d'Olivet, Hallé, Asselin, de Claire, de Malaunay, d'Eudemare, du Roule, anciens conseillers, — le procureur de la ville, — Le Vasseur, Daclainville, Le Planquois, quarteniers, — les quatre députés des

4 vicomtés du bailliage (¹), — 73 ecclésiastiques (2 prieurs, 71 curés ou vicaires), — 19 nobles, — 22 bourgeois dont les noms sont indiqués, sans compter « plusieurs autres en grand nombre » (²).

Proposition des Etats (³). — « Du samedi, 11ᵉ jour de déc. 1610, en l'assemblée tenue pour délibérer les articles pour employer au Cahier des Estats, par messire Jeh. Du Fay, ... bailly..., en laquelle ont assisté le sʳ 1ᵉʳ advocat et procureur du Roy au bailliage, conseillers modernes, anciens, députés de l'église et noblesse et du tiers estat des quatre vicomtés de cedit bailliage.

« Il a esté arresté que sa dite Majesté sera suppliée estre faict fondz aux eschevins de lad. ville de 152,000 l. qu'ils ont droict de prendre sur la recepte générale, dont, depuis plusieurs années, ils n'ont que 72,000 l. par an, à prendre sur les fermiers des nouvelles impositions et autres, au lieu de leur naturelle assignation sur lad. recepte généralle, qui met lesd. eschevins et particuliers en despense, qui retourne en diminution du fonds desdites rentes.

« Continuent aussi lesd. eschevins supplier le Roy de faire cesser la levée qui se faict sur le païs, et particulièrement en la ville de Rouen, depuis 7 ans en ça, de 20 s. pour muid de vin entrant en icelle, soubz prétexte de la réfection du pont, où il ne s'est employé jusques à présent que fort peu de chose en la démolition de quelques arches, et les deniers levés se montent, déduicts les 56,641 l. 8 s. 3 d. au lieu de pareille somme dont Le Bert et Thorel ont

(¹) L'élection des députés des vicomtés se faisait devant le lieutenant-général du bailli, et au siège judiciaire. Les ecclésiastiques étaient assignés personnellement, ainsi que les nobles, par les sergents des diverses sergenteries de la vicomté. Les gens du tiers état étaient vraisemblablement semons par les sergents, à l'issue de la messe de paroisse. Réunis en *état de commun*, ils devaient désigner quelques uns d'entre eux pour aller prendre part à l'élection.

(²) C'était généralement suivant l'ordre indiqué dans cette délibération que l'on procédait au vote des députés à l'hôtel de ville de Rouen.

(³) La *proposition des Etats* n'était autre chose que la discussion des articles que l'on devait proposer pour la rédaction du Cahier général.

esté deschargés et les 500 fr. pour frais et épices du compte, plus qu'il n'est requis à la réfection, voire à la construction d'un nouveau pont.

« Aussi demandent la révocation de l'impost de l'escu pour muy de vin, 40 s. pour tonneau de sildre et 20 s. pour tonneau de perey qui avoient esté establis pour peu de temps et pour employer aux arriérages des rentes deues à lad. ville, ensemble de l'escu pour tonneau de marchandise venant de la mer, et que les fermiers des impositions ne puissent travailler, par évocations au Conseil, les marchands, d'autant que cela faict grandement diminuer le trafic, mesmes les fermes de lad. ville, sur lesquelles y a plusieurs autres rentes constituées, pour le service des Roys, à plusieurs habitans de lad. Province.

« Aussi la révocation de l'établissement des Controlleurs des tiltres, jadis supprimé en sa monstrueuse naissance et tellement préjudiciable qu'elle apporte plus de retardement, plus de procez et longueur que ne le faict la composition des mesmes contracts et tiltres.

« Que ceulx qui ont esté cy-devant receveurs des deniers communs de lad. ville ne puissent estre assubjettis, par MM. les Commissaires de S. M. pour la vérification des débetz de quictances estans sur les comptes des comptables, de bailler estat des débetz de quictances qui peuvent estre en leurs comptes, pour en vider leurs mains en autre main que de ceulx ausquels lesd. débetz sont deubs, d'autant que lesd. receveurs, ayans fourny de bonnes cautions, sont tenus acquiter aux particuliers rentiers ce qui se trouve sur leurs comptes en débet de quictance non acquitée, à cause de procès, minorité d'enfans et arrests survenus.

« Remonstrent lesd. conseillers eschevins que l'éedict faict par S. M. sur la composition des salpestres et pouldres à canon auroit esté, à leur déceu, vérifié, ce qui leur auroi, osté le moien de remonstrer combien led. éedict importet non seulement à lad. ville, mais à toute la Province, n'estant raisonnable d'oster l'entière disposition, confection et conservation desd. salpestres et pouldres à canon de lad. ville de Rouen, l'un des magasins anciens choisis par les Roys, et d'autres bonnes villes de lad. Province, pour les confier en la main et disposition d'un seul homme, comme le prétend un nommé Philebert Godet, stipulé par Richard de Chatouroux ; partant requièrent que l'apport de salpestres et pouldres à canon faict des païs estrangers soit libre en lad. ville de Rouen, afin de la rendre fournie et remplie tant pour la conservation d'icelle au service de S. M. que pour la fourniture des vaisseaux et navires qui y font leur équipage et partent journellement, en flotes ou seuls ; et, sans celles qui s'y font ou apportent des païs estrangers, en pourroit souvent demeurer dégarnie.

« Requièrent aussi lesd. eschevins S. M. deffendre l'exécution du party faict par MM. les ecclésiastiques, l'année présente, pour le rachapt, en 16 années, des biens par eulx vendus, attendu qu'il ne s'est faict aucunes venditions qu'avec information de valeur et de commodité, et vertu de ratifications de sa dite Majesté, et que, depuis le temps d'aucunes aliénations, s'est passé infinis décretz en justice, partage entre enfans, dressé bastimens, dont naistroient infinis procez et ruines de son peuple ; mesmes la supplient révocquer l'édict de cinq ans, depuis peu vérifié en la court de Parlement de Rouen. »

II.

Extrait du Registre du Greffier-Commis des Etats de Normandie.

Du lundy 13ᵉ jour de déc. 1610, en l'assemblée de MM. les députés des trois Estats de la province de Normandie dont a esté faict ouverture à Rouen, au manoir abbatial de S. Ouen, présence de Mgr. le comte de Soissons, le samedi 11 déc. 1610.

Pour desliberer les Commissaires, pour présenter à M. le comte le don de 6,000 escus,

Rouen, église, M. Président, Caux ; noblesse, Rouen, Caen ; tiers, Dubusc ;

Caux, é., M. P., Evreux ; n., idem ; t., Neufchatel ;

Caen, é., M. P., Caen ; n., Rouen, Caen ; t., Fallaize ;

Costentin, é., M. P., Caen ; n., idem ; t., Coustances ;

Evreux, é., M. P., Evreux ; n., Rouen, Caen ; t., Breteuil ;

Gisors, é., M. P., Evreux ; n., Gisors ; t., Gisors ;

Alençon, é., M. P., Caen ; n., Rouen, Caen ; t., ...(¹)

A esté résolu que M. le président, avec M. le deputé ecclésiastique de Caen et nobles MM. de la Mailleraye et de la Fontenelle, et pour le tiers Estat un nommé Dubusc, pour Caux, *Neufchatel* ; Caen, *Falaize* ; Costentin, *Coustances* ; Evreux, *Breteuil* ; Gisors, le député de ladite vicomté ; Alençon.....(²) pour porter à Mgr. le comte de Soissons le don de 6,000 escus que les sʳˢ desd. Estats avoient accoustumé donner à feu Mgr. de Montpensier (³).

Dud. jour, de rellevée, il a esté ordonné qu'il sera fait

(¹) Ces notes, fort abrégées, doivent, je crois, ainsi s'entendre : Le Bailliage de Rouen nomme pour l'église M. le président, l'ecclésiastique du baill. de Caux ; pour la noblesse, les nobles des baill. de Rouen et de Caen ; pour le tiers, Dubusc. — Le baill. de Caux nomme, pour l'église, M. le président et l'ecclésiastique d'Evreux ; pour la noblesse, les mêmes nobles que le baill. de Rouen ; pour le tiers, le député de la vic. de Neufchatel.

(²) C'est-à-dire, vraisemblablement, pour le tiers état du baill. de Rouen, Dubusc ; pour le baill. de Caux, le député de la vic. de Neufchatel ; pour le baill. de Caen, le député de la vic. de Falaise, etc.

(³) 12,000 l. furent levées sur la Généralité de Rouen, et 6,000 sur celle de Caen, en vertu de lettres-patentes données à Paris, le 5 janvier 1611. (Arch. de la S.-Inf. C. 1124, 18 février 1611.)

instance de ce que les juges et greffiers prennent leur sallaire des procurations des délégués auxditz Estats.

A esté proposé plaintes par les visbaillis de la Province à l'encontre du s^r du Raoullet, grand prévost de Normandie, et à ceste fin a esté par eux baillé mémoire signé de la pluspart desdits visbaillifs.

Pour les réparations des ponts et passages, différé à résouldre.

Pour le droit de la chambre, différé.

Pour le droit des poudres à canon, différé.

Pour le fait des deniers d'octroy, différé.

Pour le fait des débets de quittance, persisté à la suppression.

Sur le différend des deux Généralités, ils feront assembler MM. les Commissaires par devant lesquels ils seront ouys en leurs remonstrances.

Pour la prescription des ecclésiastiques, différé à demain.

Pour le fait de l'assemblée des nobles à la convention des Estats, il sera fait remonstrance à MM. les Commissaires.

Du mercredy, 15e jour dud. mois. Sur la proposition de mettre l'article pour la révocation contenant permission aux ecclésiastiques de retirer leur domaine aliéné depuis 63 (1563), les députés pour l'église assavoir discrètes personnes Me J. Dadré, m^e N^{as} Philippes, m^e Jacq. Labbé, prieur de Martigny, d^r en théologie, m^e Ch. de Parfourru, archidiacre de Coustances, m^e Guill. LeRebours, m^e P. Le Comte, curé d'Autevergne, m^e Joachim Le Tourneur, prieur de S. François, d^r en théologie, lesquels ont déclaré présentement qu'ils ne pouvoient ni ne debvoient aulcunement délibérer à l'article proposé, comme estant chose du tout contraire aux libertés de l'église, et s'opposoient à ce que led. article ne fût inséré auxd. cayers avec protestation de s'en pourvoir en temps et lieu.

Signé : Dadré, LeTourneur, etc.

Du jeudi, 7e jour dud. mois et an, en l'assemblée desdits Estats pour délibérer de la députation de ceux de l'église, noblesse, tiers estat qui porteront au Roy le Cayer des remonstrances arrestées en la présente assemblée :

Rouen, é., Rouen, Evreux ; n., Rouen, Evreux ; t., Auge et Verneuil ;

Caux, é., Rouen ; n., Rouen, Evreux ; t., Neufchatel, Auge, Verneuil ;

Caen, é., Costentin ; n., Rouen, Evreux ; t., Bayeux, Alençon et Verneuil ;

Costentin, é., Rouen, Costentin ; n., Rouen, Evreux ; t., Verneuil, Bayeux et Auge ;

Evreux, é., Rouen ; n., Rouen, Evreux ; t., Verneuil et Auge ;

Gisors, é., Rouen ; n., Rouen, Evreux ; t., Verneuil, Gisors et Auge ;

Alençon, é., Rouen ; n., Rouen, Evreux ; t., Verneuil, Auge et Gisors (¹).

A esté résolu : pour les ecclésiastiques, le sʳ pénitentier de Rouen, député dud. bailliage, et Mᵉ Guill. Le Rebours, député du clergé d'Evreux ; pour la noblesse, le sʳ de la Mailleraye, député du baill. de Rouen, et le sʳ du Bosroger, député pour la noblesse d'Evreux ; et, pour le tiers estat, le député de la vic. d'Auge et honorable homme Simon de Bretignères, député de la vic. de Verneuil, demeureront députés pour porter et présenter à sa dite Majesté le Cayer desd. remonstrances.

Dud. jour, sur la délibération de faire levée des deniers

(¹) Il est clair par ce vote des bailliages que la majorité voulait réduire à un le nombre des délégués ecclésiastiques pour le port du cahier et porter à trois le nombre des délégués du tiers Etat. On conserva cependant l'usage de deux délégués par ordre. Il est vraisemblable que cette difficulté fut réglée par l'autorité des Commissaires du Roi.

pour le séjour desd. députés, a esté arresté que le Roy sera supplié d'augmenter le fonds des Estats de la somme de 9,000 l. par chacun an, sur laquelle somme sera pris privillégément 1,900 l. pour le séjour desdits sieurs députés pour estre esgallement divisés entre eux, suivant leurs qualités. (¹) » (Bibl. de Rouen, F. Martainville.)

III.

Nomination par tous les Députés de deux commissions, l'une pour le port du Cahier, l'autre pour l'audition des Comptes.

« Du jeudy aprez midi, 16ᵉ jour de décembre 1610.

Furent présens discrète personne mᵉ J. Dadré,... délégué pour les gens d'église du bailliage de Rouen, messire L. de Moy,... d. pour les gens nobles dud. baill., n. h. R. de Hanyvel,... et P. Voysin, conseillers eschevins de ceste ville de Rouen, déléguez pour lad. ville, Guill. Dubusc (²), d. pour le tiers estat de la vicomté de Rouen, Nᵃˢ Bréant (³), d. pour la vic. de Pont de l'Arche, Robert Danyel (⁴), d. pour le t. e. de la vic. de Pont-Autou et Pont-Audemer, Pol Frémont (⁵), d. pour le t. e. de la vic. d'Aulge ; — mᵉ Nicollas Philippes, presbtre, curé de la paroisse d'Estainhus, d. pour les gens d'église du baill. de Caux, messire Samuel de Boulainviller, chevalier, sʳ de S.-Saire, d. pour les gens nobles dud. baill., Pierre Pernelle, d. pour le t. e. de la vic. de Caudebec, Jehan Le Duvey pour la vic. de Montivillier, Nicollas

---

(¹) Pour le réglement de leurs indemnités, les députés du tiers état n'étaient pas mis sur le pied d'égalité avec les députés de l'église et de la noblesse.

(²) De la par. du Saussay ; nommé député le 23 nov.

(³) De la par. de Cesseville ; nommé le 14 nov.

(⁴) De la par. de S. Etienne de l'Allier ; nommé à la même date.

(⁵) De la par. de Pont-l'Evêque ; nommé le 23.

Pigney pour la vic. d'Arques, Vincent Benard pour la vic. de Neufchastel, N⁽ᵃˢ⁾ Hertier pour la vic. de Gournay; — discrète personne m⁰ Jacques Labbé, d. pour les gens d'église du baill. de Caen, messire François Anzerey, chevalier, sʳ de Fontenelle, gentilhomme ordinaire de la chambre du Roy, d. pour la noblesse dud. baill., Jacques Penon, d. pour le t. e. de la vic. de Caen, Guill. Authis pour la vic. de Bayeux, Noel Enguerran pour la vic. de Falaise, Toussains Roussin pour la vic. de Vire et Condé sur Noireau; — discrète personne Mᵉ Charles de Parfourru, d. pour les gens d'église du baill. de Costentin, Jehan de la Haye Hue, escuier, sʳ du lieu, d. pour les gens nobles dud. baill., Michel Beaufils, d. pour le t. e. de la vic. de Coustances, Robert Le Gentil pour la vic. de Carentan, Jehan Lengloys, fils Jehan pour la vic. de Vallongnes, Symon Brisoult pour la vic. d'Avranches, Olivier Lannes pour la vic. de Mortaing; — discrète personne mᵉ Guillaume Le Rebours, presbtre, chanoine de Lisieux, pour les gens d'église du baill. d'Evreux, Simon de Monthiers, escuyer, sʳ du Bosroger, d. pour les gens nobles dud. baill. Jehan Cossart, d. pour le t. e. de la vic. d'Evreux, N⁽ᵃˢ⁾ Coffard pour la vic. de Beaumont le Roger, Anthoyne Le Landoys pour la vic. de Conches et Bretheuil, Gabriel Guenet pour la vic. de Bernay; — m⁰ Pierre Le Comte, presbtre, curé de Hauteverne, d. pour les gens d'église du baill. de Gisors, messire Philippe de Fouilleuse, chevalier, sʳ de Flavacourt, bailly et capitaine de Gisors, d. pour les gens nobles dud. baill., Nicollas De Hoc, d. pour le t. e. de la vic. de Gisors, Chardin Allain pour la vic. de Vernon, Martin Heaulme pour la vic. d'Andely, Thomas Du Vyvier, pour la prévosté et chastellerie de Pontoise, Pierre Le Clerc pour la prévosté de Chaumont et accroissement de Magny, Jehan Chefdeville pour la vic. de Lyons; — mᵉ Joachim Le Tourneur, curé des Fresnes, d. pour les gens d'église du baill. d'Alençon, messire Auvray de Beauville, escuyer, s^r de Lestelle, d. pour les nobles dud. baill., Jehan Quillet, d. pour le t. e. de la vic. d'Alençon, Michel Machon pour la vic. d'Argentan et Exmes, Jehan Mareschal pour la vic. de Damfront, Simon de Bretignères pour la vic. de Verneuil et Mathieu Maieu pour la vic. de Mortagne,

Tous les dessus dits délèguez représentant les gens des trois Estatz de la province de Normandie, assemblés en ceste ville de Rouen, en la présente année 1610, suyvant la convocation faicte par le vouloir du Roy notre sire, lesquels, èsdictes qualités et suyvant le pouvoir des procurations par chacun d'eulx respectivement portées, ont députté, esleu et establi leurs procureurs généraulx et espéciaulx, c'est assavoir : lesd. sieurs Dadré et Le Rebours pour les gens d'église, lesd. de la Mailleraye et du Boscroger pour la noblesse, lesd. P. Fremin et S. de Bretignères pour le t. e. et n. h. Franç. de Bretignères, procureur scindicq desd. Estats,

Ausquels et à chacun ou l'un d'eulx portans la présente, lesdits delléguez, èsdits noms et quallitez, ont donné et donnent plain pouvoir, puissance, auctorité, commission et mandement espécial de poursuir, vers la Majesté du Roy, la responce et expédition des articles du Cayer arresté et signé desdits deputés, sans aucune chose augmenter ny diminuer, et généralement promettent et obligent les biens et revenuz dudit païs de Normandie, en tant que faire le peuvent, à la charge que lesdits sieurs procureurs, députés pour le port, seront tenus, chacun d'eulx prendre certification et attestation des juges des lieux de leurs domiciles ou autre acte publicq du jour de partement de leurs maisons pour se trouver en court aux fins que dessus...... présens etc......

Suivent les signatures.

Dudit jour. Lesdits sieurs delleguez devant nommés ont

fait et constitué et de présent font et constituent leurs procureurs généraux et espéciaux : c'est assavoir : lesdits mᵉ Le Comte, curé de Hautevergne et mᵉ Jo. Le Tourneur, curé des Fresnes pour les gens d'église, lesdits sieurs de Flavacourt et de Lestelle pour l'estat de la noblesse, lesdits Dehors et J. Guillebert le jeune pour le tiers estat, et n. h. Mᵉ Franç. de Bretignères, procureur scindicq desdits Estatz,

Ausquels et à chacun d'eulx, en l'absence des autres, lesdits délégués ont donné et donnent plain pouvoir, puissance, auctorité, commission et mandement espécial d'estre présens et assister à l'audition des comptes des frais communs, remboursement d'offices et autres affaires dudit pays, qui sont présentez à Messieurs les présidents et trésoriers généraux suivant la commission du Roy, procéder à la taxe desdits délégués, arrester les frais et voiages du procureur scindicq et autres personnes qui se sont employés durant les années passées et la présente etc.... »

Suivent les signatures [1].

IV.

PIÈCES DIVERSES.

Mandement pour la réparation de la grande voirie. — « De par le Roy et le sieur de Tierceville, conseiller du Roy trésorier général de France en Nⁱᵉ et lieut. général en la grande voirie, province de Nⁱᵉ, de M. le duc de Sully, pair et grand voyer de France.

---

[1] Archives du tabellionage de Rouen ; registres des meubles. Les registres du tabellionage dont j'ai pu tirer ces procurations et celles que je rapporterai plus loin, m'ont été obligeamment communiquées par mon ami M. Ed. Gosselin.

Il est enjoint et ordonné à touttes personnes ayant terres et héritages adjacents et aboutissants aux grands chemins, sentes, rues et voyes publiques, les remettre et restablir, chacun en droit soy, en leur ancienne largeur, assavoir lesd. grands chemins de 24 pieds à toise pour le moins, et les autres à l'équipollent, abattre les buttes estant le long desd. chemins, les unir et ellever en forme de chaussée par le millieu pour escouller les eaux des deux costez et les rendre de si facile accez et si affermis, aux lieux que besoin sera, avec cailloux, terres et gravois, que l'on puisse commodément passer, mesme couper et ébrancher les arbres empeschant lad. largeur, remplir les fossez et iceux faire ouvrir du costé des terres, sans toutes fois pouvoir estressir les chemins qui se trouveront de plus grande largeur que de 24 pieds. Que s'il se trouve quelques maisons et édifices, au retranchement qu'il faillira faire, en sera dressé procès-verbal pour y estre pourveu; et pour le regard des cavées, chaussées et autres mauvais passages de difficile et grande réparation, seront réparez par les paroisses circonvoisines; et seront lesd. grands chemins royaux passant à travers les bois d'aucuns particuliers, pour empescher les volleries et meurtres qui s'y commettent ordinairement, rendus de 60 pieds à toise pour le moins et autre plus grande largeur, selon l'importance du passé, le tout dans 2 mois du jour de la publication de la présente ordonnance; et en attendant que lesd. mauvais chemins soient réparez, seront tenus lesd. bordiers, dans 8 jours, faire ouverture de leur clos pour y passer charettes et chevaux; autrement et faute de ce faire, seront envoyez manouvriers pour y travailler à leurz despends, 4 août 1610. » (Arch. de la S.-Inf. C. 1711.)

Lettres patentes pour la surséance du bail du Domaine aliéné. — « Louis, par la grâce de Dieu, roy de France et de Navarre, à noz amez et féaux conseillers les trésoriers généraux de France à Rouen, salut. Par le Cahier des remonstrances à nous faictes par les gens des trois Estats de nostre province de Normandie, ilz nous ont, entre autres choses, suplié et requis que les acquéreurs des terres de nostre domaine à condition, en cas de remboursement, le prix paié, les frais desboursez, les améliorissemens faicts leur fussent rendus, lequel article a esté, en nostre dit Conseil, pour plusieurs bonnes considérations, n'a guères, esté tenu en surcéance pour estre reveu et sur ce pourveu, et pour ce le scindic desd. trois Estats nous a fait dire qu'au préjudice d'icelle surcéance plusieurs desd. acquéreurs sont journellement dépossédez de leurs dictes acquisitions, ou bien la rente de la finance réduite au denier vingt. » Plusieurs particuliers avaient traité avec le feu Roi pour le rachat de quelques portions du domaine, notamment Jacques Le Clerc, pour le rachat du domaine de la vicomté de Rouen. Ordre est donné aux trésoriers généraux de France « de surseoir l'exécution du bail dud. Le Clerc jusques à ce que sur le Cahier des remonstrances desd. Estats de Normandie il leur ayt esté pourveu et donné un réglement général pour le faict du 31e article. Paris, 27 mai 1611. » (Arch. de la S.-Inf. C. 1243.)

Arrêt de la cour des Aides entre le 5e Elu d'une Election et les officiers de la même Election auxquels s'était joint le procureur syndic des Estats. — « Entre Me Pierre du Boys, pourveu par le Roy à l'estat et office de 5e esleu, nouvellement créé en l'Election de Mortaigne, par la démission de Me Joseph du Boys, en ayant esté aussy pourveu par le décès de Me Gilles Formentin, dernier pocesseur d'icelluy, demandeur aux fins d'estre receu aud. estat et deffendeur en requeste d'une part, et les présidens, lieutenant et Esleus de lad. Eslection..... opposants à lad. réception, d'autre, et Me Françoys de Bretignières, scindic des Estats de Normandie, s'estant présenté au procès et donné adjonction auxd. Esleus, pour le soustien de leur d.

opposition, comme prétendant led. office supernuméraire et suprimé, et autrement demandeur en lad. requeste... » Les parties renvoyées devers le Roi. (Arch. de la S.-Inf., F. de la Cour des Aides, Reg. du Conseil, 1611, f° 591.)

Avis des Trésoriers de France pour le curage des fossés du Havre de Grace. — « Les Présidents, etc., veu l'arrest du Conseil d'estat du Roy tenu à Paris, le 9ᵉ juillet dernier, par lequel, sur la requeste présentée en icelluy par le sʳ de Villars, gouverneur des villes du Havre de Grâce et Pont de l'Arche, afin d'estre pourveu à ce qui reste à faire du curage des fossés de lad. ville du Havre de Grâce, dont l'exécution a esté surcise, et à ceste fin qu'il pleust à S. M. députer l'ung de nous pour se transporter sur le lieu pour veoir ce qui a esté fait, ce qui reste à faire et la nécessité qui est d'y travailler pour le bien de son service, S. M. a ordonné que nous députerons l'ung d'entre nous pour se transporter en lad. ville...., le procès verbal de celluy de nous à ce deputé, et oy son rapport, lesd. présidents et trésoriers généraux de France à Rouen sont d'advis, soubs le bon plaisir de S. M. et nos seigneurs de son Conseil, que le netoyement et vuidange desd. fossez soient continués, attendu l'importance de la place, laquelle sera facile à surprendre en l'estat que sont à présent lesd. fossez ; et d'aultant que l'incommodité sera grande de faire travailler par corvées et le peuple beaucoup oppressé à cause des amendes des défaillans, ce qu'ayant esté cy-devant recongneu il fut fait levée de 12,000 l., durant 2 années, sur les Eslections de Montiviller et Caudebec, qu'il soit faict levée de pareille somme par chacun an sur ceste province de Normandie attendu qu'elle a inthérest à la conservation de lad. place, pour autant de temps qu'il conviendra travailler au curage et vuidange desd. fossez et pour continuer le bastardeau mentionné aud. procès-verbal. Donné etc., le 2ᵉ jour de sept. 1611. » (Arch. de la S.-Inf. C. 1243.)

ETATS DE NOVEMBRE 1611.

I.

Extrait des registres de l'Hôtel de Ville de Rouen.

Lettres du Roi au bailli pour la convocation des Etats, Paris, 3 oct. 1611 ;— du gouverneur de Normandie, au même, Paris, 4 oct. ;— du lieutenant général, de l'avocat et du procureur du Roi au bailliage, aux conseillers échevins de Rouen, 17 oct.

Assemblée tenue à l'hôtel de ville de Rouen pour l'élection des députés, sous la présidence de J. du Fay s^r du Taillis, bailli, 4 nov. 1611. Prirent part à l'élection Colombel, avocat du Roi, 6 conseillers modernes, Sanson et De la Place, chanoines, 14 anciens conseillers, Cotteret, pensionnaire, les 4 quarteniers, les députés des 4 vicomtés du bailliage, 89 prêtres, curés ou vicaires, 5 nobles, 25 bourgeois dont les noms sont cités et « plusieurs autres en grand nombre. » Parmi les ecclésiastiques on ne remarque ni abbés, ni prieurs.— On nomma pour l'église Me François Gaultier, d^r en la faculté de théologie de Paris, chanoine, pénitentier théologal en la cathédrale de Rouen ([1]) ; pour la noblesse, messire Jacques de Rouville s^r du lieu, comte de Clinchant, chevalier de l'ordre et l'un des cent gentilshommes de la chambre du Roi ; pour conseillers échevins, Jean Pavyot et Jacques LeVasseur.

([1]) Principal du collége Sainte-Barbe de 1607 à 1629 ; décédé en l'abbaye de Saint-Victor à Paris, le 22 décembre 1636. V. M. Jules Quicherat, *Histoire de Sainte-Barbe*, II, p. 119-128.

Mercredi 16 nov., assemblée pour délibérer sur les articles à employer au Cahier des Etats, tenue par le bailli, en laquelle assistèrent le lieutenant particulier au bailliage de Rouen, l'avocat général au parlement, l'avocat et le procureur du Roi au bailliage, les conseillers modernes, les conseillers anciens, les députés de l'église et de la noblesse du bailliage et ceux du tiers état des quatre vicomtés.

Articles concernant le paiement des rentes ; l'aide de 20 s. pour muid de vin affectée à la reconstruction du pont; l'aide de l'écu pour muid de vin, de 40 s. pour tonneau de cidre, et de 20 s. pour tonneau de poiré ; l'écu pour tonneau de mer ; le contrôle des titres ; les nouveaux jaugeurs. — « Pareillement donner aux marchands de ceste Province la mesme liberté et privileige de pouvoir transporter leurs marchandises de ceste ville à Lion et autres villes de ce royaume sans payer aucun droict de traites domaniales et foraines, conformément et suivant la permission donnée aux marchands de Lion et autres villes de ce royaume. — Et oultre remonstrent que, pour le jour d'huy, il se faict de grandes prises, déprédations et voleries en la mer, l'apport desquelles est très-expressément deffendu, sur grandes peines, ès païs d'Angleterre, Hollande, Zélande et autres lieux. Ce néanmoins, ceulx qui font lesdites prises et voleries, n'ayant nulle retraite èsdits païs, ne font difficulté d'apporter indifféremment toutes icelles prinses et déprédations ès portz et havres de Normandie, ausquels lieux ils sont soubztenus par les juges et officiers de l'admirauté des lieux et autres, au grand préjudice de l'honneur de lad. Province, ruine du public et de tout le commerce. A ces causes il plaira à S. M. ordonner que deffenses seront faictes à tous gouverneurs, cappitaines de places et juges, tant desdictes admiraultez qu'autres du ressort de lad. Province, de ne permettre l'abord et descente estre faicte en leurs dits ports et havres desd. marchandises et déprédations, sur peine d'en respondre en leurs propres et privés noms. — Réquérir aussi

S. M. révoquer toutes pensions des juges et officiers assignés sur les amendes et deffendre ausd. juges de s'associer ou avoir intelligence pour lesd. amendes avec les receveurs de Domaine, mesmes que la taxe des sergeans pour les exécutions soit réglée et modérée. — Supplier S. M. qu'il n'y aye aucune personne exempte de tutelles en toute famille, attendu la grande ruine qui en advient, d'aultant que la meilleure partie des officiers, tant de la maison de S. M. que des Cours souveraines et autres, en vertu de leurs estatz, se deschargent desd. tutelles, dont s'en ensuict la ruine de plusieurs maisons et pupilles. »

II.

Extrait du registre du Greffier-Commis des Etats.

« Du mercredy, 16ᵉ jour de nov. 1611 et autres jours ensuivans, en l'assemblée de MM. les députés des trois Estats de la province de Normandie, dont ouverture a esté faite, au manoir abbatial de S. Ouen, en la présence de Mgr le comte de Soissons.

Du jeudy, 17ᵉ dud. mois, il a esté résolu que, ce jour d'hui soir, monsieur mᵉ Gaultier, pénitencier,... président en ceste assemblée avec.... se transportera devers Mgr le comte aux fins de faire plainte de ce que le greffier des Estats a esté reffusant d'envoyer aux députés de l'assemblée la Commission contenant les demandes de S. M. pour l'année prochaine. Et sy a esté ordonné que led. greffier, en vertu de l'ordonnance de Mgr le comte et de MM. les Commissaires, sera sommé de rendre aux députés les sommes par luy consignées pour leur présentation, venans à la présente assemblée.

Il a esté aussy arresté que remonstrances seront faictes à mes dits sʳˢ les Commissaires de ce que les greffiers des baillifs prennent de l'argent pour les procurations, lors de la députation en la présente assemblée, contre les réglements de mes dits s^rs les Commissaires.

Sera fait remonstrance à Mgr le comte et à MM. les Commissaires que, lors de l'assemblée qui se fait par les bailliages, les nobles font difficulté de s'y trouver à cause qu'il ne leur est déféré aulcune séance, le moindre conseiller présidial prétendant les précéder (1).

A esté mis en délibération par les bailliages en quels termes seront conçus les remonstrances pour la suppression des francs taupins : il a esté arresté qu'article soit dressé, par lequel les Estats supplient S. M. de révoquer lesd. offices de franc taupin ou, au moins, permettre aux habitans des paroisses, où il y en a d'establis, les rembourser, s'ils voyent que bien soit, et que Mgr le comte sera supplié d'y tenir la main.

Du vendredi, 18e jour dud. mois et an, sur la requeste présentée par Jacques Millet, narrative de ce que y auroit moyen de descharger la Province d'environ 7,500 l. par an, qui se lèvent, chacun an, sur le peuple, et ce, pourveu qu'il luy soit accordé qu'estant lad. descharge résolue, lad. levée continuera pour ung an, pour luy estre les deniers en provenants paiés, l'assemblée a trouvé bon l'effect de lad. requeste, et que ceux qui seront députés pour porter les Cayers traicteront de ceste affaire avec led. Millet, ainsi qu'ils recongnoistront estre utile pour le bien du pays.

Du 19e jour de nov. 1611, en l'assemblée des Estats de Normandie, sur l'examen de la responce des Cayers de l'année dernière, où il fut remarqué que la qualité d'Esleu,

---

(1) Un motif de la même nature suffirait pour expliquer le petit nombre de gentilshommes qui venaient prendre part à l'élection du noble et de l'ecclésiastique, dans l'assemblée de l'hôtel-de-ville de Rouen. Les échevins, qui leur faisaient si peu d'honneur, supportaient de leur côté, avec peine, la préséance que revendiquaient les officiers du Roi.

aux contrôleurs des tailles attribuée, estoit révocquée en remboursant par le pays les frais faits à la poursuitte dudit édict, les sieurs députés des Estats désirent sçavoir à quelle somme pourroient monter lesd. frais, à l'occasion de quoy le sieur Deshayes ([1]), ayant poursuivy lad. affaire, a esté faict entrer en lad. assemblée plusieurs foys, et enfin, après diverses contestations, il se réduisit et modéra les frais, en faveur et considération du pays, à la somme de 15,000 l., sur quoy fut enjoint à n. h. m^e François de Bretignières, procureur desd. Estats, d'obtenir mandement de la Court des Aydes ([2]) et y faire appeler les Esleus ou aulcuns d'eulx pour déclarer s'ils veulent payer lesd. frais, et, à leur deffault, déclarer par led. s^r de Bretignières, soit au Conseil et à lad. Court des Aydes que lesd. Estats n'empeschent que lesd. qualités n'ayent lieu, remettant aud. s^r Deshayes Caillard de poursuivre le paiement, comme il advisera bien estre. Signé : Caillard et Gaultier, président des Estats.

Du lundy, 20e dud. mois, pour la députation des commissaires pour porter le Cayer :

1. Bailliage de Rouen : église, M. le pénitencier de Rouen et l'archidiacre d'Evreux ; noblesse, M. de Prétot, M. de...., tiers estat, vicomtés d'Auge et d'Evreux ;

2. Baill. de Caux : e., M. le pénitencier et M. Thuilleau ; n., M. de Prétot et M. de....; t. e., les députés d'Alençon et de Vire ;

([1]) Abraham Caillard, s^r des Hayes, agent des s^{rs} de Lavardin et de Matignon, qui avaient obtenu le parti des taxes faites sur les Eslus. Ceux-ci cédèrent leurs droits à Gilonne de Matignon, marquise de Beuvron. (Arch. de la S.-Inf. C. 1125. Plumitif du Bureau des finances, 18 mars 1612.)

([2]) Ce mandement fut, en effet, obtenu à l'instance du procureur syndic, le 12 déc. 1611. Les Elus furent assignés à comparoir dans un délai de 3 semaines du jour de l'assignation, pour répondre sur les faits du mandement touchant la qualité de conseillers élus cy-devant attribuée aux contrôleurs des Elections. (Arch. de la S.-Inf. C. 1125. Plumitif du Bureau des finances, 9 mai 1612.)

3. Baill. de Caen : é., Rouen et Evreux ; n., les députés de Costentin et Alençon ;

4. Baill. de Costentin : é., Rouen et Evreux ; n., M. de Prétot et...., t. é., Vire et Alençon ;

5. Baill. d'Evreux : é., Rouen et Evreux ; n., Costentin et Alençon ; t. é., le député de vic. d'Aulge et le député d'Evreux ;

6. Baill. de Gisors : é., Rouen et Caen ; n., Costentin et Alençon ; t. é., Aulge et Evreux ;

7. Baill. d'Alençon : é., Rouen et Gisors ; n., Costentin et Alençon ; t. é., Alençon et Vire.

Il a esté arresté, pour l'église, M. le pénitencier de Rouen et M. Thuilleau, archidiacre d'Evreux ; pour la noblesse, Mrs de Prétot et de.... ; pour le tiers estat, le député de Vire et le député d'Alençon.

Pour les comptes : pour l'église, Costentin et Caux ; pour la noblesse, Caen et Evreux ; pour le tiers estat, Avranches et Verneuil. »

Signé : F. Gaultier, président des Etats.

III.

NOMINATION DES DEUX COMMISSIONS POUR LE PORT DU CAHIER ET POUR L'AUDITION DES COMPTES.

« Du mardi avant midi, xxiie jour de nov. 1611 à Rouen.

Furent présens discrète personne Me François Gaultier, pénitencier en l'église N.-D. de Rouen, dellégué pour les gens d'église du bailliage dud. Rouen, messire Jacques de Rouville, escuier, s^r du lieu, d. pour les gens nobles dud. baill., n. h. Jehan Pavyot et Jacques Vasseur, eschevins de ceste ville de Rouen, d. pour lad. ville, Jacques le Vendenger, d. pour le tiers estat de la vicomté de Rouen ([1]),

---

([1]) Au registre de l'Hôtel-de-Ville de Rouen, on lui donne le prénom de Pierre ; de la par. d'Ancrétierville ; nommé le 27 oct.

Pierre Marsollet (¹), d. pour la vic. du Pont de l'Arche, François Goherel (²) pour la vic. du Pontautou et Pontaudemer et Pierre de Breban (³), d. pour la vic. d'Auge; — M⁰ Pantaléon Heurteur, presbtre, curé de la par. S. Jacques de Neufchâtel, d. pour les gens d'église du baill. de Caux, n. h. Gabriel de Canouville, sʳ de Grosangle, d. pour les gens nobles dud. baill., Guill. De la Croix, d. pour le t. e. de la vic. de Caudebec, Claude Rigould, d. pour le t. e. de la vic. de Montivilliers, Franç. Quevillon pour la vic. d'Arques, Nᵃˢ Hertier pour la vic. de Gournay, et Charles Desrouches pour le t. e. de la vic. de Neufchastel; — noble et discrète personne Mᵉ Jehan LePareur, presbtre, curé de Vire, d. pour les gens d'église du baill. de Caen, n. h. Ph. de Guillebert, d. pour la noblesse dudit baill., Jacques De la Perrelle, d. pour le t. e. de la vic. de Caen, Georges Tyrel, d. pour le t. e. de la vic. de Bayeux, Michel Parier, d. pour la vic. de Fallaize, et Jehan Mesgnet, d. pour la vic. de Vire et Condé; — noble et discrète personne Mᵉ Robert Auvray, presbtre, chanoine et trésorier de S. André d'Avranches, d. pour les gens d'église du baill. de Costentin, n. h. Jacques d'Orglandes, sʳ de Prétot, d. pour la noblesse dudit baill., Enguerran Asselin, d. pour le t. e. de la vic. de Coustances, Charles Lescuyer, d. pour le t. e. de la vic. de Carenten et S. Lo, Pierre Jourdain, d. pour la vic. de Vallongnes, François Chicot pour la vic. d'Avranches, et Michel Belier pour la vic. de Mortaing; — noble et discrète personne Mᵉ Pierre Thuyleau, chanoine et archidiacre d'Evreux, d. pour les gens d'église du baill. dud. Evreux, n. h. Jacques de Belleau sʳ de Courtonne, d. pour les gens nobles dud. baill., Jacques De Chenyn et

---

(¹) Pierre Marsollet, dit la Prairie, de la par. d'Elbeuf ; nommé le 27 oct.

(²) De la par. de Sainte-Croix-sur-Aizier ; nommé le 29 oct.

(³) De Pont-l'Evêque ; nommé le 29 oct.

N^as Cusset, d. pour le t. e. de la vic. d'Evreux, Franç. Postret pour la vic. de Beaumont le Roger, Jeh. Buisson pour la vic. de Conches et Bretheuil, et Guill. Hebert pour la vic. d'Orbec; — noble personne Me Robert Fournot, d. pour les gens d'église du baill. de Gisors, Georges de Pilleadvoyne, esc., s^r de Boisemont, d. pour la noblesse dudit baill., Guill. Lenglois pour le t. e. de la vic. de Gisors, Hardin Allain pour la vic. de Vernon, Thomas Du Vyvier, pour le t. e. de la ville et chastellenie de Pontoise, Loys Le Roy, pour la prévosté de Chaumont et Magny, Martin Heaulme pour la vic. d'Andely, et Jehan Chefdeville pour la vic. de Lyons; — discrète personne Me Massé Mauger, presbtre, d. pour les gens d'église du baill. d'Allençon, messire Jeh. de la Moricière, chevalier, s^r de Boissy (?), d. pour la noblesse dud. baill., Daniel Prevel, d. pour le t. e. de la vic. d'Allençon, René Ango, eschevin de la ville d'Argentan, d. pour le t. e. de la vic. d'Argentan et Exmes, Lucas Campaing, d. pour le t. e. de la vic. de Danfront, Symon de Bretignères pour la vic. de Verneuil et Chasteauneuf en Thimerais et Pierre Quatremere pour le t. e. de la vic. du Perche et chastellenie de Nogent, tous les dessus dits delléguez, représentans les gens des trois Estats de la province de Normandie, assemblez en ceste ville de Rouen, en la présente année 1611, suivant la convocation faicte par le voulloir du Roy notre sire, lesquelz, èsd. quallitez et suyvant le pouvoir des procurations par chacun d'eulx respectivement portées, ont député, nommé et establi leurs procureurs généraux et espéciaux, c'est assavoir led. s^r Gaultier, pénitentier de Rouen, et Me Jeh. Thuyleau, chanoine d'Evreux pour les gens d'église, ledit Jacques d'Orglandes s^r de Prétot et messire Jehan de la Moricière pour la noblesse, Jehan Mesgnet, bourgeois de Vire, et Daniel Prevel, bourgeois d'Allençon, pour le tiers estat, et Me François de Bretignères, procureur-syndic desd. Estats, ausquels et à chascun ou l'un d'eulx portant la présente lesdits déléguez, ésdits noms et quallitez, ont donné et donnent plain pouvoir, puissance, autorité, commission et mandement espécial de poursuivir vers la Majesté du Roy et nosseigneurs de son Conseil la responce et expédition des articles du Cayer arresté et signé desdits députez, sans aucune chose augmenter ny diminuer, et généralement promettent et obligent les biens et revenus dudit païs de Normandie, en tant que faire le pevent, à la charge que lesdits procureurs désignez par la présente seront tenus, chacun d'eulx, prendre certifficat et attestation des juges des lieux de leurs domicilles ou autre acte public du jour du partement de leurs maisons pour se trouver en court aux fins que dessuz. Tesmoings présens, M₀ Daniel Sore et Marin Le Roy, huissiers des Estats. » Suivent la signature de Gaultier (avec la qualification de président des Estats) et celles des autres députés.

A la suite, nomination de la commission pour l'audition des comptes des Etats : Pour l'église, Pantaléon Heurteur, Robert Auvray ; — pour la noblesse, Ph. de Guillebert, Jacques de Belleau ; — pour le tiers Etat, François Chicot et Simon de Bretignères, avec le procureur syndic François de Bretignères.

IV.

PIÈCES DIVERSES.

Lettres patentes pour l'exemption des Affranchis des paroisses.— Louis, par la grace de Dieu, roy de France et de Navarre à noz amez et féaulx les gens tenant notre court des Aides à Rouen, esleus et controolleurs sur le fait de nos aides et tailles du ressort de notre dicte court, salut. Nos très-chers et bien amez les gens des trois Estats de notre pays et duché de Normandie nous ont, par le IIe article de leurs remonstrances, à nous présentées en leur dernière assemblée, faict plaincte de ce que les Affranchis des parroisses s'exemptent du paiement de nos tailles contre le bien de notre service et se font descharger des tutelles contre le droict de nature... déclarons que lesd. Affranchis, s'ils sont contribuables à nos tailles, ne sont et doibvent aulcunement estre exempts de paier les deniers d'icelle et d'y estre haulcez pour les successions, accroissemens de biens et autres advantages qui leur adviennent, non plus que nos autres subjectz ; mais bien voulons-nous et entendons qu'ils ne puissent estre surtaxez à raison des exemptions qui leur sont accordées par l'éedict de leur establissement, ainsy qu'il est porté par icelluy.... Fontainebleau, 20 juin 1612. » Enregistré à la Cour des Aides le 20 nov. même année. (Arch. de la S.-Inf. Mémoriaux de la Cour des Aides.)

Ordonnance du Bureau des Finances de Rouen, accordant surséance pour le bail du domaine non engagé. « Le 1er décembre 1611. — Gérard Jacquinot requiert que, conformément à la volonté du Roi, le Bureau donne son avis sur le bail général du domaine non engagé de Normandie, attendu l'importance du service de S. M. et l'intérêt du suppliant.

« Les delléguez des Estats de Normandie ayant, par le Cahier de leurs remonstrances de la présente année, supplié le Roy de révocquer les offres du suppliant, ne peuvent lesd. Trésoriers généraux de France à Rouen donner advis sur icelles jusques à ce que par S. M. autrement ait esté ordonné sur lesd. offres. (Arch. de la S.-Inf., C. 1124.) »

Autre Ordonnance du Bureau des Finances de Rouen. « Vendredi 7 sept. 1612. — Sur la requeste présentée par les députés des Trois Etats de Normandie à ce que, conformément à la response de l'onzième article de leur Cahier respondu par S. M., au moys de mars dernier passé, il soict ordonné qu'au prochain département des tailles, qui sera envoyé aux Ellections de ceste Province, sera enjoint aux Elleus de tenir la main que les Affranchiz des parroisses, ausquels successions, accroissemens de biens et autres avantages sont advenuz seront haussez à la taille à proportion des moyens qu'ils possèdent, à la descharge des autres contribuables, attendu que lesd. affranchis ne doibvent estre exempts que des charges personnelles, et que les Elleus en feront mention aux mandemens qu'ils envoyront aux parroisses affin que les asséeurs collecteurs y tiennent la main et que la volonté de S. M. soit effective,

Veu le contenu en lad. requeste, nous avons ordonné qu'en envoyant aux Elleus des Ellections de ceste Générallité les commissions pour la levée des tailles de l'année prochaine, il leur sera mandé de satisfaire à la volonté du Roy portée pour la responce du Cahier desd. Estats de l'année dernière pour le faict desd. Affranchiz. » (Arch. de la S.-Inf. C. 1125.) »

Autre Ordonnance du Bureau des Finances de Rouen.
« 8 février 1612. — Sur la requeste présentée par les députez des Estats de ceste Province, elleus en la dernière assemblée d'iceulx pour présenter à S. M. le Cahier de leurs remonstrances, à ce qu'ils soient receubz opposans à l'exécution des lettres-patentes et arrest du Conseil, par lesquels a esté ordonné que, pour le curage des fossez de la ville du Havre seroit levé sur la Province la somme de 24,000 lt., et sur la présentation qui nous en sera faicte, surceoir la vérification desd. lettres et les renvoyer par devers S. M. et son dit Conseil jusqu'à ce que, après avoir esté oys en leurs raisons, autrement ayt esté ordonné, sera dellivré acte aux supplians de leur opposition à l'exécution des lettres patentes mentionnées en lad. requeste, pour leur valoir et servir ce que de raison. » (Arch. de la S.-Inf. C. 1125.)

ÉTATS DE SEPTEMBRE 1612.

I.

Extrait des Registres de l'Hôtel de Ville de Rouen.

Lettres du Roi au bailli Jean du Fay pour la convocation des Etats, Paris, 26 juillet 1612 ; — du comte de Soissons, gouverneur de Normandie, au même, Paris, 29 juillet; — du lieutenant général du bailli aux échevins, 4 août.

Assemblée à l'hôtel de ville, sous la présidence du bailli, pour l'élection des députés, 21 août. Prirent part à l'élection, outre les officiers du Roi, conseillers de la ville, etc., les 4 députés des vicomtés du bailliage, 75 ecclésiastiques (curés ou vicaires, le prieur de Bonnenouvelle et le sous-prieur de Beaulieu), 11 nobles et « des bourgeois en grand nombre. » On nomma pour l'église Me Pierre Le Roy, chanoine en la cathédrale de Rouen, pour la noblesse messire Robert de Balsac, chevalier, s^r de Montagu la Brisette, d'Ambourville et de la Fontaine, comme conseillers échevins nobles hommes N^{as} Puchot, s^r de Malaunay, conseiller et secrétaire du Roi, et Jacques Daclainville.

5 sept., assemblée pour délibérer sur les articles à employer au Cahier des Etats.

Articles concernant le paiement des rentes assignées sur la recette générale, les 20 s. pour muid de vin affectés à la reconstruction du pont de Rouen ; les voleries de marchandises sur la mer ; l'édit concernant les biens d'église aliénés ; la démolition de Henricarville ([1]), etc...

([1]) La ville de Rouen attachait un intérêt tout particulier à cette demande qui fut présentée et souvent renouvelée, au nom de toute la Province. Elle envoya pour solliciter la démolition des fortifications

II.

Extrait du Registre du Greffier-commis des Etats.

« Du mercredy, 5ᵉ jour de sept. et autres jours ensuivants, en l'assemblée de MM. les députés des trois Estats de la Province..., dont ouverture a esté faite au manoir abbatial de S. Ouen, Mgr. le comte de Soissons présent. Avant que entrer en lad. assemblée, les députés des sept bailliages de lad. Province, des estats tant d'église, noblesse que tiers estat, ont esté appelés en la manière accoustumée par M. de la Bretignère, procureur sindic desd. Estats.

Et led. jour, de rellevée, se sont assemblés lesd. députés desd. trois Estats aux fins de faire élection de l'ung de MM. les députés de l'église, tant pour présider en la présente assemblée que pour faire la responce, lundy prochain, sur ce quy a esté, ce jour d'huy, proposé et demandé en l'assemblée desd. Estats. A esté arresté que discrète personne Mᵉ Ambroise Le Gauffre, trésorier de l'église de Bayeux et official de Caen, présidera en la présente assemblée et fera la responce, lundy prochain.

Du lundi, 10ᵉ dud. mois et an. Pour la députation et port des Cahiers :

1º Bailliage de Rouen : église, Mᶜ Le Gauffre..., et M. Le Roy; noblesse, Rouen et Caen; tiers estat, Verneuil et Pont l'évesque.

---

de Quillebeuf dit Henricarville, les conseillers Le Vasseur et Puchot. Ils virent, à Paris, le prévôt des marchands et Fervaques, et ils obtinrent audience de la Reine, le lundi 12 nov. 1612, le même jour que les députés de la Province. La démolition fut accordée, mais il est certain qu'elle n'eut pas lieu. (Arch. de Rouen, Reg. des délibér. 17 nov. 1612.) Le 15 avril 1617, la ville fit de nouvelles instances ; elle réclama, en même temps, la démolition du Château-Gaillard et de Pont-de-l'Arche. Un second ordre pour la démolition d'Henricarville fut signé le 27 avril de cette année. *(Ibid.)*

2° Baill. de Caux : é., Caen et Costentin ; n., Caux et Costentin ; t. é., Orbec et Gisors.

3° Baill. de Caen : é., Caen et Costentin ; n., Caen et Alençon ; t. é., Verneuil et Orbec.

4° Baill. de Costentin : é., Costentin ; n., Caen et Costentin ; t. é., Orbec, Verneuil et Carentan.

5° Baill. d'Evreux : é., Caen et Costentin ; n., Caux et Caen ; t. é., Verneuil et Orbec.

6° Baill. de Gisors : é., Caen et Rouen ; n., Gisors et Alençon ; t. é., Gisors et Gournay.

7° Baill. d'Alençon : é., Caen et Rouen ; n., Caen et Alençon ; t. é., Verneuil et Orbec.

Pour les Cahiers, il a esté arresté, pour les ecclésiastiques, les députés de Caen et Costentin ; pour les nobles, les députés de Caen et Alençon ; pour le tiers estat, les députés d'Orbec et Verneuil.

Pour les comptes :

1° Baill. de Rouen : é., M. le chantre de Lisieux et d'Escouis ; n., Caux et Evreux ; t. é., Pont-l'évesque et Neufchatel.

2° Baill. de Caux : é., Caux, Evreux ; n., Rouen et Evreux ; t. é., Pont-l'évesque et Neufchatel.

3° Baill. de Caen : é., Caux, Evreux ; n., Evreux et Costentin ; t. é., Vire et Coustances.

4° Baill. de Costentin : é., Evreux et Caux ; n., Caen et Alençon ; t. é., Vire et Coustances.

5° Baill. d'Evreux : é., Evreux et Caux ; n., Costentin et Evreux ; t. é., Vire et Neufchatel.

6° Baill. de Gisors : é., Gisors et Alençon ; n., Caux et Evreux ; t. é., Pont-l'évesque et Neufchatel.

7° Baill. d'Alençon : é., Gisors, Alençon ; n., Costentin et Evreux ; t. é., Evreux et Coutances.

Pour l'église, il a esté arresté que les députés de Caux et

Evreux demeureront ; pour les nobles, les nobles d'Evreux et Costentin ; pour le tiers estat, Vire et Neufchatel.

Fait et arresté ce lundy, 10e jour de sept. 1612. Signé : A. de Gauffre, président des Estats. »

III.

NOMINATION DES DEUX COMMISSIONS POUR LE PORT DU CAHIER ET POUR L'AUDITION DES COMPTES.

« Du lundy aprez midi, 10e jour de septembre 1612, passé en la maison abbatiale de S. Ouen de Rouen. Furent présens discrette personne Me Jeh. Le Roy, chanoine en l'église cathédrale N. D. de Rouen, dellégué pour les gens d'église du bailliage de Rouen, messire R. de Balsac,... d. pour les gens nobles dud. baill., nobles hommes N^{as} Puchot et Jacques Daclainville, eschevins de la ville de Rouen, Ch. Le Françoys ([1]), d. du tiers estat de la vicomté de Rouen, Michel Baudouin ([2]), d. du t. é. de la vic. de Pont de de l'Arche, Richard Gouyn ([3]), d. du t. e. de la vic. de Pontautou et Pontaudemer, Pierre De Breban ([4]), d. du t. e. de la vic. d'Aulge ; — discrette personne Me Jehan Nouflard, prestre, demeurant à Caudebec, d. pour les gens d'église du baill. de Caux, n. h. Gabriel Carruyer, escuyer s^r de Launey, d. pour les nobles dud. baill., Costentin Roussel, d. pour le t. e. de la vic. de Caudebec, Pierre Le Cœur, d. pour le t. e. de la vic. de Montivilliers, Pierre

---

([1]) Laboureur, demeurant en la par. N.-D. du Tot ; nommé le 16 août.

([2]) M. Baudouin, l'aîné, de la par. St-Martin-la-Corneille ; nommé le 13 août.

([3]) De la par. N.-D. de Préaux ; nommé le 17 août.

([4]) De Pont-l'Evêque ; nommé le même jour.

16

Jehian, d. du t. e. de la vic. d'Arques, N^{as} Mouchard, d. pour le t. e. de la vic. de Neufchastel, N^{as} Hertier, d. du t. e. de la vic. de Gournay ; — discrette personne Me Ambroise Le Gauffre, prieur de Gavrey, d. pour les gens d'église du baill. de Caen, n. h. Jacques Vauquelin, s^r de Sassy, d. pour les nobles dud. baill., n. h. Pierre Buisson, s^r de Courson, d. pour la ville de Caen, Guill. Fergault, d. du t. e. de la vic. de Caen, Pierre Jourdain, d. du t. e. de la vic. de Bayeulx, Pierre Lemonier, d. du t. e. de la vic. de Fallaise, Franç. Le Carpentier, d. du t. e. de la vic. de Vire et Condé ; — discrette personne Me Michel Clerel, archidiacre et chanoine à Coustances, d. pour les gens d'église du baill. de Costentin, n. h. Guill. Scelle, s^r de Clouy, d. pour la noblesse dud. baill., Michel Beaufils, d. du t. e. de la vic. de Coustances, Robert Le Gentil, d. du t. e. de la vic. de Carenten, Martin Dubosc, d. pour la vic. de Vallongnes, Me Pierre Périer, d. pour la vic. d'Avranches, Franç. Béchet, d. pour la vic. de Mortaing ; — Me Jacques Borel, presbtre, chanoine en l'église S. Pierre de Lisieux, d. pour les gens d'église du baill. d'Evreux, n. h. Jehan de la Garenne, s^r d'Onens (?), d. pour les nobles dud. baill., Martin Brasdefer, d. du t. e. de la vic. d'Evreux, N^{as} Gaillard pour la vic. de Beaumont le Roger, Jacques Le Pelletier pour la vic. de Conches et Bretheuil, Franç. Marais pour la vic. d'Orbec ; — discrette personne Me Jacques Desmay, presbtre, d^r en théologie, d. des gens d'église du baill. de Gisors, messire Jehan de Marle, chevalier, s^r d'Amécourt, d. pour les nobles dud. baill., Guill. Langloys, d. du t. e. de la vic. de Gisors, Chardin Allain, pour la vic. de Vernon, Thomas Du Vyvier, pour la chastellenie de Ponthoise, Loys Le Roy pour la prévosté de Chaumont et accroissement de Magny, Jacques Ingoult pour la vic. d'Andely, Jehan Chefdeville pour la vic. de Lyons ; — m^e Jacques Godebille, curé de la Magdalene, d. des gens d'église du baill. d'Allençon, n. h. Corneille de Lanfernal, sʳ de Courteilles et du Thil, d. pour les nobles dud. baill. . . . . d. pour le t. e. de la vic. d'Allençon, Noël Yver, d. pour la vic. d'Argentan et Exmes, Mathieu Petron, d. du t. e. de la vic. de Damphront, Symon de Bretignères, d. du t. e. de la vic. de Verneuil et Chasteauneuf en Tymerais, et Hugues Chevalier, d. du t. e. de la vic. du Perche et chastellerie de Nogent le Rotrou, tous les dessus dits delleguez, représentans les gens des trois Estatz de la province de Normandie, assemblez en ceste ville de Rouen en la présente année 1612, suyvant la convocation faicte par le voulloir du Roy notre sire, lesquelz, ès dictes quallitez et suyvant le pouvoir des procurations par chascun d'eulx respectivement portées, ont député, nommé et establi leurs procureurs généraulx et espéciaulx, c'est assavoir : led. mᵉ Ambroise de Gauffre, prieur de Gavrey, et Michel Clerel, archidiacre et chanoine de Coustances pour l'église, lesd. Jacques Vauquelin, sʳ de Sassy, et Corneille Lanfernal, sʳ de Courteilles, pour les nobles, François Marais et Sym. de Bretignères pour le t. e., et n. h. mᵉ François de Bretignères, procureur sindic desd. Estats..., auxquels donnent plain pouvoir... de poursuivir, vers la majesté du Roy et nosseigneurs de son Conseil, la response et expédition des articles du cahier arresté et signé desd. sieurs députez, sans aucune chose augmenter ny diminuer, etc... » Suivent les signatures, en tête desquelles celle de A. de Gauffre, avec la qualification de Président de l'assemblée des Etats.

Le même jour, les mêmes nomment pour l'audition des Comptes : pour l'église, Jean Nouflard, curé de Caudebec, et Jacques Borel, chanoine de Lisieux ;—pour la noblesse, Guill. Scelle, sʳ de Clouy, et de la Garenne ; — pour le tiers estat, Nᵃˢ Mouchart et Franç. Le Carpentier, avec le procureur syndic Franç. de Bretignères.

IV.

PIÈCES DIVERSES.

« *Articles extraits des ordonnances et lettres-patentes du Roy décernées sur la commission des Etatz de ce païs de Normandie, lesquels Mgr le duc de Bouillon et MM. les Commissaires ordonnés et députés par le Roy à tenir lad. convention ont ordonné estre leus en l'assemblée des présens Estatz et estre envoyés par les bailliages, où ont accoustumées estre faictes les élections des députés desd. Estatz, afin que aucun n'en prétende cause d'ignorance, à la diligence des délégués desd. Estatz ou leur procureur.* Que aucuns officiers royaulx, advocats, procureurs ou gens de pratique ne seront esleus et receus ausd. Estatz sur peine de nullité de l'élection qui en aura esté faicte et d'amende contre ceulx qui s'ingéreront d'y assister. Que les baillis ou leurs lieutenans, ayans à procéder à l'élection des députés du tiers estat, feront asçavoir aux habitants du plat païs par les sergenteries ordinaires, qu'ils ayent à envoyer quelqu'un des paroissiens desdites sergenteries pour assister à lad. élection, sur peine, au cas que lad. signification ne seroit faite, de nullité d'icelle. Lesd. ordonnances leues et publiées en l'audience de la Convention desd. Estats, le 12ᵉ jour de nov. 1565. Signé : de Bauquemare. Et plus bas est escript : Collation faicte à l'original cy-dessus escript par moy Nicolas Gosselin, licencié ès loix, procureur des Estatz du païs et duché de Normandie, le 26ᵉ de sept. 1566. Signé : Gosselin. Et au-dessous est escript : Collation faicte sur le registre du greffier des Estatz de lad. Province de l'année 1604 par moy conseiller du Roy et greffier desd. Estats soubz signé, ce jourd'huy 7ᵉ jour de sept. 1612. Signé : Langlois.

Les Commissaires ordonnés par le Roy pour tenir la présente Convention, ayant veu les réglemens cy-dessus mentionnés, ont ordonné qu'ils seront derechef envoyés par les bailliages et vicomtés où ont accoustumé estre faictes les élections des députés desd. Estatz afin que aucun n'en prétende cause d'ignorance, et ce à la diligence du procureur desd. Estatz, avec deffenses aud. greffier (de recevoir) telles présentations de ceulx qui auront esté esleus l'année précédente. Faict en la Chambre de Conseil, le 10° jour de sept. 1612. Signé : Langlois ([1]). »

Déclaration du Roy pour le réglement des Archers du sel donnée à l'instance du procureur des Etats. « Louis, par la grâce de Dieu, Roy de France et de Navarre, à nos amez et féaulz conseillers les gens tenants notre Court des Aydes à Rouen et à tous autres noz officiers qu'il appartiendra, chacun d'eux en droict soy, salut. Noz très-chers et bien amez les gens des trois Estats de notre païs et duché de Normandie, en leur dernière assemblée, nous ont faict plainte, par le 8e art. de leurs remonstrances, dont l'extraict est cy-attaché soubz le contre-seel de notre chancellerie, du grand nombre des archers de la gabelle, et requis la suppression d'iceulz, du moingtz la réduction, et de pourvoir à leurs déportemens par l'ordre déclaré aud. art., pour à quoy pourveoir, ainsi que nous le désirons faire, pour le soulagement et contentement de nos dits subjects, nous avons dès lors ordonné, comme de rechef par le bon et prudent advis de la Royne Régente, nostre très-honorée dame et mère, nous ordonnons par ces présentes, signées de notre main, que le nombre desd. archers ne pourra excéder celuy qui est contenu aux rôles qui en sont tous les ans mis en notre court des Aydes ; et seront lesd. archers tenus d'eslire domicile dans le pays, et l'adjudicataire de noz gabelles

---

([1]) Ces articles se trouvent enregistrés dans le registre des délibérations de l'Hôtel-de-Ville de Rouen, à la date 4 septembre 1613.

d'en envoyer tous les ans ung estat, non seullement en notre dicte court des Aydes de la Province, mais aussy aux gouverneurs et noz lieutenants généraulx ou à notre lieutenant général au gouvernement d'icelle ; et outre ce voullons et nous plaist que celuy qui conduit et commande lesd. archers de la Gabelle se trouve, au temps de l'assemblée des Estaz du païs, prez desd. gouverneurs et nos lieutenans ou autres qui tiendront les Estats de notre part, pour respondre aux plaintes qui pourroient estre faictes contre eulx, leur faisant deffences très-expresses d'entrer dans les maisons des particuliers, sans permission de noz juges ou sans y appeler deux des voisins, ainsi qu'il est porté par notre réglement du mois de mars 1610, lequel nous voulons estre exactement gardé, entretenu et observé. Sy vous mandons et ordonnons à chacun de vous que les présentes vous faciez registrer et le contenu garder suivre et observer, contraignant à ce faire, souffrir et y obéir tous ceulx qu'il appartiendra et qui pour ce feront à contraindre, par toutes voyes deues et raisonnables, nonobstant oppositions et appellations quelconques, pour lesquelles et sans préjudice d'icelles, ne sera l'exécution de ces présentes sursise, suspendue, différée ne retardée, commandant, aux premiers de nos huissiers ou sergents sur ce requis, signifier ces dictes présentes et faire les commandemens, deffences et tous autres exploits requis et nécessaires pour l'exécution d'icelles, sans pour ce demander placet, visa ne pareatis, nonobstant aussi clameur de haro, Chartre normande, prinse à partie, ordonnances, mandemens, deffences et autres choses à ce contraires. Car tel est notre plaisir. Donné à Paris, le 23 jour de juillet 1613. — Registrées en la court des Aydes de Normandie suyvant l'arrest d'icelle de ce jourd'huy, dernier jour de juillet 1613. » (Arch. de la S. Inf. Mémoriaux de la cour des Aides.)

Ordonnance du Bureau des Finances de Rouen,

20 juillet 1615. — « Requeste présentée par m⁰ Romain Boyvin, conseiller du Roy et son procureur au bailliage et siége présidial de Rouen, contenant que, par arrest du Conseil de S. M., du 11 de juillet 1613, donné en conséquence de la réquisition des Estats de ceste Province, l'office de procureur de S. M. en la cour ecclésiastique avoit esté réuni à son dit office de procureur du Roy aud. bailliage et siége présidial, moyennant le remboursement par luy faict, conformément aud. arrest, à m⁰ Jacques Duhamel, qui avoit esté pourveu et receu en icelles suivant les lettres de provision du 4 juin 1609. » (Arch. de la S.-Inf., C. 1128, f. 105 v°.)

ÉTATS DE SEPTEMBRE 1613.

I.

Extraits des Registres de l'hotel de ville de Rouen.

Lettre du Roi Louis XIII à Fervaques ([1]), *lieutenant général en Normandie.* — « Mon Cousin, estant nécessaire, pour le bien de nostre service et spécialement de nostre pays et duché de Normandie, de convoquer et faire assembler au plustost les gens des trois Estats d'icelluy, comme il est accoustumé d'estre faict par chacun an, je vous envoye les lettres closes que j'ay faict expédier à chacun de mes baillifs ou leurs lieutenans en la Province, pour advertir ceulx qu'il est accoustumé des jour et lieu assignés pour l'assemblée et tenue desd. Estats, afin de s'y trouver, désirant que vous donniés ordre que mes dictes lettres soient envoyées promptement et seurement à mes dits baillifs ou leurs lieutenans, à ce que les députés, qui auront à y assister, ayent le temps pour ce faire, et soient disposés à entendre les choses qui leur seront proposées de ma part, contenues en la Commission que je feray expédier pour la tenue desd. Estatz. Attendant laquelle, je prie Dieu qu'il vous ayt, mon Cousin, en sa saincte garde. Escript à Paris, le quatrième jour d'aoust 1613. Signé : Louis, et plus bas : Potier. Collationné par moy, Conseiller et Secrétaire de la Chambre du Roy et de Mons. le Maréchal ; signé : Dramard. »

([1]) Guillaume de Haultemer, chevalier de l'ordre du Roi, Sr de Fervaques, maréchal de France, nommé lieutenant général au gouvernement de Normandie sous Mgr le Dauphin, 3 mars 1608; plus tard, lieutenant général sous l'autorité de la Reine, gouvernante de lad. Province; — décédé le 11 nov. 1613.

Lettre de la Reine au même pour le même objet (¹). —
« Mon Cousin, ayant esté résolu de faire tenir les Estatz de Normandie, en la ville de Rouen, au 15ᵉ jour de sept. prochain, ainsi que vous verrés par la lettre que le Roy, Monsieur mon fils, vous escript, je vous ay bien voulu prier par celle-cy de tenir la main à ce qu'il soit procédé aux assemblées des bailliages de la Province et nomination des députés qui se doibvent treuver ausd. Estatz, selon qu'il est prescript aux baillifs par les lettres qui leur sont envoyées à ceste fin. J'espère que vous vous trouverés au susdit jour en l'assemblée générale, et que là vous continuerés d'apporter tout ce que vous trouverrés estre à propos pour le bien du service du Roy, mon dit sieur et fils, repos et soulagement de ses subjects, dont je me reposeray sur vous, et prieray Dieu, mon Cousin, qu'il vous ayt en sa sainte garde. Escript à Paris, le 5ᵉ jour d'aoust 1613. Votre bonne cousine Màrie. »

Lettre de Fervaques au bailli de Rouen. — « Monsieur, je vous envoye les lettres du Roy et de la Royne (²) et les coppies de celles qu'il a pleu à leurs Majestés m'escrire pour la tenue des prochains Estatz de ceste Province, où il est besoing que les députés du clergé, noblesse et tiers estat de vostre bailliage se treuvent, ainsi qu'il est accoustumé, pour adviser aux choses qui regardent le service du Roy et à ce qui est du bien général du païs. Je ne fais point de doubte que vous ne soyez aussi soigneux qu'il est nécessaire d'assembler, selon la forme ordinaire, les trois ordres desd. Estatz en chacune vicomté de vostre bailliage, afin de

(¹) Marie de Médicis avait été nommée, le 5 nov. 1612, gouvernante de Normandie, en remplacement du comte de Soissons, décédé.

(²) Dans sa lettre au bailli, la Reine assure « qu'elle embrassera bien volontiers toutes les occasions qui s'offriront pour le bien, repos et soulagement des habitans de la Normandie, ayant accepté le gouvernement de la Province, en délibération de s'employer affectionnément à tout ce qui sera de l'utilité et advantage d'icelle. »

procéder, sincèrement et sans brigue, à l'élection desd. députés pour se treuver à l'ouverture desd. Estatz au lieu et jour qu'ilz sont assignés. C'est de quoy je vous prie de pareille affection que je me dis, Monsieur, vostre bien humble à vous servir, Farvasques. A Lisieux, ce 14ᵉ aoust 1613. »

Assemblée tenue à l'hôtel de ville de Rouen, pour l'élection des députés, sous la présidence du bailli, 4 sept. 1613. — Prirent part à l'élection, outre les officiers du Roi, conseillers et officiers de la ville, les députés des vicomtés du bailliage, 115 curés ou vicaires, 14 nobles, 52 bourgeois dont le nom est cité, sans compter les autres. Le député du tiers état de la vicomté du Pont-de-l'Arche, pour n'avoir comparu, fut condamné à 16 l. d'amende au profit du Bureau des pauvres valides. On nomma pour l'église messire de Péricard, évêque de Tarse, coadjuteur de l'évêque d'Evreux, haut-doyen de la cathédrale de Rouen, pour la noblesse Jean de Bauquemare, écuyer, sʳ de Quatremares, gentilhomme ordinaire de la Chambre du Roi, capitaine du château du Vieux-Palais ; comme conseillers échevins, n. h. Guill. Le Planquois, et Martin des Essarts, sʳ de St-Aubin. Le procès-verbal d'élection fut signé par le bailli et par Gosselin.

18 septembre 1613, assemblée pour délibérer sur les articles à employer au Cahier des Etats. Articles concernant le paiement des rentes ([1]); les 20 s. pour muid de vin affectés à la reconstruction du pont; l'imposition de l'écu pour muid de vin, de 40 s. pour tonneau de cidre et de

---

([1]) L'Assemblée du clergé de France, 28 juin 1612 : « Le sʳ évesque d'Orléans a représenté que la plupart des mescontentemens du peuple venoient par la faulte des payeurs des rentes, lesquels, pour se descharger faisoient courre le bruit par le peuple que le clergé n'acquitoit point les décimes et divertissoit les deniers affectes auxd. rentes, qu'il est très-important au clergé de faire connaître le contraire, etc. . . . . (Arch. de la S.-Inf. F. de la Chambre du clergé). »

20 s. pour tonneau de poiré; l'écu pour tonneau de mer; le receveur des consignations; le grand visiteur des poids et mesures; les nouveaux jaugeurs; l'édit des ecclésiastiques; le fermier des impositions foraines; la démolition d'Henricarville; les exemptions de tutelles; la taxe pour la confirmation des hôteliers; l'office de grand prévôt; les évocations.

Louis Cléon, laboureur, de Tourville la rivière, nommé député de la vic. du Pont-de-l'arche, le 26 août, se fit relever de l'amende à laquelle il avait été condamné pour n'avoir comparu à l'assemblée du 4 sept. Il exposa que sa femme était extrêmement malade, qu'il avait envoyé sa procuration à un sien ami nommé Geuffroy Postel, lequel s'était trouvé malheureusement absent.

II.

Extrait du Registre du Greffier des Etats.

« Du mercredy, 18e jour de septembre 1613 et autres jours ensuivants, en l'assemblée de MM. les députés des trois Estats de la Province, dont ouverture a esté faite au manoir abbatial de l'abbaye de S. Ouen de Rouen, présent Mgr. le maréchal de Fervacques, lieutenant général de la Royne, régente en France et gouvernante de ceste Province.

Après lad. ouverture faite, lesd. s^{rs} députés des sept bailliages de lad. Province, tant de l'église, noblesse que tiers estat, en la présence de M. de la Bretignère, procureur sindiq desd. Estatz, se sont assemblés, et ont fait élection de noble et scientificque personne messire Péricard....., député pour l'église dud. bailliage de Rouen, tant pour présider en la présente assemblée que pour faire la responce, lundy prochain, sur ce quy a esté ce jour d'huy proposé à l'ouverture desd. Estats.

Dud. jour de relevée, led. s^r président a prins le serment tant des députés de l'église, nobles que tiers estat, qu'il ne sera par eux révélé aucune chose de ce qui sera résolu en la présente assemblée, ce qu'ils ont ainsy juré et promis chacun particulièrement.

Du jeudy, de rellevée, 19º jour dud. mois, sur ce qui a esté proposé de la recongnoissance que la Province doit faire à M. le procureur des Estatz, en considération des grands services qu'il a rendus à lad. Province, à ceste fin se sont assemblés par bailliages, et ont esté d'advis assavoir :

Pour le bailliage de Rouen, parlant par la voix du député d'église, qu'il soit fait levée de quelque somme pour la gratiffication dud. sieur, sans qu'elle tire à conséquence ;

Caux a dit que les députés dud. bailliage s'accordent de payer leur part de lad. gratiffication sans qu'elle tire à conséquence ;

Caen a dit qu'ils accordent payer leur part de la gratiffication qui sera arrestée, moyennant qu'elle ne tire à conséquence pour l'augmentation de la taille ;

Costentin a dit que les députés de son bailliage s'accordent payer leur part de la gratiffication dud. s^r procureur sans tirer à conséquence ;

Evreux a dit que les députés de son bailliage sont prêts à payer au s^r procureur leur part de lad. gratiffication aux mêmes conditions ;

Gisors a esté de pareil advis, aux mesmes conditions ;

Allençon a esté de pareil advis, et sont prêts de contribuer à ce qui sera arbitré, à la charge que led. s^r de la Bretignère facilitera la levée.

Partant a esté arresté que, soubz le bon plaisir du Roy, il sera faict levée de la somme de 10,000 l., en l'année prochaine, sur les contribuables aux tailles des Généralités de Rouen et Caen, de laquelle somme sera fait levée au marc la livre, et imposé ainsi qu'il est accoustumé, à la diligence dud. sr procureur, qui facilitera la levée de lad. somme, et sans tirer à conséquence. Signé : François, E. de Tarse, président en la présente assemblée.

Et le lendemain, 20ᵉ dud. mois et an, a esté derechef mis en délibération la gratiffication dud. sr procureur des Estatz, et a esté, tout d'ung advis et commun accord de tous lesd. srs députés, arresté qu'il sera fait levée de la somme de 10,000 l., de laquelle led. pays fait don et présent aud. sr procureur, parce qu'il en poursuivra la levée, et ce en considération de sa personne, et sans que cela puisse tirer à conséquence. Signé : François, E. de Tarse, etc.

Du 22ᵉ jour dud. mois et an, sur la proposition faite d'employer dans le Cayer article de supplier le Roy de révocquer la faculté concédée aux Ecclésiastiques de retirer leurs biens cy-devant aliénés, à quoy ceux de l'Etat ecclésiastique ont déclaré qu'ils empeschoient qu'il fût employé aucune chose dans le Cayer touchant lad. révocation, et s'opposoient actuellement à toute délibération que l'on vouldroit prendre sur led. art., nonobstant laquelle opposition se sont les deux Estatz de la noblesse et du tiers estat assemblés et rapporté par advis assavoir : le bailliage de Rouen demande la révocation ; Caux, néant ; Caen demande la révocation après le temps limité par led. édit ; Costentin demande la révocation après le temps expiré de l'édit ; Evreux demande la révocation. Et par lesdits srs ecclésiastiques persisté à leur opposition, et qu'en tout cas, sy led. article estoit employé en faveur de lad. noblesse et tiers estat, qu'ils soustenoient que, au mesme Cayer, article séparé debvoit estre employé comme ils demandoient au Roy la confirmation dud. édit et prolongation de cinq ans leur debvoir estre accordée ; et, d'aultant que lesd. articles impliquoient contrariété, MM. les Commissaires seront enquis sur led. différend.

Du mardi, 24ᵉ jour dudit mois, sur ce qui a esté proposé

de combien de voix l'élection d'un procureur des Estats debvoit estre faite, a esté résolu par toute l'assemblée que la dite élection ne passera que de deux voix et au moins de quatre contre trois.

Sur ce qui a esté proposé sy en lad. élection seroient comprins ceux qui ont et possèdent offices royaux, a esté résolu, assavoir : pour ceux du bailliage de Rouen, résolu que lesd. officiers du Roy n'y peuvent entrer ; Caux, Caen, Costentin, Evreux, Gisors, Alençon *idem*. A esté résolu qu'en lad. charge ne pourront entrer ceux qui ont charge et office du Roy.

Et, ce faict, a esté proposé sçavoir sy de tous ceux qui ont poursuivy lad. charge il y en doibt estre nommé et pourveu autant : pour le bailliage de Rouen, a esté résolu que les suffrages demeureront libres; Caux, Caen, Costentin, Evreux, Gisors, Alençon *idem*. A esté résolu que les suffrages seroient libres pour en nommer ung en leur âme et conscience, et à ceste fin se sont assemblés par bailliages, et ont nommé, assavoir : Rouen, la personne de M. Marais, de Lisieux, et depuis, rassemblés, ont esté d'advis de la personne de M. Pavyot, et encore depuis, led. s^r Echard ; Caux, la personne de m^e Nicolas Echard, et depuis persisté aud. m^e Echard ; — Caen, la personne de m^e Marais, advocat en la court des Aydes, et depuis, led. s^r Echard ; — Costentin, la personne dud. s^r Echard, et depuis persisté led. s^r Echard ; — Evreux, la personne de m^e Marais, de Lisieux, et depuis, led. s^r Echard ; — Gisors, la personne de m^e de Cahaignes, advocat en la Court, et depuis led. s^r Echard ; — Allençon, la personne de m^e Pavyot, advocat en la Court, et depuis, led s^r Echard. Et partant a esté résolu que led. s^r Echard sera pourveu et receu aud. office de procureur sindiq des Estatz de lad. province de Normandie, aux gages de 1,200 l. et taxations accoustumées et attribuées aud. office pour jouir dud. office lors et aussitôt que led. s^r de la Bretignère sera receu en son office de procureur général en la Court de Parlement et qu'à ceste fin les lettres luy en seront expédiées, et tost après il a presté le serment en tel cas requis et accoustumé. Signé : François, E. de Tarse et Echard.

Sur la députation de ceux qui porteront le Cayer, ont esté nommés : de l'église, les députés de l'église de Rouen et d'Evreux; pour les nobles, Rouen et Allençon; pour le tiers Estat, Andely et Allençon.

Pour les comptes, les députés de l'église de Costentin et Allençon ; pour les nobles, les députés de Caen et Costentin; pour le tiers estat, les députés d'Orbec et Coustances. Faict et arresté led. jour, 24e jour de sept. 1613. Signé : François, E. de Tarse, etc.... Et au-dessous, par mes dits sieurs, signé : De la Court.

Et sur ce que depuis a esté remonstré par la plus grande partie des députés desd. Estatz qu'il fût employé ung article dans les Cayers, par lequel il seroit demandé qu'il fust permis à tous les estaymiers de Normandie de travailler sur le mesme point que font ceux de Paris, qui est au point de 18 l. de plomb sur cent d'estain d'Angleterre, et l'affaire mise en délibération, a esté arresté que, si aulcunes poursuites en sont faites par lesd. estaymiers et que le procureur des Estats en ait communication, qu'il consentira que il soit informé de la commodité ou incommodité. Fait en lad. assemblée, les jours et an dessus dits. Et que de ce que dessus il en sera délivré acte à N^as de Guillain, secrétaire de la Chambre du Roy, qui a proposé lad. affaire, et esté ouy en lad. assemblée, en présence desd. députés.

Et outre a esté arresté entre lesd. députés que les procureurs sindiqs des villes. . . . . , suivant les réglements pour les députés, ne pourront venir deux ans de suite auxd. Estatz, ce que MM. les Commissaires seront suppliés que pour le regard desd. syndics n'ait lieu. Fait l'an et jour que dessus. Signé: François. E. de Tarse, Et au-dessus, par mes dits sieurs les délégués, signé : De la Court. »

III.

Nomination des deux Commissions pour le port du Cahier et pour l'audition des Comptes.

« Du mardi après midi, 24ᵉ jour de septembre 1613, à Rouen. Furent présens vénérable et discrette personne messire François Péricard, evesque de Tarse,... délégué pour les gens d'église du bailliage de Rouen, n. h. Jehan de Bauquemare,... d. pour la noblesse dudit baill., n. h. Guill. Le Planquoys et Martin Des Essarts, eschevyns de lad. ville, d. pour lad. ville, Henry Séjourné, (¹) d. du tiers estat pour la ville de Rouen, Loys Cléon, d. du t. e. de la vic. de Pont de l'Arche, Charles Marette, (²) d. du t. e. de la vic. de Pontautou et Pontaudemer, Joachim Ryoult, (³) d. du t. e. de la vic. d'Aulge ; — discrette personne Mᵉ Jehan Le Doyen, prestre, doyen de Longueville, d. pour les gens d'église du baill. de Caux, messire Françoys Martel, chevalier, sʳ de Clères, d. pour les gens nobles dudit baill., Jehan Legier, d. du t. e. de la vic. de Caudebec, Jehan Advenel, d. du t. e. de la vic. de Montivilliers, Jehan Gaffer, d. du t. e. de la vic. d'Arques, Anthoine Quatresols et Pierre Bruhiere, d. du t. e. de la ville de Neufchastel, Nicollas Hertier, d. du t. e. de la vic. de Gournay ; — discrette personne Mᵉ Guill. Labbé, presbtre, chancellier et chanoine en l'église cathédrale N. D. de Bayeux, d. pour les gens d'église du baill. de Caen, n. h.

(¹) De la par. de Sermonville (Salmonville la Sauvage) ; nommé le 28 août.

(²) De la par. d'Appeville ; nommé le 30 août.

(³) De la par. de Beaumont ; nommé le dernier août.

messire Germain Lescallay, chevalier, s^r de Dauval, d. pour la noblesse dud. baill., Jehan Le Picard, d. pour le t. e. de la vic. de Caen, Olivier Coipel, d. du t. e. de la vic. de Bayeux, Gilles Fromont, d. du t. e. de la vic. de Falaise, Michel Gohier, d. du t. e. de la vic. de Vire; — discrette personne Me Gilles Le Conte, presbtre, chanoine en l'église d'Avranches, d. pour les gens d'église du baill. de Costentin, n. h. Pierre de Mathen, s^r de Pierrefitte, d. pour les nobles dud. baill., Loys de Coquerel, d. pour le t. e. de la vic. de Coutances, Anthoine Jullien, d. pour le t. e. de la vic. de Carenten et S. Lo, Estienne Guyot, d. pour le t. e. de la vic. de Vallongnes, Loys Brisoult, d. du t. e. de la vic. d'Avranches, Noel Robbes, d. pour le t. e. de la vic. de Mortaing; — discrette personne Me Adam du Quenel, presbtre, archidiacre et chanoine de N. D. d'Evreux, d. pour les gens d'église du baill. dud. Evreux, messire Adrien sire de Bréauté, chevalier, gentilhomme ordinaire de la chambre du Roy, d. pour la noblesse dudit baill., Mathieu Labbé, d. pour le t. e. de la vic. dud. Evreux, N^as Le Pic, pour la vic. de Beaumont-le-Roger, Thomas De Fougy, pour la vic. de Conches et Bretheuil, Jehan Barin, pour la vic. d'Orbec; — discrette personne Jean Fournier, presbtre, curé de Neaufle, d. pour les gens d'église du baill. de Gisors, messire Georges de Levemont, d. pour les nobles dud. baill., Jehan Guersen, d. du t. é. de la vic. de Gisors, Symon Le Normand, pour la vic. de Vernon, Thomas Du Vyvier, pour la chastellenie de Pontoise, Loys Le Roy, pour la prévosté de Chaumont et accroissement de Magny, Jehan De la Porte. pour la vic. d'Andeli, Pierre Jullien, pour la vic. de Lyons; — discrette personne Me Charles Le Moulinet, archidiacre en l'église d'Exmes et curé de S. Martin, d. des gens d'église du baill. d'Allençon, n. h. Guillaume de la Pallu s^r du Mesnil-Hubert, d. pour les nobles dud. baill., N^as Duval pour le t. é. de la vic. d'Allençon, Laurent

Delarue pour la vic. d'Argentan, Thomas Prévost pour la vic. de Domfront, et Symon de Bretignères pour la vic. de Verneuil et Chasteauneuf en Tymerais, nomment, pour poursuivre, vers la Majesté du Roy et nos seigneurs de son Conseil, la réponse et expédition des articles du Cahier, pour l'église, l'evêque de Tarse et Adrien du Quenel; pour la noblesse, Jean de Bauquemare et Guill. de la Pallu, pour le tiers estat, Jean De la Porte et N^{as} Duval, avec noble homme M° François de Bretignères, procureur syndic. » Suivent les signatures, en tête desquelles figure celle de Péricard, évêque de Tarse, président des Etats.

IV.

Pièces diverses.

Il nous a paru intéressant de donner ici, en leur entier, le texte des remonstrances adressées au Roi par la cour du Parlement. On pourra les comparer avec celles des Etats de 1613, qu'elles reproduisent en plus d'un point. Une seule fois et exceptionnellement, le Parlement invoque le vœu des Etats, à l'appui d'une de ses demandes relative au prévôt de Normandie dont la juridiction lui était odieuse. L'analogie qu'on remarque entre ces deux documents pourrait tenir à l'influence de François de Bretignères, procureur syndic des Etats, devenu par lettres de nomination du 26 nov. 1613, procureur général du Parlement.

« Articles et remonstrances à faire au Roy et à la Reyne régente, suivant l'arrest de la court de Rouen du 16e novembre 1613 et autres délibérations depuis intervenues sur plusieurs occurrences importantes au service de leurs Majestés, repos et soulagement de la Province et administration de la justice en icelle, mesme sur la saisie des gaiges des officiers des courts souveraines, à la requeste des fermiers des nouveaux impostz pour les astraindre au paiement d'iceux, nonobstant leurs priviléges et exemptions.

« Que le fort de Quillebeuf a esté construit pendant les guerres civiles pour réduire les villes de Paris, Rouen et le Havre en leur devoir et maintenu depuis par le feu roy en faveur de M. le maréchal de Farvaques pour considérations qui cessent à présent.

« Ne peult jamais servir contre les estrangers, mais beaucoup nuire, s'il estoit surpris en temps de guerre, demeurant fortiffié.

« Qu'il y a plusieurs roches et illes aux bords et dans la rivière de Sayne dont on peult tirer le mesme advantage quand on vouldra.

« Estant démolly, il ne peult estre fortiffié que par le Roy, et, demeurant debout, peult préjudicier au commerce de la rivière, non moings au dommage de Paris et de toute la France que de la Normandie.

« Supplient très-humblement que ceste marque des guerres civiles soit ostée de devant les yeux de tous les François.

« Que S. M. ayt agréable d'honorer sa mémoire par la construction du pont de Rouen du temps de sa régence, pour sauver ung grand nombre d'hommes qui périssent tous les ans au passage de la rivière, et délivrer toute la Normandie de l'incommodité que reçoit le commerce, qui seroit encores plus grand, si les arches du vieil pont qui restent viennent à tomber dans la rivière et en boucher le cours, comme il est à craindre.

« Requièrent que les deniers levez à ceste fin depuis 9 ans y soient employez sans divertissement, et le mesnage d'iceux donné aux eschevins de Rouen, par l'advis des officiers de la Province qu'il plaira à S. M. députer.

« Remonstrent que les Estatz ont requis tous les ans la suppression du prévost général de Normandie establi par ung édict non vériffié en la Court, que ses lieutenants et archers sont journellement en contention contre les juges ordinaires à la suscitation des parties prévenues, dont les différendz estant évocquez au privé ou grand Conseil, s'ensuit l'impunité des crimes plus énormes par la contrariété des preuves faictes par divers juges et l'impuissance des parties oppressées de poursuivre hors la Province.

« Outre que les évocations sont au préjudice des priviléges concédez par les Roys aux subjectz de la Province, ausquels leurs Majestez ont promis rendre justice sur les lieux.

« Que led. prévost, lieutenantz et archers n'estant justiciables du Parlement pour les délictz et faultes commises en l'exercice de leurs charges, les commettent impunément, sans se soucier des ordonnances et reiglementz.

« Demandent qu'en cas qu'il plaise à leurs Majestés conserver led. prévost et ses officiers, ils soient reiglez à l'instar de ceux de Bretaigne, qui recongnoissent le Parlement, ou establir ung siége de connestablie et mareschaussée à la Table de marbre du Pallais à Rouen, ainsy que pour l'admiraulté, eaues et forestz.

« Supplient leurz Majestez révocquer les taxes faictes pour le droict de confirmation sur les artz et mestiers de la Province, comme chose nouvelle et non usitée cy-devant, et modérer celles qui ont esté faictes sur les officiers suivant les antiennes taxes.

« Révocquer la commission des demy-reliefz de lad. Province qui ne peuvent estre deubz au Roy, lequel ne rellevant de personne par l'union du duché de Normandie à la Couronne, ne doibt estre aydé de ses subjectz à payer le rellief suyvant le 164e art. de la Coustume de Normandie.

« Pareillement révocquer la Commission des paludz et marestz pour le dommage qui en arrive au peuple, et par conséquent à S. M. par la diminution de ses tailles, aliénation de son domayne et ruyne de ses forestz, outre la forme inusitée d'icelle, comme leurs Majestez en seront plus particullièrement esclaircies.

« Ordonner que les causes du Roy ne pourront estre évocquées.

« Révocquer les évocations génerálles de Mademoiselle la duchesse de Montpensier, Messieurs de Verneuil, de Moret, d'Enneval et autres évocations contre l'ordonnance, lesquelles causent la ruyne du Domaine de S. M., qui ne peult estre deffendu par les officiers de la Province hors icelle, à cause des fraiz, divertissementz de leurs charges, esloignement de leurs familles, et ne leur estant possible transporter les tiltres du Domayne sans hazard de la perte d'iceux, outre la vexation que souffrent ses subjetz par la distraction hors de leur ressort, lesquelz sont, contrainctz d'abandonner leurs droictz et se voyent jugez par juges peu versez au faict de leurs Coustumes.

« Ne souffrir que les présidentz, conseillers et gens du Roy du Parlement soient évocquez de leurs charges par nombre de gens qui se disent commensaulx, comme huissiers, mareschaulx de salle, valletz de garde robbe, et autres menus officiers de semblable condition.

« Supplient très-humblement S. M. conserver les priviléges à eulx attribuez par les Roys, et spécialement celluy de l'exemption des péages et impotz pour le vin de leur creu et provision, en quoy ilz sont à présent troublez, et avoir agréable qu'ilz luy représentent que l'impost de l'Escu pour muid de vin n'a esté estably que pour le paiement des 368,000 l. en l'an 1594, durant le temps de 3 ans, seulement prolongé d'un an en l'an 1596, le Roy estant en la ville de Rouen, vérifié en la Court des Aydes à la charge de lad. exemption et que la moytié seroit employée aud. payement des rentes de l'hostel de ville de Rouen, assignées sur la recepte génerálle.

« Depuis, le Roy ayant ordonné le. . . . . . 1597, que led. impost seroit continué pour 3 autres années à prendre sur exemptz et non exemptz, privillégez et non privillégez, sa dite Majesté déclara. par autres lettres-patentes à part, du 18⁰ jour de juing aud. an, que les officiers des Court de Parlement, Court des Aydes et Chambre des comptes etc...

« Quand aux 20 s. pour muid, ilz ont esté establiz pour employer à la construction du pont de Rouen, sans pouvoir estre divertiz ailleurs, par lettres-patentes du 8ᵉ jour de janv. 1614, dans lesquelles est expressément dict que lad. levée se fera en la mesme forme et manière que les autres impositions, les Courtz -Souveraines ont esté tousjours exemptes pour ce qui provient de leur creu et provision de leurs familles.

« Les vériffications desd. lettres-patentes et baulx faictz en conséquence ont esté aux charges de lad. exemption, suivant et conformément aux lettres du Roy Henry second de l'an 1551, de Henry le grand du 28ᵉ jour de juing 1597.

« Que si on objecte que les officiers des Courtz Souveraines de Paris payent les impostz, il plaira à leurs Majestez de considérer que leurs grâces sont volontaires, que ceux de Paris en ont d'autres plus grandes que ceulx de Rouen n'ont pas, ont plus grands gages, privilléges et indultz et que les impostz sont moindres de plus de moictié.

« Sy il a esté commis des abbuz, ce sont faultes des particulliers, que les corps n'approuvent ny ne protègent; au contraire les ont prohibez par arrest, à peine aux contrevenantz de descheoir de leurs privilléges.

« Que si les fermiers ont perdu par l'abbuz, ilz ont les voyes de droict ouvertes contre ceux qui ont abbusé. Si la perte venoit de l'usage des privilléges, ilz ne peuvent demander rabbays pour cela, ayant priz les baulx depuis la congnoissance qu'ilz ont eue des privilléges par les vériffications et jouissance des baulx des fermiers précédentz.

« Supplient très-humblement leurs Majestez considérer si, les choses estantz ainsy, les gaiges des compagnies souveraines ont deu estre saisiz à la requeste desd. fermiers sur l'énonciation qu'ilz ont faicte de leur perte prétendue, que les gaiges sont très-petitz, et plustost attribuez à eux par honneur que pour récompense du travail assidu qu'ilz rendent.

« Que lesd. fermiers ont obtenu de nouveau arrest au Conseil, par lequel il est ordonné que l'impost sera payé sur les vins deschargez le long de la rivière dans la banlieue de Rouen, ce qui est contre la teneur des lettres-patentes et des baulx (¹).

« Remonstrent aussy qu'il est nécessaire de tenir la police exactement à Rouen, à cause de la grande multitude de menu peuple, tant subjectz du Roy que estrangers, ce qui a esté observé soigneusement, et ne se peult à l'advenir si l'arrest du Conseil du......, a lieu, par lequel les reiglementz de lad. police concernant les tavernes, cabarets, et aultres lieux de débauches sont cassez.

« Qu'il plaise à leurs Majestez, suivant les advis donnez cy-devant par les présidents et procureurs généraulx des compagnies souveraines de la Province restablir les juridictions d'Arques transférées à Dieppe à cause des guerres.

« Leurs Majestez auront, s'il leur plaist, aggréable de révocquer la commission des paludz, marests et communes, de laquelle la forme est extraordinaire : elle n'est vériffiée au Parlement ; elle est composée de 12 commissaires, les ungs du Parlement, les autres de la Chambre des Comptes et Trésoriers de France. Trois d'entre eulx peuvent fieffer et alliéner, et sept juger souverainement, c'est à dire quatre, leurs voix emportantz celles des trois. Et ainsy quatre hommes, qui peult estre seroient peu expérimentez aux affaires de la justice, jugeroient souverainement les ques-

---

(¹) Le parlement réussit à se faire déclarer exempt de tous impôts, « fors et réservé pour les 20 s. qui sont levés pour la réfection du pont de Rouen. » La Reine accorda mainlevée des gages saisis. (Arch. du palais de justice. Reg. secrets du Parlement, 6 fév. 1614, f° 151.)

tions de la propriété du Domayne entre le Roy et ses subjectz. Toucher aux communes seroit la ruyne de six-vingtz villages, la perte des tailles, l'incommodité de grand quantité de noblesse. S'il y a de l'entreprise sur les forestz, c'est au grand maistre d'y mettre ordre; s'il y de l'usurpation sur le Domayne, c'est au procureur général d'en faire les poursuites et au Parlement de les juger. Si on prétend l'assencement de quelques marestz, ceste difficulté qui ensuite attireroit des contentions entre le Roy et ses subjectz seroit décidée par commissaires et non par le Parlement auquel la congnoissance en appartient. »

Ces remontrances ne paraissent pas avoir été transcrites en entier. (Arch. du Palais de Justice. Registres secrets du Parlement, 1613-1614, f°s 36-39.)

Enregistrement au Parlement de lettres-patentes obtenues par les Etats de Normandie — « 21 juillet 1614, M. Bonissent a fait rapport de lettres-patentes obtenues par le procureur syndic des Estats de Normandie sur l'évocation des décrets d'héritage, et arresté, ce requérant le procureur général, que lesd. lettres-patentes seront registrées ès registres de la Cour pour estre exécutées, et le contenu en icelles gardé et observé selon leur forme et teneur. » (Arch. du Palais de justice, Reg. secrets du Parlement.) — Ces lettres-patentes paraissent répondre à la demande des Etats de Normandie, art. 6 du Cahier de 1612.

Lettres du Roi pour les droits de quittance. — « Louis, par la grâce de Dieu, roy de France et de Navarre, à noz amez et féaulx conseillers les gens tenans nostre Court des Aydes à Rouen, présidents et Trésoriers généraux de France establis aud. lieu et à Caen, à chascun d'eulx en droict soy, ainsi qu'il appartiendra, salut. Noz très-chers et bien amez les gens des trois Estatz de notre pays et duché de Normandye, par le quatriesme article de leurs remontrances dernières, dont l'extraict est cy-joinct soubz le contre-seel de notre chancellerie, nous ont très-humblement faict représenter que les receveurs de noz tailles, n'apportant le soing qu'ilz doibvent pour facilliter le paiement d'icelles, au lieu de ne délivrer aux collecteurs plus d'une quittance sur une seulle nature de deniers, parce qu'il y en a de diverses, pour peu que lesd. collecteurs leur portent de deniers, ils le partissent en aultant de natures qu'il y en a en noz Commissions, et pour chacune d'icelles délivrent une quictance, qui tire après soy la surcharge trop grande dont nous recongnoissons que noz subjectz ont juste occasion de se plaindre, nous suppliant et requérant très-humblement y pourveoir et leur octroyer sur ce noz lettres nécessaires. Ce qu'ayant faict deuement considérer et veoir en notre Conseil, la Royne régente, notre très-honorée dame et mère présente, nous, par le bon advis d'icelle, avons faict, comme par ces présentes signées de notre main nous faisons, très-expresses inhibitions et deffences à tous noz receveurs particulliers des Ellections de notre province de Normandie, de prendre ny exiger aucun droict de quictance que pour trois natures de deniers, sçavoir est pour la taille, le taillon et la grande crue extraordinaire, et ce une fois seullement pour chacune d'icelles par chacun quartier, suivant les réglements, à peine d'en respondre en leur propre et privé nom. Paris, 24 avril 1614. » Suit l'article 4 des remontrances répondues par S. M., à Paris le 22 avril 1614, l'avis des Commissaires et la réponse du Roi. (Arch. de la S. Inf., Mémoriaux de la Cour des Aides.)

Extraits du Plumitif de la Chambre des Comptes de Normandie. «Du mardy 18 mars 1614. Aprez que M. Pierre Costé, conseiller maistre, auquel avoit esté distribué l'éedict d'attribution de 3 d. pour livre du principal de la taille et creues y jointes a faict son rapport d'icelluy, et lecture des lettres de jussion à la Chambre pour le vériffier, a esté présenté et faict rapport par M. Le Febvre, autre conseiller maistre, d'une requeste par laquelle le procureur des Estatz Mᵒ Nicollas Eschard demande la communication dud. éedict pour y garder l'inthérest du pays. Lad. requeste deslibérée, la Chambre a ordonné que communication par lez mains du greffier d'icelle sera faict aud. procureur des Estatz.

Sur le rapport faict par Mᵒ Gentian Thomas, conseiller maistre, des lettres d'attribution de gaigés aux officiers des greniers à sel, lecture faicte des lettres de jussion à la Chambre pour les vérifier, de la response au Cahier des Estatz respondu en ceste année, a esté aussy présenté et faict rapport par led. sʳ Le Febvre, conseiller maistre, d'une requeste dud. sʳ procureur des Estatz afin de communication dud. éedict. Sur ce deslibéré, la Chambre a déclaré ne pouvoir entrer à la vériffication desd. lettres.

Sur autre rapport faict par led. sʳ Thomas de l'éedict de création de deux receveurs et paieurs et controlleurs des rentes sur les gabelles, a esté présenté par led. sʳ Le Febvre une requeste dud. procureur des Estatz par laquelle il demande la communication dud. éedict pour y garder l'inthérest du pays. Lad. requeste deslibérée, la Chambre a ordonné que led. procureur des Estatz aura communication, par les mains du greffier, dud. éedict.

13 mai 1614, au matin, les deux semestres assemblez. Sur la deslibération des lettres d'attribution de 3 d. pour livre attribuez aux receveurs des tailles du principal d'icelle et crues y joinctes, veu la requeste présentée par le procureur des Estats de Normandie, afin d'estre reçeu opposant, lettres de jussion du...... jour dernier, par lesquelles est mandé à la Chambre de procéder à la vérification desd. lettres d'attribution, et en cas que led. procureur des Estatz continuast à sa dicte opposition, renvoyer icelle par devers le Roy, la Chambre (Le reste est en blanc; mais une note marginale indique que le renvoi fut prononcé).

11 juillet 1614, les deux semestres assemblés. A esté présenté

par MM. les avocat et procureur généraulx un arrest du Conseil et jussion sur icelluy, du 19 de juing dernier, intervenu sur l'opposition du procureur des Estatz à la vériffication de l'éedict et déclaration du Roy portant attribution auz receveurs des tailles de 3 d. pour livre..., par lequel arrest est ordonné que lad. Chambre vérifiera led. éedict, nonobstant lad. opposition dont S. M. a débouté led. procureur des Estatz le 4 de ce mois, par lesquelles lettres est mandé à lad. Chambre procéder à la vériffication dud. éedict et des lettres de déclaration du Roy portant attribution de gages aux officiers des greniers à sel de ceste Province, lesquelles lettres la Chambre a ordonné estre mises au greffe ([1]). (Arch. de la S.-Inf. B. 564.)

Intervention du Procureur Syndic des Etats de Normandie au Bureau des Finances dans l'intérêt de la Province. « 17 fév. 1614. Requeste de Nas Echard, procureur des Estatz de Normandie, à ce qu'il luy soit accordé communication des lettres-patentes du Roy à nous adressantes pour faire lever sur le peuple de lad. Province 30,000 l. pour la démolition de Quillebeuf, avant que procéder à l'entérinement d'icelles lettres pour y garder l'inthérest desd. Estatz, ordonné qu'il lui soit baillé communication et copies.

4 fév., Echard, avocat en la Cour et procureur des Estats demande que cette levée soit différée jusqu'à la 1re assemblée des Estats et le recevoir opposant à la vérification desd. lettres-patentes, attendu que, par le privilège de lad. Province, nulle levée ne doibt estre faicte sans le consentement de l'assemblée générale des trois Estats d'icelle. Il est ordonné que le suppliant se retirera vers le Roy et nos seigneurs de son Conseil et qu'il fera apparoir de la volonté

([1]) L'édit d'augmentation de gages aux officiers des greniers à sel fut vérifié le 16 août 1614.

de S. M. sur lad. opposition dans le mois. » (Arch. de la S.-Inf. C. 1127.)

ÉTATS DE SEPTEMBRE 1614.

I.

Extrait des registres de l'hôtel de ville de Rouen.

Lettres du Roi au bailli de Rouen fixant la réunion des Etats au 24 août, avec injonction de nommer pour députés « autres que ceux qui sont et seront députés pour se trouver à l'assemblée des Etats généraux » ([1]) Orléans, 14 juillet 1614; — de la Reine relativement au même objet, Beaugency même date.

Plus tard, par lettres datées d'Angers, 8 août 1614, les Etats provinciaux furent différés jusqu'au 10 sept. parce que les Etats de Bretagne avaient été convoqués à Nantes pour le 18 août, et que le duc de Montbazon devait s'y trouver avec le Roi.

Assemblée tenue à l'hôtel de ville de Rouen, sous la présidence de Claude Le Roux, sr de S. Aubin, lieutenant général au bailliage, pour l'élection des députés, 8 août. — Prirent part à l'élection, outre les officiers du Roi, conseillers, officiers de la ville et députés des quatre vicomtés du bailliage, 334 ecclésiastiques, curés ou vicaires, 132 nobles ([2])

([1]) L'assemblée des Etats généraux de 1614.

([2]) Rarement il y eut autant d'ecclésiastiques et de gentilshommes à prendre part aux élections. On sent que la convocation des Etats généraux avait passionné l'opinion publique. A l'hôtel de ville de Rouen, le 29 juillet 1614, 205 nobles, 213 ecclésiastiques se présentèrent pour l'élection des députés. Plus de 4,000 personnes s'assemblèrent, vers le même temps, à Caudebec, pour le bailliage de Caux; plusieurs gentils-hommes s'y était rendus armés. (Arch. du Palais de Justice, Reg. secrets du Parlement, 11, 12, 17, 21 juillet 1614.)

80 bourgeois dont le nom est cité, sans compter les autres. On nomma, pour l'église, Me Adrien Behotte, grand archidiacre en l'église de Rouen, pour la noblesse, messire Jean de Folleville, chevalier de l'ordre du Roi, maréchal de camp en ses armées et capitaine de cent chevau-légers, s^r du Boscdavy, S. Just et Beaupotier, comme conseillers échevins, Marc-Antoine Bigot, écuyer, sieur de Livet, conseiller et premier échevin moderne, et Jean Laudasse.

« D'autant que, par les procurations des députés du tiers estat des vicomtés de Rouen, Pont de l'Arche et Auge, n'y avoit clause spéciale, et n'estoient garnis de procurations portant charge et pouvoir d'adviser et conclure sur l'article du retranchement du temps de 30 ans pour appeler des décrets, et réduction d'iceluy, et à cause de ce n'en pouvoient donner advis, a esté arresté en lad. assemblée qu'il falloit demander la remise dud. art. de réduire le temps d'appeler desd. décretz jusques aux Estatz de la Province qui se tiendront après la prochaine convention d'iceulx pour estre mieulx consulté, à laquelle fin a esté donné pouvoir ausd. députés de demander lad. remise, et, par un mesme moyen, qu'il soit délibéré sur le retranchement du temps de 30 ans pour se clamer des héritages ou autres biens vendus et subjects à clameur, en cas que la lecture des contracts n'aye esté faicte, ou bien pour débattre l'invalidité desd. lectures, s'il n'est pas expédient de le réduire au temps de dix ans contre toutes personnes, sans que led. temps passé, l'on y puisse estre reçu pour quelque cause que ce soit, pour estre les deux sus-dits art. veus et délibérés en chacune vicomté des bailliages de ce païs par les gens d'église, nobles, praticiens et généralement par tous autres qui y ont intérêt, et donner aussi adviz s'il y a quelque autre article dans la Coustume qui mérite réformation, et en rapporter, par les députés de l'année suivante, bon advis et déclarations qui seront portés par leurs procurations afin d'en conclure et résouldre avec tous les députés d'icelle Province, ainsi qu'ils trouverront estre pour l'utilité publique et soulagement d'un chacun. Faict comme dessus.

Signé : Le Roux et Gosselin. »

« Louis, par la grâce de Dieu, roy de France et de Navarre, à nos amés et féaulx conseillers en notre Conseil d'Estat, M⁰ Alexandre de Faulcon, sʳ de Ris, 1ᵉʳ président en nostre Court de Parlement de Rouen, Charles Maignart, sʳ de Bernières, Nᵃˢ Le Roux sʳ du Bouthouroude, et Gilles Anzeray sʳ de Courvaudon, présidentz en nostre dicte Court, Mᵉˢ Adrian Martel, et Laurens Godeffroy, conseillers, Robert Du Viquet et François de Bretignières, nos advocat et procureur généraulx en nostre dicte Court de Parlement, salut. Comme ainsi soit que, à la réquisition des trois Estatz de nostre province de Normandie, le feu roy Henri IIIᵉ d'heureuse mémoire... eust, par ses lettres-patentes données à Bloys, le 22ᵉ jour de mars 1577, adressé commission à certains notables personnages pour procéder à la réformation et rédaction de la Coustume de nostre dicte Province, Coustume suivie dès le 1ᵉʳ jour de janv. 1583, et parce qu'il s'est trouvé, par l'usage et expérience, au tiltre des décretz, beaucoup de difficultés, obscurités et mesmes des contrariétés qui apportoient, avec une trop grande longueur, des frais intolérables et ruines apparentes à nostre peuple, ceulx desd. Estatz auroient depuis supplié le feu roy Henry le grand, notre très-honoré seigneur et père, que Dieu absolve ! de donner commission à quelques uns des officiers de la Province, plus authorisés et capables, pour, avec l'advis commun de ceulx du païs, pourvoir et remédier à ce mal, corriger, esclarcir et desclarer ce qui se trouveroit, aud. tiltre, de préjudiciable au public, réduire et remettre le tout en telle et si bonne forme qu'il ne se peust, à l'advenir, trouver de difficulté qui apportast des frais, despens ou inconvéniens notables, ainsi qu'il l'auroit ordonné par ses lettres-patentes du dernier jour de déc. 1599, suivant lesquelles les Commissaires y dénommés auroient retranché et osté ce qui auroit esté trouvé nuisible, esclarcy les obscurités et interprété les choses doubteuses aud. tiltre des décretz et rendu les articles d'icelluy plus aisés et faciles qu'ilz n'estoient auparavant, au grand contentement, proffit et commodité de notre dit peuple, ainsi qu'ils l'approuvèrent et fust par eulx arresté en la convention desd Estatz, le 10ᵉ jour d'oct. 1600, n'y ayant laissé et obmis à corriger qu'un article, qui est néanmoins de grande importance et préjudice et sur lequel ils auroient remis à pourvoir à la 1ʳᵉ assemblée desd. Estats, qui estoit de retrancher le temps de 30 ans, dans lequel l'on peust appeler desdits décretz, et le réduire à 10 ans entre majeurs, et, pour le regard des mineurs, à 10 ans après leur minorité, sans qu'après ledit temps l'on y peust estre receu, pour quelque cause que ce soit, laquelle juste et utile proposition n'auroit esté exécutée pour la mort advenue à tous ou la plus grande part desdits Commissaires, combien que très-nécessaire, eu égard à ce que ceulx desdits Estatz nous ont faict remonstrer que non-seulement les décretz ne sont sentences, ains contractz judiciaires transférans la propriété des choses, dont sont deubz reliefz et traiziesmes et desquelles il y a eu clameur lignagère, et en tout sont semblables aux autres contractz commutatifs et introduitz pour l'acquisition du domaine et de la propriété des choses, et qui partant doibvent estre réglés pour estre cassés et rescindés comme les autres contractz, contre lesquelz néanmoins l'on ne se peut aucunement pourvoir après 10 ans; mais aussi, le temps d'appel estant estendu jusques à 30 ans, l'on baille ouverture à diverses fraudes et malversations à l'encontre des enfans mineurs des décrétans qui, après la mort de leurs pères, ne peuvent rendre raison de ce qui est plus vieil que leur mémoire, comme eussent faict leurs pères, si, de leur vivant, ilz eussent esté attaqués, la mort desquelz est ordinairement attendue pour surprendre leurs enfans mineurs, soubz prétexte desd. appellations et les ruiner en tous leurs biens injustement, ce que l'on void arriver presque tous les jours, à la ruine et désolation de plusieurs bonnes et grandes familles... Nous vous commettons pour, en la prochaine assemblée et tenue desd. Estatz de nostre province de Normandie, appelés aussi à comparoir par devant vous les députés d'iceulx et autres que verrés bon estre, reprenant la requeste par eulx faicte par devant les susdits précédentz Commissaires en l'an 1600 et ce qui auroit esté sur icelle jà encommencé, adviser et délibérer du retranchement du temps susdit d'appeler desd. décretz et de la limitation d'icelluy à 10 ans, pour après nous envoyer les propositions et délibérations sur ce faictes avec vostre advis et, le tout veu, en ordonner par nous ainsi qu'il appartiendra... Paris, 2 juin 1614. »

Samedi 13 sept. 1614, assemblée pour délibérer sur les articles à employer au Cahier des Etats. 26 articles. « Retrancher l'évocation obtenue par les sieurs comte de Courtenai, d'Esneval et autres pour évoquer au parlement de Paris toutes les causes qu'ils ont et auront, par appel, contre leurs vassaux et autres, comme estant donnée à l'oppression et ruine desd. vassaulx, qui aiment mieulx perdre ce qui leur est deu que de se consomer en frais en la poursuite d'un procès, et au préjudice des priviléges de la Chartre normande... Suppression de l'impost mis sur les cartes et tarots, qui cause une grande ruine à une infinité de pauvres familles qui ont esté s'habituer en pays estrangers pour trouver les moyens de gagner leur vie. — Révoquer l'édit de Pallot, qui rend les officiers vénaux et les fait passer aux héritiers comme biens de successions, estant de telle conséquence que la noblesse et ceulx qui ont porté le bien et la vie au service de S. M. en voyent leurs familles exclues, d'autant que les commodités leur manquent. — Retrancher le nombre excessif des monnayeurs, comme très-préjudiciable à S. M. et au pauvre peuple portant toutes les charges desquelles lesd. monnayeurs s'exemptent par quelque petite somme d'argent qu'ils auront financée, s'aidant de leur prétendu privilége, non-seulement durant leur vie, mais aussi le rendant héréditaire à leur postérité, et de donner un réglement aux monnoyes. » — Contre le nombre effréné de ceux qui se disent officiers du Roi et de celles des princes, mortes-paies, archers de la vénerie, fauconnerie, officiers d'université, messagers, Affranchis des paroisses, spécialement contre les messagers de l'université et autres officiers d'icelle, qui prétendaient avoir droict de *committimus* aux Requêtes de l'hôtel du Roi et du parlement de Paris. — Demander la révocation de l'office de grand prévôt et le rétablissement des visbaillifs; plainte au sujet des évocations des archers de la maréchaussée.

II.

Extrait du registre du greffier-commis des Etats.

« Du samedy, 13e jour de sept. 1614, et autres jours ensuivants, en l'assemblée des députés des trois Estats de la Province, dont ouverture a esté faite au couvent des Carmes de ceste ville en présence de M. de Montbazon (1), duc et pair et grand veneur de France, lieutenant général pour S. M.

Après lad. ouverture faite, lesd. srs députés desd. bailliages de lad. Province, tant de l'église, noblesse que tiers estat, en la présence de M. Echard, procureur sindicq desd. Estats,

(1) Hector de Rohan duc de Montbazon, lieutenant-général pour le Roi au pays et duché de Normandie et évêché de Nantes. Avait été nommé en remplacement de Fervaques, décédé; — nommé, en 1616, au gouvernement de Picardie.

se sont assemblés pour faire élection de quelqu'un de MM. les ecclésiastiques pour présider en la présente assemblée ; et après que tous les députés desd. bailliages ont esté appelés, à quoy s'est présenté le député de l'Election de Vire (lequel) a protesté se pourvoir de ce que lad. vicomté de Vire doibt estre appelée avant celle de Falaise; et sera remonstré à MM. les Commissaires de ce qu'il n'y a aucun député de Mortaigne et de Nogent le Rotrou. Et ce fait, lesd. bailliages ont assemblé. Rouen (a) député le s^r Behotte; Caux, Caen, Costentin, Evreux, Gisors, Alençon, *idem*. Lesquelz, tout d'ung advis, ont esleu noble et discrète personne Me Adrian Behotte, chanoyne et grand archidiacre de l'église cathédrale N. D. de Rouen, pour présider en la présente assemblée.

Dud. jour, de rellevée, a esté pris serment par led. s^r président de tous mes dits s^{rs} de l'assemblée qu'il ne sera par eulx (rien) révélé de ce qui sera résolu et arresté en lad. assemblée; et l'ont ainsy juré.

Sur ce qui a esté proposé à l'assemblée par led. s^r Echard, procureur des Estats, du procès pendant au Conseil, entre m^e N^{as} Pallyer (1), ayant le parti des Affranchis en Normandie aux fins de la révocation des lettres-patentes obtenues par led. procureur, par lesquelles il est permis aux habitans d'asseoir lesd. Affranchis à la proportion que leurs biens augmenteroient ou de rembourser led. Pallyer des deux tiers de.......... desd. Affranchis qui luy restent à pourveoir, montant à la somme de 260,000 l., sur laquelle affaire s'estant lesd. députés assemblés par les bailliages, et d'ung avis uniforme, il a esté arresté que très-humbles supplications seront faites à S. M. de leur donner temps jusques à la prochaine assemblée des Estats pour conférer plus

(1) Ce traitant avait été nommé contrôleur général des épiceries et drogueries de Rouen et de Normandie en remplacement de Guichard Faure, 3 mai 1610. (Arch. de la S.-Inf. B. 29.)

précisément, avec les habitans de leurs vicomtés, attendu que aulcunes parroisses ont levé lesd. lettres, et qu'il ne seroit pas raisonnable qu'ils payassent avec les autres, et qu'à ceste fin les députés du tiers estat en confèreront avec les autres habitants pour estre leur advis rapporté aux Estats prochains et que, pendant led. temps, led. procureur fera ce qu'il pourra pour différer le jugement dud. procès.

Sur ce qui a esté mis en délibération sçavoir s'il debvoit estre employé dans le Cayer des Estats, que l'on suppliera S. M. de révoquer toutes évocations; et après avoir pris les advis par les bailliages, a esté arresté, suyvant les advis, à la pluspart, qu'il sera employé dans led. Cayer que S. M. sera suppliée de révocquer toutes évocations et, entre autres, celles obtenues par les s^rs barons de Courtenay et d'Esneval, à quoy lesd. s^rs députés de la noblesse ont déclaré que ce n'estoient leurs advis, et protestoient que cela ne les pourra préjudicier.

Et depuis a esté mis en délibération sy l'on debvoit employer aud. Cayer de remonstrances la révocation du droit annuel qui se paye par les offices; et après avoir pris les advis par les bailliages, d'ung advis uniforme, il a esté arresté que led. art. y sera employé.

Signé : Behotte, président en la présente assemblée.

Du lundi, 15e jour dud. mois et an, a esté mis en délibération sy, suivant ce qui a esté arresté par MM. les Commissaires pour les députés de la noblesse d'Alençon, qui sont les s^rs de Villette et de Froidebos, en ce que mesdits s^rs auroient ordonné qu'ils demeureroient tous deux, assavoir l'ung à l'ouverture et l'autre à la responce, et que tous les deux se trouveroient à lad. assemblée, et n'auroient qu'une seule voix : après en avoir pris les advis par les bailliages, a esté arresté que remonstrances seront faites à mes dits s^rs les Commissaires d'ordonner que, pour l'advenir, les juges tiendront la main à procéder à l'élection des députés pour la noblesse, en sorte qu'il n'y aura plus discorde, pour éviter à désordre.

A esté aussi mis en déliberation si l'on debvoit employer ung article, dans le Cayer de remonstrances, que le Roy sera supplié que le revenu des léprosaries qui sont en ceste Province, après les chapelains et chapelles entretenues, sera estimé et distribué à des précepteurs qui instruiront la jeunesse des parroisses sur lesquelles les léprosaryes sont situées et aux prédicateurs qui instruiront le peuple, il a esté arresté, après avoir assemblé par les bailliages, que led. art. sera employé.

A esté aussy mis en délibération s'il debvoit estre employé aud. Cayer qu'il fust deffendu aux taillables d'asseoir à la taille les contribuables qui tiennent à ferme les terres de nobles ny les hausser, à cause desd. fermes, à plus haulte somme que celle à quoy ils sont assis auparavant que de prendre icelles fermes; et à ceste fin recueilly les advis par les bailliages, il a esté arresté que led. art. n'y sera employé.

A esté aussi mis en délibération qu'il fust employé auxd. remonstrances deffendre à toutes personnes de prendre la qualité de nobles, et que les femmes de ceux qui prennent lad. qualité ne porteront chaperons de velours; et pris advis par les bailliages, il a esté arresté, suyvant l'advis, à la plupart, que led. art. y sera employé.

Dud. jour, de rellevée, a esté mis en délibération sy l'on debvoit gratiffier M. Echard, procureur des Estats, de la somme de 600 l. qui avoit cy-devant esté concédée à M. de Bretignères, procureur des Estats; et à ceste fin pris l'advis desd. bailliages, et d'ung advis uniforme, il a esté accordé que lad. somme de 600 l. a esté et est accordée aud. s^r Echard, ainsy et en la mesme forme que l'avoit led. s^r de Bretignères par gratiffication et augmentation de gaiges par chascun an.

Signé : Behotte, président en la présente assemblée.

Du mardy, 16ᵉ jour dud. mois et an, a esté mis en délibération sy l'on debvoit employer au Cayer de remonstrances que les foyres que l'on a accoustumé de tenir ès jours de dimanches et festes solennelles seroient différées au lendemain; et sur ce pris les advis de tous les députés, a esté arresté qu'il n'en sera employé aucune chose.

A esté aussy mis en délibération si l'on debvoit employer au Cayer desd. remonstrances que la taxe des despens qui se fait au parlement de Rouen se fera en la mesme forme et manière qu'elle se fait au parlement de Paris; et sur ce pris l'advis des bailliages, a esté résolu que led. art. y sera employé, et que les procureurs se contenteront de 2 s. pour chacun article qui se trouvera bon, et de ceux qui se trouveront superflus qu'il n'en sera taxé aucune chose.

A esté aussy mis en délibération s'il sera employé aud. Cayer le droit de pied fourché qui se lève sur les bestiaux qui passent par dans la ville et aux environs de Caen; et sur ce pris l'advis des bailliages, il a esté arresté que led. article y sera employé, et S. M. suppliée de réduire led. droit estre pris sur les bestiaux tant vendus que consommés dans lad. ville de Caen seulement.

A esté aussy mis en délibération quelle offre le pays debvoit faire au Roy de la somme contenue aux patentes pour les tailles et creues de l'année prochaine; et pris l'advis des bailliages, il a esté accordé que le pays consent que toutes lesd. sommes soient accordées à S. M., et sera suppliée de les vouloir descharger de la grande crue.

Signé : Behotte, président des Estats en la présente assemblée. Et au dessous, Par mesdits sieurs les délégués; signé De la Court.

Du mercredy, 17º jour dud. mois et an, sur ce qui a esté mis en délibération si l'on debvoit employer, au Cayer des remonstrances, que S. M. fust suppliée de faire remettre en l'hostel commun de la ville de Rouen plusieurs pièces de canon enlevées de lad. ville, pendant les troubles derniers, en la ville de Verneuil; il a esté arresté, par l'advis de la pluspart des bailliages, que led. article y sera employé parce que, s'il y a aulcuns frais à la poursuite dud. affaire, les eschevins de la ville de Rouen subviendront auxd. frais.

• A esté aussy mis en délibération si l'on debvoit employer au Cayer qu'il fust enjoint à MM. les présidents du Parlement d'appeler les causes par le rolle; et sur ce pris l'advis des bailliages, lesquels, par l'advis à la pluspart, ont arresté que deux ecclésiastiques, deux nobles, et deux du tiers estat se retireront par devers M. le Premier Président pour lui en faire remonstrance.

En oultre a esté mis en délibération si l'on debvoit gratiffier la Royne de la somme de 18,000 l, que l'on a accoustumé (donner) aux gouverneurs; et sur ce assemblez par les bailliages et d'ung advis uniforme, il a ésté arresté que lad. somme luy seroit concédée, ainsi qu'il est accoustumé.

Du jeudi, 18ᵉ jour dud. mois et an, après avoir assemblé par les bailliages pour députer ceux qui porteront les Cayers de remonstrances, il a esté arresté, suyvant les advis à la pluspart, que le sʳ Behotte, président en lad. assemblée sera assisté du sʳ official de Lisieux, député pour l'ecclésiastique d'Evreux, le sʳ baron de Bully, député pour la noblesse de Caux et le sieur de S. Cler, député pour la noblesse de Caen, et pour le tiers estat, les députés d'Alençon et Falaise.

Après aussy avoir assemblé pour députer ceux qui doibvent estre à l'audition des Comptes, il a esté arresté, suyvant l'advis à la pluspart, que les députés de l'église de Coutances et de Gisors, le sʳ de Fresne, député pour la noblesse de Cotentin, le sʳ de Froidebos, député pour la noblesse d'Alençon, les députés du tiers estat d'Andely et Danffront seront à l'audition desd. comptes.

Fait et arresté en lad. assemblée, les an et jour, dessusdits. »

III.

Nomination par les députés des deux commissions pour le port du cahier et pour l'audition des comptes.

« Du vendredi avant midi, 19° jour de septembre 1614, à Rouen. Furent présens noble et discrette personne m° Adrien Behotte,.... délégué pour les gens d'église du bailliage de Rouen, messire Jehan de Folleville,... d. pour les gens nobles dudit baill., nobles hommes Marc Anthoine Bigot, escuier, et Jehan Laudasse, conseillers eschevins de la ville de Rouen, Olivier Crespin, laboureur, demeurant à Crevon (1), d. pour le tiers estat de la vic. de Rouen, Pierre Signol (2), demeurant en la par. de Pasquier, d. pour le t. e. de la vic. de Pont de l'Arche, Thomas Herpin (3), demeurant en la par. de S. Georges du Viévre, d. pour le t. e. de la vic. de Pontautou et Pontaudemer, Jehan Ryoult, (4), demeurant en la par. de Beaumont, d. pour la vic. d'Aulge ; — noble et discrette personne m° Franç. Du Bosc, presbtre, curé de S. Sauveur de Montivilliers, doyen et official de l'exemption dudit lieu en lad. ville, d. des gens d'église du baill. de Caux, messire Anne de Lestandart, seigneur et baron de Bully, d. pour les gens nobles dudit baill., Nas Heron, de la par. de Trouville, d. pour le t. e. de la vic. de Caudebec, Pierre Hermel pour la vic. de Montivilliers, Raoul Hamel pour la vic. d'Arques, Jacques Le Blond pour la vic. de Neufchastel, m° Jehan Langlois pour la vic. de Gournay ; — noble et discrette personne m° Jehan Duiesy, presbtre, curé de S. Germain le Basson, d. pour les gens d'église du baill. de Caen, n. h. Jacques Turgot, s' de S. Cler et de Nainville,

---

(1) Nommé le 30 juillet.
(2) De S. Germain de Pasquier; nommé le 4 août.
(3) Nommé le 4 août.
(4) Nommé le 5 août.

d. pour les gens nobles dudit baill., Thomas Macé, d. pour le t. e. de la vic. de Caen, Olivier Longuet pour la vic. de Bayeulx, Pierre Anzeray pour la vic. de Falaise, Gilles Viel pour la vic. de Vire et Condé ; — discrette personne m⁰ Nas Bourgoing, dʳ en théologie, chanoine et théologal en l'église cathédrale de Coustances, d. pour les gens d'église du baill. de Costentin, n. h. Thomas Poret, sʳ de Fresne et patron de Trepperel, d. pour les gens nobles dudit baill., Julien de Beaumont pour le t. e. de la vic. de Coustances, Jehan Avice pour la vic. de Carentan et S. Lo, Pierre Gaillard pour la vic. de Vallongnes, Nas Deregnier pour la vic. d'Avranches, Jacques Piel pour la vic. de Mortaing; — noble et discrette personne m⁰ Adrien Mallet, presbtre, chanoine en l'église cathédrale de S. Pierre de Lisieux, d. pour les gens d'église du baill. d'Evreux, n. h. Loys de Karuel sʳ de Merey, d. pour les gens nobles dudit baill., m⁰ Robert de Sauchey, bourgeois d'Evreux, d. pour le t. e. de la vic. d'Evreux, Raoullin Seguot pour la vic. de Beaumont le Roger, Denis Le Hoult pour la vic. de Conches et Bretheuil, Nas Mailloc pour la vic. d'Orbec ; — noble et discrette personne m⁰ Jacques de Chauffourt, presbtre, doien en l'église collégiale N. D. de Vernon, d. pour les gens d'église du baill. de Gisors, Claude Le Lieur, escuier, sʳ de Mont au presbtre, d. pour les gens nobles dudit baill., Pierre Guillet, pour le t. e. de la vic. de Gisors, Jehan Le Prince pour la vic. de Vernon, Gabriel Vatterye pour la chastellenie de Pontoise, Nas Le Febvre pour la vic. et prévosté de Chaumont et accroissement de Magny, Jacques Davy pour la vic. d'Andely, Jacques Chefdeville pour la vic. de Lyons ; — discrette personne m⁰ Noel Couppel, presbtre, curé de Réville, d. pour les gens d'église du baill. d'Allençon, n. h. Robert de Villette et Jehan Sorin sʳ de Froidebos, d. pour les gens nobles dudit baill., Jacques Hourdebourc pour la vic. d'Allençon, Laurent Byart pour la vic. d'Argentan, Estienne Laillier pour la vic. de Danfront, mᵉ Symon de Bretignères pour la vic. de Verneuil et Chasteauneuf en Thimerais et d. pour le t. e. de la vic. du Perche, chastellenie de Nogent le Rotrou.

Nomment pour poursuivre vers la majesté du Roi et nos seigneurs de son Conseil la réponse aux articles du Cahier, pour l'église, Behotte et Adrien Mallet, — pour la noblesse, le baron de Bully et Turgot, — pour le tiers estat, Jacques Hourdebourc et Pierre Anzeray, avec le procureur syndic ;

Pour l'audition des comptes, pour l'église, Nᵃˢ Bourgoing et Jacques de Chaufourt, — pour la noblesse, Poret sʳ de Fresne, Robert de Villette et Jehan Le Court, — pour le tiers Etat, Jacques Davy et Estienne Laillier, avec le procureur syndic. » — Suivent les signatures, en tête desquelles celle de Behotte avec la qualification de Président de l'assemblée.

IV.

Pièces diverses.

« C'étoit un usage antique au parlement de Rouen, que les causes qui étoient pendantes, encore qu'il n'y eût aucunes procédures, ni d'autre expédition que la simple présentation ne se prescrivoient pas par quelque laps de temps que ce fût. Au bout de soixante, quatre-vingt et cent ans, on contraignoit des héritiers dans les sixième et septième degrés de reprendre, disoient nos Etats en 1615, des procès *rancides et moisis qui surpassoient la mémoire des hommes*. Ils supplièrent le Roi d'ordonner que l'art. 15 de l'ordonnance promulguée à Paris au mois de janvier 1563, contenant *que l'instance intentée ore qu'elle soit contestée, si par le laps de trois ans elle est discontinuée, n'aura aucun effet de perpétuer ou proroger l'action, ains aura la prescription son cours comme si ladite instance n'avoit esté formée*, seroit observé à l'avenir, tant au Parlement, Chambre des Requêtes et autres *Juridictions*. Louis XIII fit expédier en conséquence des lettres-patentes le 26 mai 1615, par lesquelles il donna commission et mandement au Parlement d'y pourvoir, après qu'il en auroit mûrement délibéré. Cette Cour, toutes les Chambres Assemblées, faisant droit sur la Requête de nos Etats et entérinant lesdites lettres le 16 décembre 1616, ordonna qu'à l'avenir, les péremptions d'instance auroient lieu en Normandie *par le laps de trois ans*, à compter du jour de la dernière procédure et en faisant registre du Cahier des Etats, ordonna encore que ledit Cahier, lettres-patentes et son arrêt seroient publiés et enregistrés dans toutes les Juridictions de son ressort : ce qui fut éxécuté. » (De la Foy, *Constitution Normande*, p. 244.)

Difficultés, à la Chambre des comptes, pour la vérification de l'édit d'attribution de 3 deniers pour livre aux receveurs des tailles. — « Du vendredy, 19ᵉ jour de sept. 1614, au matin, les deux semestres assemblés. Sont entrés MM. Langlois, Rassent, De la Place, et Le Cordier, présidentz, Puchot, De la Barre, Ygou de Beaumont, de Becdelièvre, Le Pesant, Cavelier, Deshommets, Le Seigneur, de la Martinière et Le Cornier, maistres des Comptes.

Sur ce que le premier huissier a dict à MM. avant la séance au Bureau, que le sʳ de Barentin (1), conseiller au Conseil d'Estat, estoit en la court de céans, demandant à entrer au Bureau, MM. les présidents et maistres se sont assis ; et incontinent après est entré M. l'advocat général du Roy, qui a dit que led. sʳ de Barentin estoit au parquet, venu pour exposer à la Chambre la créance qu'il avoit de la part du Roy, demandant quelle place luy seroit baillée. Lui a esté respon-

---

(¹) Au temps de la faveur du maréchal d'Ancre, il fut question de donner à Barentin la place de garde des Sceaux de France qu'on aurait enlevée à Mangot (Griffet, *Hist. de Louis XIII*, T. I, p. 172.)

du par M. le premier président que la Chambre luy bailleroit séance au lieu que les conseillers avoient accoustumé de prendre en tel cas, qui est au premier banc de MM. les maistres au dessus du premier maistre. Estant retourné, à l'instant est entré led. sʳ de Barentin, et ayant pris place au premier banc au dessus du premier de MM. les maistres, a dict que Monsieur le duc de Montbazon, lieutenant général de ceste Province, ayant eu commandement du Roy et de la Reyne de dire à la Chambre que leurs volontez estoient que la Chambre entrast à la vériffication de l'éedit de 4 d. pour livre aux receveurs des tailles du principal d'icelles et creues y jointes, bien qu'il n'eust aucunes lettres de créance, luy avoit esté néantmoins commandé à bouche ce qu'il avoit fait entendre, il y a quelques jours, à l'un de MM. les présidents, pour le dire à la compagnye. Mais pource que, le jour d'hier, les Estatz avoient employé en leur Cahier ung article, pour ce subject, tendant à révocquation dud. éedit, pensant que cela leur estoit à charge, mais aiant esté esclaircis par MM. les Commissaires que lesd. taxations se prenoient sur le fondz du Roy, lequel pouvoit bien disposer de ce qui estoit à luy, ne retournant aucunement à la foulle du publicq, avoient esté, pour ce regard, satisfaictz; néantmoins, pour leur contentement, avoit esté cest article laissé aud. Cahier et renvoyé au Roy. Pour ceste cause, led. sʳ de Barentin estoit venu, de la part du sʳ de Montbazon, pour faire entendre à la Chambre sa créance et commandement qu'il avoit receu de leurs Majestez, que leur volonté estoit que la Chambre vérifiast led. éedict, chacun ayant entière congnoissance de la nécessité, pour les grandes charges que leurs dites Majestez ont suportez depuis sept à huit mois pour les remuemens advenuz, lesquelz, le Roy par la prudence de la Reyne et de son Conseil, a paciffiez à force d'argent tant de dans que de hors le royaume : a fallu payer les armées levées pour résister aux adversaires, mesmes payer les leurs, bailler plusieurs appointemens, bref avoir porté tous les fraiz desd. remuemens derniers. Les deux millions cinq cens mil livres tirez de la Bastille n'y ayant peu suffire, estoit maintenant en nécessité de recourir aux moyens extraordinaires, cestuy dont estoit question estant le moindre. La vérité estoit qu'il y a ung an, que le s^r de Barentin, estant au Conseil des finances, il fust résolu, avec beaucoup de considération, ceste attribution pour faire fondz pour le secours de Mantoue. Mais pource que, depuis ces derniers remuemens, le Roy estoit tombé en nécessité d'argent, on se servoit de cest éedict. Qu'estant question du service du Roy, led. s^r de Barentin croioit que chacun en général et en particullier de la compagnie y avoit tel zèle que la volonté du Roy seroit suivie. Sur ce a esté dit par le s^r président du Troncq qu'il y a cinq à six jours, ayant esté prié par la compagnye d'aller trouver led. s^r de Montbazon, ayant envoyé prier la compagnie qu'aucuns allassent vers luy pour entendre sa créance qu'il avoit du Roy, et luy ayant exposé sa dicte créance sur le subject dud. éedict, l'avoit fidellement refféré à la compagnie; néantmoins quelques uns avoient tenu propos à son désadvantage, comme s'il eust manqué de représenter tout ce que led. s^r de Montbazon luy avoit dit; demandoit le records de M. le président Rassent et de la compagnie qui l'a entendu, qui est la mesme chose que led. s^r de Barentin a présentement dit de sa part : ce qui a esté ainsi advoué par ceux de MM. qui estoient présens. Aprez a esté dit par M. le premier président que la Chambre estoit appelée maintenant pour la délibération dud. éedit. Sur cela s'est levé led. s^r de Barentin, et est sorty.

Sur ce que M. Charles Le Pesant a fait rapport dud. éedit d'attribution de 3 d., et après la lecture d'icelluy, de l'arrest du Conseil et jussion sur l'opposition du procureur des Estats, l'affaire mise en deslibération, et que des 14 de

MM. estans au Bureau, il y en a 7 de la vériffication dud.
éedit, et 7 qu'il soit différé, a esté dict par M. le premier
président que les affaires du Roy ne se partageoient point
et qu'il falloit qu'un de part ou d'autre revînt, et qu'il signeroit l'arrest, soit de vériffication, soit de reffus. De
rechef, les opinions prinses, led. s^r Le Pesant, rapporteur
a esté d'advis de la vériffication, à la charge qu'il ne se
fera aucune levée sur le peuple et pour les volontaires;
aprez, M. Puchot, que la deslibération dud. éedit soit différée jusques après le Cahier des Estats respondu ; M. de la
Barre, de la vériffication, etc.... Mais, pour ce qu'ils estoient
encor sept à la vériffication et autant au différement, et que
nul de part ny d'autre ne changeoit d'oppinion, a esté dict
par le premier président qu'il expédieroit et signeroit l'arrest
de vériffication, pour ce qu'il n'y avoit point de partage
aux affaires du Roy, et qu'il falloit faire entrer les gens du
Roy pour sur ce requérir pour son service. Puis ayant led.
s^r premier président sonné la cloche, il a commandé à
l'huissier qu'il allast au parquet faire entrer les gens du
Roy, lesquels incontinent sont entrez au Bureau. Et sur la
proposition dud. s^r président, la pluspart de MM. se sont
levez, disant que le procureur général n'y avoit que faire,
et qu'il avoit conclud auparavant. Et par M. le président du
Troncq a esté dit qu'on envoyast prier quelqu'un de MM. les
maistres estant en ceste ville pour faire l'arrest, comme il
avoit esté pratiqué pour l'éedit d'augmentation des gages
des officiers des gabelles, à quoy par led. s^r premier président a esté dit que pour les affaires du Roy il n'y avoit
rien à despartager et qu'il ne falloit faire venir céans que
ceux qui assistoient, que si quelqu'un voulloit changer
d'advis et revenir soit à la vériffication ou au reffuz, qu'il
signeroit l'arrest ainsi. A quoy luy a esté respondu par
ceulx de MM. qui estoient d'advis de différer qu'ils n'estoient
pas d'advis du reffus, n'ayant point opiné sur le fonds de

l'affaire, mais seullement de différement, par conséquent ne se pouvoit faire d'arrest. Et par led. s⁏ premier président dit qu'ils avoient opiné, et puisqu'ils n'estoient d'advis du reffus, qu'il passoit donc à la vériffication, et qu'il expédieroit et signeroit l'arrest ; et sur cela, se sont tous MM. levez du Bureau. » (Arch. de la S.-Inf. B. 564 f⁰ˢ 78, 79) (¹).

(¹) Un arrêt du 23 sept. 1614 déclara qu'aux affaires concernant le service du Roi, il ne pouvait y avoir de partage et que les opinions conformes à l'intention du Roi devaient être suivies ; en conséquence, ordre était donné au premier président et au conseiller maître rapporteur de signer l'arrêt de vérification de l'édit d'attribution de 3 d. pour livre aux receveurs des tailles du principal de la taille des 4 millions de livres et crues de 316,000 l. y jointes, et au greffier de le délivrer à l'instant au procureur général, à peine de suspension de leurs charges, avec défenses de faire mettre de nouveau l'affaire en délibération, sur les mêmes peines, ni de donner empêchement à la signature, expédition et exécution dudit arrêt. — Le premier président, cependant, remit l'affaire en délibération (Ibid. B. 564. Délibérations des 30 sept. et 2 oct. 1614.)

Interruption des États de Normandie en 1615.

Il n'y eut point, en 1615, de réunion d'Etats. Bien que le prince de Condé et ses adhérents n'eussent point réussi à entraîner dans leur révolte les grands corps judiciaires de la Province, l'inquiétude y était partout très-grande, et aussi la misère. Des gens de guerre, levés de tous côtés sans commission du Roi, se livraient au pillage, et traitaient les campagnes en pays conquis, sans que le duc de Montbazon se sentît assez de force pour réprimer leur insolence (1). Dans l'agitation où se trouvait la Province, il était prudent de ne point convoquer les Etats, de peur de fournir aux mécontents une occasion de se déclarer contre le gouvernement. Le résultat de ce mouvement criminel, qui pourtant n'enleva rien aux princes révoltés de leur injuste popularité, fut pour eux et pour leurs complices, des places et des pensions, pour le peuple, la suspension de ses libertés, de nouveaux édits fiscaux et, en définitive une surcharge considérable. Cependant, si les députés, n'étant pas convoqués, ne purent se plaindre publiquement, du moins, leur procureur syndic ne fut-il point sans parler ni agir dans l'intérêt du pays, ainsi qu'on peut le constater par les extraits suivants du Plumitif du Bureau des finances.

« 27 novembre 1613. Sur la requeste présentée par le procureur syndic des Estatz de Normandie affin de luy estre donné communication de certaines lettres-patentes pré-

---

(1) Les registres secrets du Parlement de Normandie nous fournissedt des preuves nombreuses du peu de sécurité que l'on trouvait en Normandie de 1614 à 1617.

Le 28 janvier 1614, le Parlement arrête d'écrire à la Reine mère pour la prier de permettre de faire sortir le « canon pour faciliter la prise de la maison forte du baron d'Echauffou, en laquelle il estoit

sentées en ce Bureau, dont il a eu advis, concernant quelques places publiques en aucunes villes, affin d'y conserver l'intérest du peuple, est ordonné que lesd. lettres luy seront

assiégé par les prévost et vice bailli. » Lui et ses complices étaient prévenus de crimes de fausse monnaie, voleries et assassinats. — Mention, le 19 février, « d'assemblées illicites et levées de gens de guerre, de gens masqués et déguisés de fausses barbes qui avoient, la veille, attaqué dans les bruyères de St-Julien les gens qui apportoient l'argent du Roi. » Le 16 nov. 1615, le premier président représente « qu'il y a infinies plaintes des désordres, ruines et ravages qui se font sur les villages, mesme proche de ceste ville de Rouen, par certaines troupes de gens de guerre, au lieu de s'advancer pour aller secourir le Roy en ses armées, et que l'on dit mesme avoir esté levées sans commission de S. M. ou attaches de ses lieutenants généraulx. Plusieurs soldatz qui s'estoient enroollez soubz cappitaines qui sont de présent en l'armée du Roy les ont quittez et s'en sont revenuz chargez de butin. » Montbazon était réduit à répondre « qu'il ne pouvoit pas y donner ordre, n'estant assisté de forces, et que d'ailleurs de permettre aux païsants de courir sus il estoit dangereux de leur mettre les armes entre les mains. » Le 21 novembre, le procureur général se plaignait, à son tour, « des grandes violences, excedz, extorsions, meurtres et assassinats qui se commettoient par aucuns gens de guerre qui estoient espandus en divers lieux de ceste Province, encores qu'il semblast, grâces à Dieu, qu'il n'y eust occasion de les y employer, à présent, n'y aïant aucune ville, chasteau, ni communauté qui se fust distrait de la fidélité et obéissance qu'ils doibvent au Roy. »

Vers le même temps, nouvelles plaintes « des excessives violences et inhumanités commises par un nommé Buisson, près d'Evreux, et d'autres infinies méchancetés contre lesquels le ciel et la terre crient vengeance. » On citait parmi les auteurs de ces forfaits S. Denis-Mailloc et Heurtevent contre lesquels Montbazon avait envoyé le prévôt général.

18 janvier 1616, on signale une recrudescence dans le mal ; — le 3 février, on s'inquiète des projets du duc de Vendome ; on craint qu'il n'aille se jeter dans la place de Quillebeuf. Ses troupes, celles de Médavy, de Courbouzon, de la Londe et du duc de Longueville dévastaient le pays, profitant de ce qu'il n'y avait aucun réglement ni pour le logement ni pour la solde des soldats. Après l'édit de pacification des troubles, enregistré le 7 mai 1616, les désordres furent moins violents mais ne disparurent pas complétement.

communiquées pour, la responce veue, estre faict ce que de raison. » (Arch. de la S.-Inf. C. 1128 f° 161 v°.).

« Du lundi, 18 janv. 1616. Ont esté receues lettres-patentes du Roy, données à la Rochefoucault, le 2ᵉ de ce mois, pour la levée des tailles et creues de la présente année;

Autres lettres-patentes, données aud. lieu, led. jour, pour la levée de la creue des garnisons;

A esté ordonné qu'elles seroient exécutées selon leur forme et teneur, et à ceste fin a esté arresté et résolu le département.

Sur la requeste présentée par le procureur scindic des Estats de Normandie, réquérant luy estre donné communication du brevet de la taille de la présente année, lequel il a entendu estre envoyé en ce Bureau, affin d'estre certain de la somme que S. M. ordonne estre levée sur ceste Province, pour après poursuivre au Conseil telle descharge et diminution qu'il jugera nécessaire, sera dellivré coppie desd. lettres-patentes.

Samedy, 23 janv. 1616, sur la requeste présentée par le procureur scindic des Estatz de Normandie, contenant que, par la communication qu'il a eue des lettres-patentes du Roy pour la levée des deniers des tailles de la présente année, il a veu que S. M. a reiglé le droict de quictance des receveurs particuliers des Ellections à la somme de 2 s. 6 d., et d'autant que, s'il n'y estoit pourveu, ils ne laisseroient de prendre le mesme droict qu'ils avoient accoustumé, à la foulle et ruyne du peuple, à quoy ayant esgard, requéroit que deffences soient faictes auxd. receveurs de prendre du peuple autre droict que celluy qui leur est attribué par lesd. lettres et enjoindre aux Elleus d'y tenir la main, pour les causes contenues en lad. requeste, il est ordonné que deffences seront faictes aux receveurs des tailles de prendre ni exiger des particuliers collecteurs des tailles aucun droict de quictance, attendu la levée ordonnée par le Roy estre faicte dud. droict avec les deniers de la taille, et qu'il sera mandé aux Elleus d'y tenir la main.

Sur autre requeste présentée par led. Echard, procureur scindic, à ce que communication luy soit donnée de certaine commission, présentée en ce Bureau pour faire quelque levée de deniers sur le peuple, pour y dire ce que de raison, affin d'éviter la totalle ruyne d'icelluy, à cause des grandes ruynes qu'il a souffertes, sera baillée communication desd. lettres-patentes et de l'estat attaché à icelles (1).

2 mai 1616. Sur les lettres-patentes du Roy, données à Tours, le 27 fév., par lesquelles S. M. veult et entend que les Commissaires ordinaires à tenir la convention des Estats de ceste Province, contenus en l'estat cy-attaché, soient paiés de leurs vacations de l'année, *tout ainsi que si lesd. Estats avoient esté assemblez et tenus*, a esté ordonné qu'il sera expédié ordonnance à m° David Doublet, conformément auxd. lettres-patentes (2). »

Plaintes au Parlement contre le Prévôt général de Normandie. — 1ᵉʳ fev. 1616. A esté dict par M. le premier président qu'il y a de grandes plaintes contre les lieutenants du prevost général de Normandie, de ce que, depuis le commencement des troubles, ils n'ont rapporté aucun procès-verbal du debvoir qu'ils ont deu rendre en l'exécution des arrests de la Cour pour courir sus aux volleurs et gens sans adveu, qui ont vollé, pillé et rançonné les subjectz du Roy, sans qu'il s'en soit faict aucune capture ny punition exemplaire, encore qu'il leur ayt esté enjoinct d'y veiller incessamment

---

(1) Il s'agit ici de lettres-patentes du Roi données à Bordeaux, le 10 sept., mandant « de lever sur la Généralité de Rouen, à l'exception de l'Election de Verneuil, dans les 3 premiers mois de l'année une somme de 18,200 l. pour l'entretènement de l'augmentation des garnisons. » Ces lettres avaient été présentées, le 20 janv., au Bureau des finances qui fut invité à en conférer avec le duc de Montbazon (Arch. de la S.-Inf. C. 1129, f° 8ᵛᵒ).

(2) *Ibidem*, C. 1129, f° 6ᵛᵒ, 9ᵛᵒ, 10, 55.

et tenir le pays en seureté, à peine de privation de leurs gages : sur quoy, oys lesd. gens du Roy et eulx, a esté donné l'arrest par lequel est enjoint ausd. lieutenants du prévost général de rapporter les procès-verbaulx des diligences qu'ilz ont faictes pour l'exécution desd, arrestz dans la xv^{ne} du jour de la signification qui leur sera faicte du présent arrest à la diligence dud. procureur général, à peine de saisie actuelle de leurs gaiges. » (Arch. du Palais de Justice. Reg. secrets du Parlement, f° 137.) (¹)

Décision prise par le Parlement de consulter le procureur syndic des marchands et le procureur des Etats à propos d'une restriction de sa compétence.—« 18 avril 1616. Sont venuz les gens du Roy de Bretignières et Le Guerchoys, et a esté dict par led. s^r de Bretignières, procureur général, qu'il auroit esté mis entre leurs mains certaines lettres-patentes du Roy concernantz l'establissement de juges pour juger et décider des différentz du commerce d'entre les marchands subjectz du Roy et ceulx du Roy d'Angleterre, avec clause d'évocation au Conseil privé du Roy des appellations et oppositions qui y pourront intervenir et interdiction d'icelle à la Cour, au préjudice de la vérification faicte en icelle du traicté faict entre le feu Roy et le

(1) L'antipathie du Parlement pour le grand prévôt paraît mal justifiée. Quelques mois après, le fils du sieur du Roullet était tué par la bande de Buisson Cornu, dont il avait reçu la charge de délivrer le pays. Il est incontestable, malgré les plaintes intéressées des gens de justice, toujours alarmés pour leur compétence, que les archers de la maréchaussée rendaient, et souvent au péril de leur vie, les plus grands services. — « 29 fév. 1616. Sur ce que Mons. le premier président a proposé que le s^r du Roullet, prévost général de Normandie avoit couru sus une trouppe de soldatz qui se disoient de la compagnie du Buisson Cornu, dont en avoit esté pris plusieurs prisonniers, lors de laquelle prise le fils dud. s^r du Roullet avoit esté tué, pour raison de quoy il avoit envoyé lesd. prisonniers en ceste ville avec leur procès pour en ordonner par la Court... » (Arch. du Palais de Justice. Reg. secrets du Parlement f° 185).

roy de la grand Bretaigne pour la liberté dud. commerce, sur quoy ils requéroient remonstrances estre faictes au Roy, et a esté advysé à ceste fin d'oyr les conseillers eschevins, le procureur syndic des marchans, mesme le procureur des Estatz (¹). » (Arch. du palais de Justice. Reg. secrets du Parlement, f° 256ᵛᵒ).

ÉTATS DE DÉCEMBRE *1616*.

I.

Extrait des registres de l'hôtel de ville de Rouen.

Lettres du Roi au bailli de Rouen, fixant la réunion des Etats au 19 octobre, Paris 9 sept. 1616; — de la Reine au bailli (²), pour le même objet, 10 sept. A la suite des lettres du Roi : « N'ayant encor esté compté des estapes establies pour la nourriture des gens de guerre levés et qui ont séjourné durant ces mouvemens derniers, pour notre service, en notre province de Normandie, nous vous mandons et

---

(1) « 22 déc. 1615. *Interea* a esté faict entrer Georges Pain, procureur syndic des marchantz, auquel, en la présence et ce requérant le procureur général du Roy, a esté prononcé par M. le premier président que la Court avoit deliberé et arresté qu'il leur seroit fait deffenses de souffrir ny permettre aucun establissement entre lesd. marchands au préjudice de la vérification faicte en lad. Court du traité d'entre le feu Roy et le Roy de la grande Bretagne sur la seureté et liberté du commerce par arrest du 17 déc. 1607, contenant, entre autres choses, que les appellations, si aucunes sont interjectées des conservateurs du commerce, dont mention est faicte aud. traicté, seront rellevées à ressortir en lad. Court pour y estre jugées et décidées, et leur enjoint que, si aucun establissement se présente au contraire, d'en advertir lad. Court pour y estre pourveu. » (Ach. du Palais de Justice. Reg. secrets du Parlement, f° 80ᵛᵒ).

(²) Jacques Du Fay, fils de Jean du Fay, sʳ du Taillis; nommé bailli, en remplacement de son père démissionnaire, 4 janv. 1615; — décédé le 6 sept. 1645.

ordonnons de faire faire commandement aux receveurs des vicomtés, qui ont manié les deniers levés pour lesd. estappes en votre ressort, de dresser et tenir prestz leurs comptes et de se trouver ès lieu et jour assignés par ceste lettre pour les Estatz de notre dite Province afin d'y estre leurs dits comptes veus et arrestés par les formes. »

De son coté, la Reine exhortait, par ses lettres le bailli de Rouen « à tenir songneusement la main que les députés qui seroient nommés pour se trouver aux Estats fussent personnes recommandables, dignes et affectionnées au service du Roy et et de ses subjets. »

Lettre du maréchal d'Ancre, lieutenant général pour le Roi en Normandie [1], au même bailli, pour la convocation des Etats, Rouen, 10 septembre.

Les Etats furent successivement remis au 13 nov. par lettres du Roi du 6 oct., au 1er déc., par autres lettres du Roi du 18 octobre.

Assemblée tenue à l'hôtel commun de la ville de Rouen, sous la présidence de Claude Le Roux, lieutenant général au bailliage, pour l'élection des députés, 6 octobre.

« Avant que d'entrer en la grande salle a esté proposé, en la présence des sieurs advocat et procureur du Roy en bailliage, conseillers eschevins du Bureau, Du Buisson, grand vicaire de Mgr. l'archevesque de Rouen, les deux chanoines députés du chapitre, antiens conseillers, procureur et quarteniers de lad. ville, si les ecclésiastiques et nobles, qui ne sont natifs ny originaires de ceste province de Normandie pourront estre nommés et députés, pour le bailliage de Rouen, pour assister à la convention des Estatz de lad. Province, et, si aucuns de ceux qui sont employés en la liste présentée sur le Bureau se trouvoient estre de ceste qualité, sçavoir s'ils seroient ostés de lad. liste ou non, sur

[1] Concino Concini, maréchal d'Ancre, nommé en 1616, lieutenant général en Normandie ; il fit son entrée à Rouen le 6 sept. 1616.

quoy, après avoir retiré les advis de la compagnie, a esté arresté qu'il sera en la liberté d'un chacun de pouvoir nommer l'ecclésiastique ainsi que bon luy semblera pour assister ausd. Estatz, et, pour le regard de la liste, demeurera en l'estat qu'elle est, sans en oster aucun d'icelle, et que la nomination qui sera faicte du noble pour led. bailliage de Rouen, encores qu'il fust recongnu n'estre point de la Province aura lieu, et pourra assister et comparoistre ausd. Estatz pour ceste fois seulement et sans tirer en conséquence; et à l'avenir nul ne sera nommé, pris et député pour l'ordre de la noblesse aux Estatz de la province de Normandie pour quelque cause que ce soit, s'il n'est natif, né et originaire d'icelle Province. Faict et déliberé en l'assemblée tenue en l'hostel de ville, jeudi après midi, 6 oct. 1616. — N^a. Et n'a M. du Viquet, premier avocat-général du Roy au Parlement, opiné sur lad. proposition pour s'estre retiré, au commencement d'icelle, de lad. assemblée. »

Prirent part à l'élection l'avocat du Roi au bailliage, Boyvin, procureur du Roi au bailliage, les 6 conseillers modernes, le grand vicaire de l'archevêque, les 2 chanoines députés du chapitre, les anciens conseillers au nombre de 9, le procureur de la ville, les 4 quarteniers, les députés des vicomtés du bailliage, le prieur de S^e Catherine, III curés ou vicaires, 24 gentilshommes, 44 bourgeois dont le nom est cité, sans compter les autres.

On nomma pour l'église Messire Henry de Boyvin, évêque de Tarse, coadjuteur de l'évêché d'Avranches, haut-doyen et chanoine de l'église cathédrale de Rouen; pour la noblesse, Jacques de Bauquemare, écuyer, sieur du Mesnil; comme conseillers échevins, Jacques Hallé s^r de Cantelou, conseiller et secrétaire du Roi, maison et couronne de France, ancien conseiller et second échevin, et Michel Mariage s^r de Mongrimont, aussi conseiller notaire et secrétaire du Roy et contrôleur en sa chancellerie de Normandie, conseiller échevin moderne, et, en cas d'absence ou d'empêchement dud. Mariage, n. h. N^as Surgis, aussi conseiller échevin moderne.

« Jeudi, 1ᵉʳ déc. 1616, en l'hostel-commun, sous la présidence de Jacques Du Fay, escuier, sʳ du Boscachart et de Lieurré, gentilhomme ordinaire de la chambre du Roi, lieutenant de sa vénerie et bailli de Rouen, assemblée des lieutenant général, avocat, procureur du Roi au bailliage, conseillers modernes et anciens, députés de l'église, de la noblesse et du tiers estat des quatre vicomtés du bailliage pour délibérer sur les articles à employer dans le Cahier des Etats. Il a esté arresté que S. M. est suppliée de ne donner lettres de rémission et abolition pour les crimes et délitz commis durant ces derniers mouvements et autres temps, soubs l'espérance desquelles plusieurs voleries ont été faictes, meurdres infinis perpétrés avec infractions de sauvegardes et passeportz, pillages et autres cas exécrables, ny pour ceulx lesquels, se fondans sur quelques prétextes pour exercer leurs vengeances particulières, ont mené les gens d'armes en diverses maisons et villages, et apporté toute sorte de ruine et de désolation, employant mesmes, en des actes si meschans, les garnisons voisines desd. villages.

Retrancher le nombre excessif de ceulx qui se disent officiers de la maison du Roy, de celle des princes, archers de la vénerie, fauconnerie, escurie et mortepayes, Affranchis de parroisses, messagers, officiers d'université, Francs-tauppins et autres de semblables qualités, pourveus seulement de simple lettre de retenue et de certifications appostées, sans qu'ils soient en effet employez dans les estatz.

Qu'il plaise à S. M. ordonner que doresnavant les Estatz de la province de Normandie se tiendront en la ville de Rouen, au mois de septembre, afin que les députés puissent avoir la commodité et le temps de faire à sa dite Majesté, leurs très-humbles remonstrances, et avant que l'assiette pour les tailles soit donnée.

Que toutes commissions extraordinaires en Normandie, comme origine des maux et misères du peuple, soient révoquées et à l'advenir qu'aucunes n'y puissent estre exécutées, si premièrement elles n'ont esté vérifiées par les compagnies souveraines et autres juridictions.

Que les maladeries et léproseries soient bien et sincèrement administrées, sans que le revenu qui en provient demeure ès mains d'aucuns qui en font leur propre et bien particulier, et après que les services, entretènemens et réparations des lieux auront esté accomplis et un précepteur pour instruire la jeunesse défrayé, que le surplus dud. revenu soit affecté au Bureau des pauvres valides de Rouen, orphelins et autres pauvres dépendans desd. léproseries, à la charge d'en compter (1).

Sur l'interpellation faicte aux députés du tiers estat des vicomtés de Rouen, Pont-de-l'Arche, Pontaudemer et Auge, de représenter les mémoires en bonne forme, si aucuns leur avoient esté baillés, pour estre veus et examinés par la compagnie, lesquelz ont dit avoir quelques articles non signés, mais que leurs procurations contenoient le pouvoir à eulx donné de dire et demander ce qu'ilz trouverroient estre utile et nécessaire, tant pour le bien de leurs vicomtés que de ce bailliage, et dont lecture avoit esté faicte, et mis en délibération si les députés seroient receus à la ré-

---

(1) L'instruction religieuse laissait partout à désirer, témoin cette remontrance de l'évêque d'Orléans à l'assemblée du clergé de France, 15 janv. 1617 : « On pourroit adjouster que la plus part des Chrétiens ne le sont que de nom; que de foi et de religion ils en ont fort peu, et que pour remettre l'église il faut remettre la foi et la religion dans l'âme des peuples, qu'à cela sont propres les catéchismes, les écoles des Jésuites; et encore seroit d'advis qu'avant que de donner la première communion à un jeune homme, il le faudroit catéchiser comme anciennement on avoit accoustumé les catéchiser avant le baptesme. » (Arch. de la S.-Inf. F. de la Chambre du Clergé).

solution des articles sus dits, faute par iceulx députés de ne bailler des articles, a esté arresté, attendu qu'ils ont ample pouvoir par leurs procurations de requérir ce qu'ilz adviseront bien estre, qu'ilz sont admiz en la présente assemblée à y demander ce que bon leur semblera pour le bien, profit et utilité de leurs vicomtés. »

II.

Extrait du registre du greffier-commis des Etats.

« Du jeudy, 1ᵉʳ jour de déc. 1616 et autres jours ensuivants, en l'assemblée des gens des trois Estats de Normandie tenue en la grande salle du manoir archiépiscopal de Rouen par Mgr le maréchal d'Ancre, lieutenant général pour S. M. en lad. Province, lesd. députés ont esté appelés dans la salle où ils étoient auparavant que d'aller à lad. ouverture ainsi qu'il ensuit.

Ordre des bailliages et vicomtés de Normandie que l'on a accoustumé appeler en l'assemblée des Estats après l'ouverture d'iceulx auparavant que procéder à l'élection d'un président pour présider lad. assemblée pendant lesd. Estats.

Premièrement, pour le Bailliage de Rouen : le député de l'église dud. baill., le dép. de la noblesse, les eschevins, de la ville de Rouen, le d. du t. e. de la vic. de Rouen, le d. de la vic. de Pont-de-l'Arche, le d. de la vic. du Pontaudemer, le d. de la vic. d'Aulge.

2° Baill. de Caux : le d. de l'église, le d. de la noblesse, le d. de la vic. de Caudebec, le d. de la vic. de Monstivillier, le d. de la vic. d'Arques, le d. de la vic. de Neufchastel, le d. de Gournay et de la Ferté-en-Bray.

3° Baill. de Caen : le d. de l'église, le d. de la noblesse, le d. des eschevins de Caen, le d. du t. e. de la vic. de Caen, le d. de la vic. de Bayeux, le d. de la vic. de Falaise, le d. de la vic. de Vire.

4° Baill. de Costentin : le d. de l'église, le d. de la noblesse, le d. du t. e. de la vic. de Coustances, le d. de la vic. de Carentan, le d. de la vic. de Valognes, le d. de la vic. d'Avranches, le d. de la vic. de Mortaing et de la chastellenie de Tinchebray.

5° Baill. d'Evreux : le d. de l'église, le d. de la noblesse, le d. du t. e. de la vic. d'Evreux, le d. de la vic. de Beaumont-le-Roger, le d. de la vic. de Conches et Breteuil, le d. de la vic. d'Orbec.

6° Baill. de Gisors : le d. de l'église, le d. de la noblesse, le d. du t. e. de la vic. de Gisors, le d. de la vic. de Vernon, le d. de la chastellenie de Pontoise, le d. de la prévosté de Chaumont et Magny, le d. de la vic. d'Andely, le d. de la vic. de Lyons.

7° Baill. d'Allençon : le d. de l'église, le d. de la noblesse, le d. du t. e. de la vic. d'Allençon, le d. de la vic. d'Argentan, le d. de la vic. de Dampfront, le d. de la vic. de Verneuil, le d. de la vic. du Perche et chastellenie de Nogent-le-Rotrou.

Et, ce fait, après lad. ouverture, lesd. s^{rs} députés se sont assemblés pour sçavoir qui debvoit présider en la présente assemblée, ainsi qu'il ensuit : Roüen, Caux, Caen, Costentin, Gisors, Alençon, lesquels, tous d'ung advis uniforme, ont député Mgr l'évesque de Tarse pour présider lad. assemblée.

Signé : Henry, E. de Tarse, coadjuteur d'Avranches.

Et, led. jour, après que lesd. s^{rs} ont esté assemblés aud. lieu de l'archevesché, a esté pris le serment de tous lesd. s^{rs} députés en la manière accoustumée, qui est qu'il ne sera, par aucun, revélé aulcune chose de ce qui sera résolu et arresté en la présente assemblée, ce qu'ils ont ainsi juré.

Et, ce faict, a esté représenté par M. Echard, procureur sindicq des Estatz de la Province et M. le comte de Saignes (¹), l'affaire mise en délibération, savoir si l'on

(¹) Le sujet de la contestation n'est pas indiqué. Il doit y avoir une lacune dans le manuscrit.

debvoit député deux de MM. les députés de l'église, deux de MM. de la noblesse, l'ung de MM. les eschevins de la ville de Rouen et deux du t. e. pour se retirer par devers trois ou quatre de MM. les advocats de ce Parlement affin d'en prendre leurs advis, et à ceste fin assemblés par bailliages, Rouen : le député de l'église de Costentin, le noble, M. du Mesnil et M. de Criquetot, pour la ville, M. Hallé, pour le t. e., Montivillier et Gisors; — Caux : le député de l'église de Costentin, pour le noble, Rouen et Caux, pour la ville, M...; et, finalement, par ung commun accord, mes dits srs les députés de l'église ont nommé le député de l'église de Costentin et le député de l'église d'Evreux; pour MM. les nobles, ont esté nommés MM. du Mesnil et de Criquetot; pour MM. de la ville, M. Surgis, et pour le t. e., les députés d'Argentan et de Pont-l'Evesque.

A esté aussy mis en délibération si l'on debvoit employer au Cayer des remonstrances le 1er article d'un mémoire présenté par MM. les députés de la ville de Rouen : il a esté arresté qu'il n'en sera employé aulcune chose. Pour le 3e art., arresté qu'il sera employé; pour l'article du pont, qu'il y sera employé.

Et, le lendemain, second jour dud. mois et an, a esté mis en délibération sçavoir : si le pays debvoit pas continuer la gratification de 6,000 escus que l'on a accoustumé, par chacun an, à la Royne mère, notre gouvernante; et, tout d'ung advis, arresté que la levée de lad. somme sera faite, l'année prochaine, pour en gratiffier lad. dame, ainsy qu'il est accoustumé.

Arresté aussy qu'il sera employé article pour les 3 d. pour l. attribués aux receveurs des tailles; comme aussy pour les 2 s. 6 d. pour l. pour quittance et 1 s. pour l. pour chandelle mentionnés par les lettres-patentes de S. M.; qu'il sera aussy employé article dans led. Cayer de la révocation absolue des Francs-taupins; ung article pour la révocation de la grande crue.

A esté aussy mis en délibération ce que l'on debvoit faire à l'advenir pour les estappes, et résolu qu'il en seroit usé en la manière accoustumée, et que quelque nombre de la compagnie se retireront par devers Mgr le gouverneur, et le supplieront apporter de son autorité à faire en sorte que, pour l'advenir, il y ait ung si bon ordre que le peuple ne soit incommodé.

Sur la requeste présentée par M. Michel Baziret, pourveu par mes dits s^{rs} d'un office d'huissier auxd. Estats, affin de faire recevoir à la survivance de son office M. Guill. Baziret, son fils, et, l'affaire mise en délibération, il a esté ordonné que led. Baziret fils seroit receu à la survivance dud. office d'huissier, à laquelle fin il a presté le serment en tel cas requis et accoustumé.

Signé : Henry, E. de Tarse, etc... et Guill. Baziret.

A esté aussy arresté qu'il sera employé article au Cayer contre le grand maistre des Eaux et forests (¹).

A esté aussy arresté, pour aller demain en la Court des Aides, pour MM. de l'église, Caux et Costentin, pour le noble, MM. les députés de Costentin et Allençon, pour MM. les échevins, M. Surgis, et pour le tiers estat, Pont-l'Evesque et Bayeux.

Du samedy, 3º jour dud. mois et an, a esté mis en délibération si l'on debvoit employer au Cayer ung article baillé par les députés du bailliage et vicomté de Caen, affin qu'il fust permis aux juges des lieux, privativement à tous huissiers et sergents, de procéder à la vendue des levées, tant naturelles qu'industrielles, inhérentes sur les terres ; et assemblé et pris advis par les bailliages, à sçavoir icelluy à la plu-

---

(¹) Nicolas Clausse s^r de Fleury, lieutenant d'une compagnie des ordonnances du Roi sous la charge du duc de Nevers, conseiller du Roi en son conseil d'Etat, nommé à l'office de grand maître enquêteur et général réformateur des eaux et forêts de France, aux départements de l'Ile de France et de Normandie, sur la résignation de son père, 17 oct. 1611.

part, a esté résolu qu'il n'en seroit employé aulcune chose, et que, sy les parties estoient intéressées pour les formes mal gardées par les huissiers et sergens procédans auxd. vendues, ils en adresseront à MM. les supérieurs la justice.

Arresté aussy qu'il sera dressé article de la plainte employée par les députez d'Evreux touchant une nouvelle attribution de signature attribuée aux Esleuz ; — qu'il sera aussi employé article contre les capitaines et archers du sel; — qu'il sera employé article et demandé qu'aux églises collégiales il soit affecté une prébende perpétuelle afin d'instruire la jeunesse aux despens de lad. prébende ; comme aussi, dans les abbayes et couvents, il sera employé du bien de chacune d'icelles pour employer à l'entretènement d'ung précepteur pour entretenir la paouvre jeunesse ; — ung article pour la marque des cuirs.

A esté aussy mis en délibération l'article de S. Lo et Carentan pour rendre la rivière de Vire plus facilement navigable. Il a esté arresté que lesd. habitants de S. Lo se pourvoyront par requeste au Conseil privé du Roy, à laquelle requeste lesd. habitants seront assistés de ceux qui seront députés pour porter le Cayer et de M. le procureur des Estats pour en solliciter l'expédition.

Sur ce que le député de la noblesse du bailliage de Costentin auroit représenté en l'assemblée qu'il seroit chargé de mémoire, à luy donné par le s^r Durand, secrétaire de Mgr de Matignon ([1]), lieutenant général ès bailliages de Caen, Costentin et Alençon, pour faire instance en la présente assemblée que, les Estats de ceste Province ayant accoustumé de gratiffier le secrétaire du gouverneur d'icelle, et qu'icelluy Durand faisant la charge près mon dit seigneur de Matignon

([1]) Charles de Matignon, chevalier des ordres de S. M., lieutenant général au bailliage de Cotentin, nommé aussi lieutenant général au bailliage de Caen, en remplacement de Fervaques, par lettres du 3 janvier 1614; — reçu en cette qualité, au Parlement, le 14 janvier suivant (Arch. du palais de justice. Reg. secrets du parlement f° 103 v°.)

en l'estendue de trois des plus grands bailliages de ceste Province, il estoit bien raisonnable qu'il receust quelque part de la gratiffication, priant sur ce lad. compagnie d'y aviser, sur quoy, après lecture dud. mémoire, les bailliages s'estant assemblés, par l'advis d'iceulx en la pluspart, a esté résolu qu'il en sera usé comme par le passé, et que lad. gratiffication sera délivrée au secrétaire des s^{rs} lieutenants généraux de S. M. qui présideront en lad. assemblée.

Signé : Henry, E. de Tarse, coadjuteur d'Avranches.

Du lundy, 5e jour dud. mois et an. Après le rapport fait d'aulcuns députés tant d'église, noblesse que tiers estat, choisis en lad. assemblée pour se transporter par devers les Commissaires députés par le Roy sur la réformation prétendue par les Estats, pour le fait de réduire les appellations des décrets à 10 ans entre majeurs et 10 ans après la majorité des mineurs, qui souloit estre de 30 ans, lesd. délégués, parlant par le délégué de l'église du bailliage de Caux qui a remonstré à lad. assemblée que lesd. s^{rs} Commissaires, les ayant ouys en leurs remonstrances, leur auroient faict responce de donner advis à lad. assemblée de délibérer meurement ceste affaire qu'ils jugeoient de très-grande conséquence pour tous les ordres dud. païs, pour quoy a esté résolu que particullièrement chascun des députés dist son advis sur lad. affaire, et à ceste fin appelés les ungs après les autres et dict leurs advis comme ensuit, sçavoir :

1° Bailliage de Rouen : les députés du baill., ville et vicomté de Rouen, tant de l'église, noblesse, eschevins que tiers estat, ont esté d'advis que l'appellation doibt estre limitée à 10 ans pour les majeurs, et pour les mineurs, 10 ans après leur majorité. Signé : Henry, E. de Tarse, coadjuteur de l'évesché d'Avranches, Bauquemare, Hallé et N^{as} Surgis.

2° Caux : Les députés du baill. de Caux, de tous les ordres, ont esté du mesme advis de 10 ans entre majeurs et de 10 ans après la majorité des mineurs. Signé : Criquetot l'Esneval, L. Le Heurteur.

3° Caen : Les députés du baill. de Caen au mesme nombre ont esté du mesme advis. Signé : C. de La Broyse et Dassy.

4° Costentin : *Idem*. Signé : Jacques de Piennes et Belier.

5° Evreux : *Idem*. Signé : Bellebrune et Dodigny.

6° Gisors : *Idem*. Signé : Desmay et Fleurigny.

7° Alençon : *Idem*. Signé : Pasquier et Daché.

Et tous ensemble, résolu et arresté que, suivant leurs procurations et mémoires, lesd. s^{rs} Commissaires seront suppliés, en procédant à la vériffication desd. lettres (que) expressément ils désignent l'aage à laquelle les mineurs sont déclarez aagez, d'aultant que, aux procès évocqués de ceste Province, lesquels se jugent tant au Parlement de Paris que ailleurs, lesd. Cours, d'ordinaire, ne jugent les actes de majorité que après 25 ans accomplis contre l'usage de ceste Province qui les limite et déclare aagés à 20 ans accomplis (¹).

Suivent les signatures des députés. Par mes dits s^{rs} les délégués, signé : De la Court.

Mercredi, 7e jour dud. mois et an, nomination, suivant l'avis à la pluspart, des deux commissions pour le port du cahier et pour l'audition des comptes, signée : Henry, E. de Tarse, président en l'assemblée, et Echard. A la suite : Par mes dits sieurs les délégués, signé : De la Court. »

(¹) Remonstrances du procureur général du Parlement touchant la majorité à 20 ans accomplis tant pour fils que pour filles suivant la coutume, 7 janvier 1619. (Arch. du Palais de Justice. Reg. secrets du Parlement.)

III.

Nomination des deux commissions pour le port du Cahier et pour l'audition des comptes.

« Du jeudi avant midi, 8e jour de déc. 1616 à Rouen.

Furent présens messire Henri de Boyvin, évesque de Tarse, coadjuteur de l'évesché d'Avranches, haut doien et chanoine en l'église cathédrale N.-D. de Rouen, delégué pour les gens d'église du bailliage de Rouen, Jacques de Baucquemare, esc., s^r du Mesnil, d. pour les gens nobles dudit baill., n. h. Jacques Hallé s^r de Cantelou, conseiller secrétaire du Roy et second eschevin de la ville de Rouen, et N^{as} Surgis, aussi conseiller eschevin moderne de ladite ville, d. pour lad. ville, Ch. Varnier (1), d. pour le tiers estat de la vic. de Rouen, Guill. Dupont (2), demeurant à St-Etienne d'Ellebeuf pour la vic. du Pont-de-l'Arche, N^{as} Lemonnyer, demeurant en la par. de Glos-sur-Risle (3), pour la vic. du Pontautou et Pontaudemer, et Jehan Duchemyn (4), demeurant en la par. de la Capelle Hainfray pour la vic. d'Aulge; — discrète personne Me Pantaléon Le Heurteur, presbtre, curé de St-Jacques de Neufchastel et doyen audit lieu, d. des gens d'église du baill. de Caux, messire Claude de Pruneley, chevalier, s^r et patron de Criquetot et d'Englesqueville l'Esneval, d. pour les gens nobles dudit baill., N^{as} Du Bosc, demeurant en la par. de Benesville, d. pour le t. e. de la vic. de Caudebec, Jeh. Mennessier, laboureur, dem. en la par. de Pierrefique, pour la vic. de Montivilliers, Jeh. Langlois, dem. en la par. de

---

(1) De la par. de la Vieux-rue ; nommé le 30 septembre.
(2) De la par. St-Etienne d'Elbeuf; nommé le 3 oct.
(3) Nommé le dernier sept.
(4) Dit le Bouillon ; nommé le 1er oct.

Lynetot, pour la vic. d'Arques, Emond Jamard, dem. en la par. de Saturny, pour la vic. de Neufchastel et Jeh. Langloys, dem. à Gournay, pour la vic. dud. lieu; — Domp Claude de Labroyse, esc., s^r et prieur de Roulours, d. pour les gens d'église du baill. de Caen, n. h. Etienne Dassy, s^r et baron de Collonces, d. pour les gens nobles dud. baill., Abraham Graffart, de la par. de Collonces, d. pour le t. e. de la vic. de Caen, Henry Regnauld, de la par. de St-Siforien à Bayeux, pour la vic. de Bayeux, m^e François Clément, dem. à Fallaise, pour la vic. dud. Fallaise, et m^e Robert Durand, dem. à Vire, pour la vic. de Vire et Condé; — noble et discrète personne Me Robert Belier [1], presbtre, chanoine et promoteur d'Avranches et curé de Montanel, d. pour les gens d'église du baill. de Costentin, Jacques de Piennes, esc., s^r et chastelain d'Ernanville, d. pour les gens nobles dud. baill., Enguerran Asselin, bourgeois de Coustances, d. du t. e. de la vic. dud. Coustances, Anthoine Jullien, pour la vic. de Carentan, Me Laurent Guyot, pour la vic. de Vallongnes, Me Guillaume Arondel, pour la vic. d'Avranches, et Michel Sacher pour la vic. de Mortaing; — noble et discrète personne, Me René de Joigny Bellebrune, haut doyen en l'église d'Evreux, d. pour les gens d'église du baill. dud. Evreux, Guill. Dodigny, esc., s^r de Fourneaulx, pour les gens nobles dud. baill. Jacques Mailliard, pour le t. e. de la vic. d'Evreux, Jeh. Godey, pour la vic. de Beaumont-le-Roger, Robert Toustain, pour la vic. de Conches et Bretheuil et Jacq. Le Prévost, pour la vic. d'Orbec; — Me Jacq. Desmay,

[1] Les chanoines d'Avranches le portèrent, comme absent du chapitre, pendant ses voyages et son séjour à Rouen à l'occasion des Etats. Ils refusèrent de lui payer ses *premanibus* et distributions.

Belier s'adressa au Parlement qui le renvoya se pourvoir devant le lieutenant général du baill. de Cotentin en la vicomté d'Avranches. (Arch. du Palais de Justice. Audiences civiles du Parlement, note communiquée par M. E. Gosselin.)

presbtre, doyen et grand vicaire de l'archevesché de Rouen, d. pour les gens nobles du baill. de Gisors, Pierre de Mallevende, esc., s^r de Fleurigny, pour les gens nobles dud. baill., Gervais Dehors, pour la vic. de Gisors, Nicolle du Boys, pour la vic. de Vernon, Gabriel Vatier, pour la chastellenie de Pontoise, N^{as} Le Febvre, pour la vic, prevosté et accroissement de Magny, Jacq. Ingoult, pour la vic. d'Andely; — m^e Jullien Pasquier, presbtre, d. pour les gens d'église du baill. d'Allençon, messire Galloys Daché, d. pour les gens nobles dud. baill., François Savary, pour la vic. d'Allençon, Ch. Le Damoisel, pour la vic. d'Argenten et Exmes, Thomas Le Prevost, pour la vic. de Danfront, Josie Caillet, de la ville de Verneuil, pour la vic. dud. lieu, et Mathieu Mauduyct pour la vic. du Perche et chastellenie de Nogent-le-Rotrou, nomment pour poursuivre, vers la majesté du Roi et nos seigneurs de son Conseil, la réponse et expédition des articles du Cayer arresté et signé des députés, sans aucune chose augmenter ny diminuer, pour l'église, Boyvin et Desmay; pour les nobles, Jacques de Bauquemare et Daché; pour le t. e. Durant et Savary.

Suivent les signatures, en tête desquelles celle de Henry, E. de Tarse, président de l'assemblée des Etats.

Les mêmes, le même jour, nomment pour l'audition des comptes (taxe des députés, frais de voyages du procureur syndic etc...) pour l'église, Le Heurteur et Pasquier; pour la noblesse, Dodigny et de Mallevende; pour le t. e., Lemonnier et Maillard.

Suivent les signatures, en tête desquelles celle du président.

IV.

Pièces Diverses.

« 8 février 1616. Sur la requeste présentée par les conseillers eschevins de ceste ville de Rouen, à ce que, suivant qu'il est accoustumé, il soict ordonné que deux d'entre eulx, à ceste fin par eulx députés, assisteront à l'Election dud. Rouen, avec les Elleuz et officiers d'icelle, pour y prendre leur séance et estre présens à l'assiette des tailles pour y avoir voix délibérative, et à ceste fin qu'il en sera faict mention par nos commissions expédyées ausd. Ellections, » ordonnance du Bureau des finances de Rouen, conforme à la requête. (Arch. de la Seine-Inf., C. 1129, Plumitif du Bureau des finances).

« Du mercredy, 14ᵉ jour de déc. 1616. Sur la requeste présentée par Mᵉ Jean-Bapt. Langloys, greffier des Estats de Normandie, à ce qu'il luy soit ordonné remboursement de la somme de 200 l. pour les fraiz extraordinaires par luy faicts en la dernière convention des Estatz, à cause des différements d'iceulx faicts par diverses foys, pour lesquelz il luy auroit convenu faire envoyer par les bailliages et vicontez de ceste Province pour faire sçavoir lesd. différements, à ce que les délléguez n'eussent pas à se mettre en chemin mal à propos, taxe de 100 l. dont il sera payé par Doublet. » (*Ibidem*, C. 1129, f° 148 vº.)

« Lundy, 12 déc. 1616. Sur la remonstrance faicte par escript par Jacques Maillart, bourgeois d'Ivry, député pour le tiers estat du bailliage d'Evreux, pour assister en la convention des Estatz de Normandie, tenus le 1ᵉʳ jour de ce mois, de ce que Mᵉ Dominique Dieury (?), recepveur des tailles de l'Ellection dud. Evreux, lève sur les pauvres paroisses d'icelle, qui ne sont cottisées qu'à 2 s., 4 s. et 6 s., 13 s. 6 d. pour le port des mandemens, qui est une grande opression pour le peuple, à quoy il supplioit que l'on eùst esgard,

Après que semblables plaintes nous ont esté rendues en faisant nos visites et chevauchées par les Ellections de ceste Généralité, et que pour pourveoir au soulagement du peuple il avoit esté cy-devant ordonné que led. port des mandements n'y seroit levé sur les parroisses qui seroient imposées au dessoubz de 10 l., Nous avons ordonné que, conformément à icelles, deffenses seront faictes, aux receveurs des tailles et tous autres qui feront ledit port des mandements, de prendre ny exiger aucune chose pour icellui sur les parroisses qui seroit imposées au dessous de la somme de 10 l. soit pour la taille et la crue. » (*Ibidem*, C. 1129 f°s. 147, 148 v°.)

Extraits des mémoriaux de la Chambre des Comptes. Arrêt du Conseil par lequel est ordonné que les deniers destinés pour la réfection du pont de Rouen seront administrés par les échevins de la ville, mis aux mains du receveur des deniers communs, et que bail et adjudication de la ferme des 20 s. pour muid de vin seront faits par le bailli de Rouen et par lesd. eschevins, 4 fév. 1617; — lettres-patentes sur led. arrêt, même date. Vérification de l'arrêt et des lettres-patentes, en la Chambre des Comptes, 6 avril 1617. (Arch. de la S.-Inf. B. 36 f° 106 v°.)

Arrêt du Conseil entre le procureur syndic des Etats de Normandie, demandeur en 2 requêtes du 20 oct. 1617 et le procureur général du Roi en la Chambre des Comptes, défendeur.

« Le Roy a deschargé le procureur des Estatz tant de la comparence personnelle que de tout ce qui s'en est ensuivy, et les comptables de toutes les condamnations contre eux jugées, et, ce faisant, ordonné que les amendes qui ont esté paiées par lesd. comptables leur seront rendues et restituées; et faisant droit sur la requeste du procureur général de lad. Chambre des Comptes, du dernier janv. de la présente année, a ordonné et ordonne que les comptes des estapes se rendront en lad. Chambre après que l'estat en aura esté vérifié par devant les gouverneur et Commissaires desd. Estats, sans qu'aux comptes qui en ont esté cy-devant rendus par devers lesd. Commissaires des Estats il puisse estre rien innové; et néanmoins les originaulx et acquis d'iceux estant par devers lesd. Estats seront portez en lad. Chambre, 15 fév. 1618. » (*Ibidem*, B. 37, f° 64).

Extrait des Mémoriaux de la Cour des Aides. — Arrêt du Conseil d'Etat entre Antoine Feydeau, adjudicataire général des Aides de France, et les sous-fermiers tant du vin et menus boires que des poissons et harengs de la ville de Rouen, d'une part, et les conseillers échevins de Rouen, d'autre part, le procureur syndic des Etats partie intervenante aux instances. « Le Roy, en son Conseil, sans soy arrester aux lettres du 27 fév. dernier (1616) et arrêts du Conseil du 16 fév. 1608, 12 fév. 1609, 22 fév. 1611, 23 mars et 13 oct. 1616, ordonne que les Conseillers échevins de la ville de Rouen jouiront du privilége à eux accordé par les lettres-patentes du roy Louis 12e, du 12 janv. 1512, et en ce faisant que les cours de Parlement et des Aides pourront transférer les foires et jours restants d'icelles aux occasions et occurrences portées par lesd. lettres, 16 mars 1617. »*(Ibidem.* F. de la Cour des Aides.)

ÉTATS DE NOVEMBRE 1617.

I.

Extraits des registres de l'hôtel de ville de Rouen.

Lettres du Roi fixant la réunion des Etats à Rouen, au 15 novembre; 19 sept.; — du duc de Luynes, lieutenant général pour S. M. au gouvernement de Normandie, 23 septembre.

Assemblée tenue à l'hôtel de ville de Rouen, sous la présidence du bailli, pour l'élection des députés, le 25 oct. « Sur ce qui a esté mis en avant si les voix des curés n'estans en habit décent et qu'ils avoient données seroient comptées, et, attendu le grand nombre d'iceulx et le peu de bourgeois assistans en lad. assemblée, si on la remettroit au lendemain, en laquelle on semondroit lesd. bourgeois pour prendre leurs voix particuliérement, comme l'on faict celles desd. curés, il a esté arresté que les voix desd. curés seront comptées, et à eulx enjoint à l'advenir de se trouver en lad. assemblée en habit convenable; autrement, n'y seront reçeus, et sera passé oultre à la nomination desd. députés.

« Et parce qu'il s'est trouvé une procuration passée devant Jacques Morel et Robert Le Febvre, tabellions royaux au siège du Pontaudemer et Quillebeuf, le 23ᵉ oct. an présent, par le doien dud. Pontaudemer et curés de S. Siphorien, S. Ouen, N. D. de Selles, N. D. de Préaux, Toutainville, S. Supplix, Formauville, Fatouville sur la mer, Martinville, S. Michel de Préaux, Grestain, S. Siméon, S. Pierre du Chastel, à mᵉ Hector Du Bois, curé de Foullebec, pour comparoir, en leur nom, en la présente assemblée et y nommer un député pour l'église, tel qu'il adviseroit, a esté mis en délibération si, veu que tous les autres curés avoient donné leur voix en particulier, et qui avoient esté comptées, les voix seroient reçues pour autant de curés qui estoient dénommés en lad. procuration, ou si elles ne seroient admises que pour une voix, sur quoy a esté passé que lad. procuration n'auroit lieu que pour une voix seulement. » Prirent part à l'élection, outre le bailli, les officiers du Roi et les échevins de la ville, les députés des quatre vicomtés du bailliage, et 82 curés dont le nom est cité, sans compter un grand nombre d'autres curés, 25 nobles, 76 bourgeois. — On nomma pour l'église mᵉ Jean Quatresolz, dʳ en théologie, doyen de l'église collégiale de Gournay, vicaire général au spirituel et au temporel de l'archevêché de Rouen; pour la noblesse, Adrien Toustain, écuyer, sʳ de Frontebosc et de Limésy, chevalier de l'ordre du Roi, gentilhomme ordinaire de sa chambre et maistre de camp; pour conseillers échevins;

Guillaume Toustain, écuyer, sr du Roulle, gentilhomme ordinaire de la maison de feu Mgr. le cardinal de Bourbon, ancien conseiller et premier échevin de la ville et N{as} Dumont, aussi écuyer, sr d'Espiney, conseiller échevin moderne.

Lettre du Roi aux Echevins de Rouen. « De par le Roy. Chers et bien amés, le sieur de Luynes (¹), nostre lieutenant général au gouvernement de Normandie, s'en allant en nostre ville de Rouen pour la tenue des Estatz de la Province, nous avons voulu vous tesmoigner par ceste lettre que, l'affectionnant comme nous faisons, à cause des services et des preuves signalées qu'il nous a rendues de son extrême fidélité en plusieurs occasions très-importantes, nous désirons et entendons que vous lui faciés la meilleure réception qu'il vous sera possible, et luy rendiés l'honneur et l'obéissance deubz à sa charge et à son mérite, adjoustant entière créance aux asseurances qu'il vous donnera de nostre bonne volonté en vostre endroit, dont vous ressentirés les effectz, lorsque les subjectz s'en offriront. Escript à Gaillon (²), le 16ᵉ jour de nov. 1617. Signé : Louis, et plus bas : de Loménie. »

18 novembre 1617, assemblée à l'hôtel de ville pour délibérer sur les articles à employer dans la rédaction du Cahier.

II.

EXTRAIT DU REGISTRE DU GREFFIER-COMMIS DES ETATS.

« Du samedy, 18ᵉ jour de nov. 1617, et autres jours ensuivants, ouverture des Estats de la province de Normandie a esté faite en la grande salle du manoir archiépiscopal... de-

---

(1) Il fut nommé lieutenant général au gouvernement de Normandie le 23 sept. 1617.

(2) Le Roi était à Gaillon, s'acheminant à Rouen pour l'assemblée des notables.

vant Mgr. de Luynes... Auparavant que d'entrer en lad. assemblée, lesd. députés ont été appelés en la manière accoustumée, et auparavant que de procéder à lad. appellation, lesd. sieurs députés se sont assemblés par les bailliages pour respondre certaine requeste présentée par m° Touzé, cy-devant recepveur des estappes en la vic. de Vallongnes, prisonnier en la conciergerie de la Chambre des Comptes, instance du procureur général en icelle, pour l'assubjectir à rendre son compte desd. estapes en lad. Chambre, encore que, suivant le vouloir et intention du Roy, déclarée tant par la responce du Cayer de l'année dernière que déclaration de S. M., suivant son commandement etc..., lad. affaire mise en délibération, a esté arresté que 2 des députés de l'église, 1 de la noblesse et 4 du tiers estat, avec le s^r procureur sindic, seront députés pour se retirer par devers mondit seigneur de Luynes et MM. les Commissaires pour les supplier qu'auparavant l'ouverture desd. Estats, led. Touzé fust mis en liberté, attendu qu'il auroit deuement compté de la commission qui lui auroit esté donnée pour lesd. estapes par devant mesdits s^{rs} les Commissaires des Estats, suyvant l'intention de S. M. Et s'estans lesd. députés à cest effect transportés par devers mon dit seigneur le gouverneur et mes dits s^{rs} les Commissaires, assistés dud. procureur des Estats, et estant rentrés dans lad. assemblée, led. s^r procureur auroit rapporté que M. de Mautteville, 1er président en lad. Chambre et l'ung desd. Commissaires, auroit promis de faire délivrer led. prisonnier dans lundy prochain, en baillant caution : ce qui de rechef mis en délibération par les baillages, sur le rapport et advis que lesd. s^{rs} ecclésiastiques voulloient faire, ung huissier desd. Estats est entré et (a) rapporté que mondit s^r le gouverneur et mesdits s^{rs} les Commissaires estoient en séance, attendant lesd. députés. Iceulx ecclésiastiques, néantmoings, tous d'une voix, ont dit que l'advis desd. députés estoit, devant toutes choses, demander publiquement la délivrance dud. prisonnier, chargeant le député de l'église du bailliage de Rouen d'en porter la parolle; et partant se sont lesd. députés acheminés pour prendre leur séance. Laquelle prinse, icelluy député de l'église de Rouen, ayant fait instance aud. s^r gouverneur et Commissaires pour la délivrance dud. prisonnyer, icelluy s^r gouverneur et Commissaires ont député 2 Trésauriers généraux de France pour se transporter en lad. Chambre des Comptes aux fins de lad. délivrance, lesquels ont rapporté que lesd. s^{rs} des Comptes estoient sortis de lad. Chambre, au moyen de quoy ils n'auroient peu effectuer lad. délivrance, occasion pour quoy iceux députés auroient de rechef requis lesd. s^{rs} gouverneur et Commissaires aux fins d'icelle délivrance. Et après plusieurs conférences lesd. s^r gouverneur et Commissaires auroient ordonné que, dans ce jour, icellui Touzé seroit délivré et eslargi desd. prisons, ce qui auroit tost après esté exécuté, et icelluy eslargy.

Et led. jour et an, après midy, après avoir appelé tous lesd. deputés, suivant l'ordre des bailliages, où a esté excusé pour maladie le député de la noblesse de Caux, suivant l'attestation par luy envoyée, signée de son curé, a esté mis en délibération sçavoir lequel de mesdits s^{rs} les députés de l'église devoit présider en lad. assemblée; et, pris l'advis par les bailliages, il a esté arresté que discrète personne m^e Ambroise Le Gauffre, prestre, trésorier de l'église de Bayeux et official de Caen, présidera en la présente assemblée, et fera la responce, vendredy prochain, ainsy qu'il a esté arresté par Mgr le gouverneur et MM. les Commissaires.

Et, ce faict, il a esté faict prester le serment à tous les députés en la manière accoustumée.

A esté mis en deslibération une requeste présentée par m^e Jean Devaynes, Raoul Lucas et Gilles Brohon, cy-devant recepveurs des estapes ès vicomtés de Falaise, Coustances et Carentan, tendant à ce qu'il pleust aux s^{rs} députés ordonner à leur procureur sindiq qu'en poursuivant au Conseil la cassation des condamnations données contre lui par la Chambre des comptes, il eust, par une mesme poursuite et aux despens desd. Estats, à les faire descharger des amendes en quoy lad. Chambre les auroit condamnés; et pour cest effect, prins les advis desd. s^{rs} députés assemblés par les bailliages, il a esté arresté que led. s^r procureur sindiq, en poursuivant au Conseil la cassation des condamnations données contre lui par lad. Chambre des comptes, il poursuivra, par mesme moyen, aux despens desd. Estats, la descharge des amendes en quoy lesd. supplianz et autres recepveurs desd. estapes ont esté et pourroient estre condamnés par lad. Chambre, en conséquent des comptes desd. estapes.

Du lundy, 20e jour dud. moys et an, a esté mis en deslibération s'il sera pas employé, dans le Cayer des remonstrances, article touchant la levée de 12,000 l. pour le s^r de Fontaines Martel, mentionnée dans les patentes de S. M., affin d'en demander la révocation; et, à ceste fin, lesd. s^{rs} députés se sont assemblés par les bailliages, assavoir : les députés du bailliage de Rouen, parlant par leur ecclésiastique, ont esté d'advis qu'il soit employé article au Cayer pour en demander la révocation, et, en cas que l'on voulust passer outre, de s'opposer, au Bureau des finances. Et tous les autres bailliages ont esté de pareil advis.

A esté aussy mis en délibération sy l'on employeroit aud. Cahier article contre la levée de 2 s. et 6 d. pour droit de quittance attribués aux recepveurs des tailles, mentionnée dans lesd. patentes; et arresté qu'il en sera employé article, et que S. M. sera supplyée de faire jouyr le peuple de la responce faite aux Cayers précédents touchant cet affaire, et que led. procureur. sindiq s'opposera, aux Bureaux des finances de cette Province, pour en empescher la levée.

Qu'il sera aussy demandé révocation de l'édit des commissaires des tailles, puis naguères vériffié en la Court des Aydes et, par mesme moyen, la révocation du sold pour livre à eux attribué.

Qu'il sera aussy employé article touchant la révocation du droict de l'imposition foraine sur les marchandises manufacturées en ceste Province qui se lèvent en Bretaigne sur les bestiaux qui viennent dud. pays, et que S. M. sera supplyée de permettre qu'il soit informé des concussions commises par les commis des recepveurs desd. traictes, par commissaires qui seront nommés par les Estats, et qu'à ceste fin ceux qui seront députés pour porter le Cayer des remonstrances à S. M. nommeront lesd. commissaires.

La révocation des 9 l. pour tonneau de vin et 40 s. pour tonneau de sildre et 20 s. pour tonneau de poirey qui se lèvent dans les villes de Rouen, Havre et Dieppe et pour le tonneau de mer.

Qu'il sera employé article pour les rentes constituées sur les receptes du Roy pour estre payées par préférence à toutes autres charges.

Qu'il sera employé article pour supplyer S. M. d'ordonner que ceux qui ont les deniers levés par cy-devant pour le pont de Rouen seront tenus d'en rendre compte, et que S. M. ordonnera que remplacement sera faict du divertissement qui se trouvera en avoir esté faict.

Sur la deslibération sy l'on debvoit pas employer article audit Cayer touchant la révocation du droict annuel, à ceste fin lesd. sieurs députés se sont assemblés par les bailliages, et tous d'ung commun advis (ont) arresté qu'il en sera employé article, en termes les plus persuasifs que faire se pourra, pour supplier S. M. vouloir accorder lad. révocation.

Que la suppression du Prévost général et de ses archers, mesme du payeur de ses gages et de ses dits archers, sera demandée.

Qu'il sera employé article au Cayer pour supplier S. M. affin de réduire la recherche des amendes à 3 années, et que pour les concussions qui se sont commises à la recherche desd. amendes, ceux qui seront députés pour porter le Cayer supplieront S. M. de donner commissaires pour en informer.

Qu'il sera employé article pour le controlle des tiltres ét offices supernuméraires.

Demander la diminution du sel. Article pour le sel.

Du mardy, 21ᵉ dudit moys. Que les levées qui se font en Normandie pour les ponts et chaussées soient employées en chaque générallité, à faute de quoy, il plaise au Roy les révocquer (¹).

L'affaire des comptes des estapes, de rechef mise en délibération et les députés assemblés par les bailliages, lesquels, tous d'un commun advis, ont arresté qu'il sera employé article par lequel S. M. sera suppliée que, pour les comptes desd. estapes, l'ordonnance de Bloys, article deux cens, sera gardée et observée.

Article général pour toutes évocations, et que MM. de Parlement garderont les ordonnances pour les parentelles, à la réception des conseillers d'icelluy.

Article pour la suppression des présentations et que, au dessoubs de 40 l., l'on ne sera tenu de présenter.

Sur ce qui a esté deslibéré des frais qui se font pour le payement des espices et rapports des Cours souveraines et de tous les juges de ceste Province, les députés se sont assemblés par les bailliages et arresté que le Roy sera supplié

(¹) En 1615, le duc de Montbazon s'était fait remettre par le receveur général Jacques Bouillé une partie des fonds des ponts et chaussées qu'il affecta aux fortifications de Pont de l'arche et autres places, contrairement aux remontrances des Tresoriers de France. (Arch. de la S.-Inf. C. 1128. Plumitf du Bur. des fin, 2 oct. 20, 27 nov. 1615.)

que nul ne pourra estre contrainct au payement desd. rapports et espices qu'en levant l'arrest ou sentence (¹).

La révocation du port des mandemens ; et sera S. M. supplyée de permettre à ceux du tiers estat de rembourser les détenteurs en leur permettant de jouir 3 ans du droict qui est attribué à ceux qui sont pourveus desd. offices.

La révocation des Esleux supernuméraires et les réduire à deux.

Que S. M. sera suppliée accorder qu'en attendant la vuide du procès pendant au Conseil entre les vicomtes et Esleux de ceste Province, que les eschevins des villes feront travailler, par provision, aux murailles et pavés des villes.

Les ecclésiastiques exempts de la cotisation du sel, et qu'il soit informé des exactions dont l'on use journellement contre eux.

Que les Commissaires des Estats supernuméraires seront réduits au nombre ancien.

Qu'il sera employé article pour le pied fourché de Caen.

Du mercredy, 22ᵉ jour dud. mois. Est entré en l'assemblée le sʳ Jacquet, adjudicataire des gabelles de ceste Province, contre le prévost des archers duquel a esté proposé plusieurs plaintes par lesd. députés, et arresté qu'il en sera

---

(¹) Les Epices furent attaqués au Conseil du Roi qui en prononça la surséance. Cet usage fut défendu par François de Bretignères, devenu procureur général du Parlement. « Lequel, dit-il dans son plaidoyer, est le plus intolérable, d'ordonner des exécutoires des espices soubs le nom du recepveur, après les arrestz donnés, ou de contraindre les parties de consigner, avant que de veoir le procès, ce qui se pratique entre MM. les maistres des requestes à la veue de Conseil qui m'escoute?... Les Estats de la Province, qui s'estoient plaincts autrefois des exécutoires pour espices (c'était en 1617) ont depuis recongneu que le changement en seroit trop difficile, et résolu en leur derniere assemblée (juin 1620) de s'arrester simplement à supplier la Court d'empescher les exactions des huissiers qui les recueillent » M. Floquet, *Hist. du Parl. de Normandie*, IV, p. 301.

donné article et que remonstrances seront faites à la Court des Aydes.

A esté mis en deslibération si l'on debvoit gratiffier la Royne mère du Roy, gouvernante de ceste Province, du don de 6,000 l. dont le pays a accoustumé gratiffier lesd. s^rs gouverneurs; et à ceste fin assemblés par les bailliages, et arresté, par advis uniforme, que la gratiffication de lad. somme sera faite à l'accoustumée (1).

A esté aussy mis en deslibération sy l'on debvoit employer article dans le Cayer pour demander à S. M. qu'il luy plaise faire tenir de grands jours en ceste Province pour punyr les forces et viollences commises par les plus puissants à l'endroit des plus faibles; et à ceste fin ont assemblé par les bailliages et arresté, suyvant l'advis desd. deputés à la pluspart, qu'il en sera employé article, à la pluspart (2).

Qu'il sera employé article dans le Cayer touchant les lards salés de sel blanc aux pays non subjects à gabelle, à ce qu'ils en puissent vendre sans aulcun empeschement dans les pays subjects à gabelle.

(1) Depuis le meurtre du maréchal d'Ancre, la reine Marie de Médicis était éloignée de la Cour; elle n'était plus que, de nom, gouvernante de Normandie.

(2) En 1617, Jacques Du Bosc, écuyer, sieur de Feugere, de la paroisse de Croué, se rendit coupable d'un assassinat commis en aguet de chemins sur la personne de Richard Viel, assietteur collecteur de la taille, « en indignation de ce que led. Viel auroit augmenté l'impost à taille d'un contribuable, serviteur dudit seigneur. » On l'accusait aussi de plusieurs autres assassinats sur des collecteurs, sergents et particuliers, d'avoir exercé des violences, excès et outrages, et d'avoir fait asseoir la taille à sa volonté. Sur l'appel qu'il interjeta de la sentence des élus de Bayeux, il fut condamné par la cour des Aides à avoir la tête tranchée sur la place du Vieux Marché. Par le mesme arrêt la Cour fit défenses à tous gentils hommes et autres personnes, de quelque qualité qu'ils fussent, de menacer, battre ni offenser les assietteurs, collecteurs et de s'entremettre en élection, assiette et département des tailles, directement ou indirectement, sous peine de la vie. 17 mars 1620 (Arch. de la S. Inf. F. de la Cour des Aides, Reg. du Conseil).

Qu'il sera dressé article que les fermyers des domaines du Roy ne pourront faire payer aulcunes debtes concernantes lesd. domaines, cinq ans après l'expiration de leurs baulx.

Qu'il sera employé article pour la tanque qui se prend proche du Mont S. Michel.

Qu'il sera employé article à ce qu'il soit deffendu à ceux de la R. P. R. de tenir aulcunes escolles dans les villes, suivant l'ordonnance.

Du 23e jour dud. mois et an. A esté mis en deslibération sy l'on debvoit employer article dans le Cayer sy les eschevins de la ville de Rouen apporteront pas, chascun an, ung estat de l'employ qu'ils auront fait des deniers qui se lèvent pour le pont; et assemblés par les bailliages, ont arresté qu'il en seroit employé article.

Que S. M. sera suppliée de faire tenir l'assemblée des Estats aux mois de septembre ou octobre.

Que S. M. sera suppliée que le procureur sindiq sera reçu partie pour le pays et à presenter requeste à la Cour de Parlement, quand il en sera besoing, pour le bien du pays.

S'est présenté Mo Grégoire Le Fillastre, député du tiers estat de la vic. de Vallongnes, qui a remonstré que, pour ce qui concerne les palluds et marests de Caen et Costentin, il y a peu de paroisses en lad. vicomté qui en possèdent, et qu'il a charge par sa procuration de desclarer que, sy les inthéressés aud. party veullent offrir quelque somme à madame (la comtesse de Soissons) pour l'oster hors d'inthérest, les paroisses qui ne possèdent lesd. palluds et marests n'entendent nullement contribuer aud. remboursement, et a supplyé qu'il luy en fust délivré acte, ce qui luy a esté accordé.

Et le samedy, 15e dud. moys, lesd. députés se sont rassemblés, suivant l'ordonnance et le pouvoir à eux donné par Mons. le gouverneur et MM. les Commissaires, affin de deslibérer et employer quelques articles qui n'ont peu estre employés dans le Cayer, à raison de l'arrivée du Roy.

Et mis en deslibération sy l'on debvoit pas ajouster aud. Cayer article concernant les appellations des décrets pour les réduire à 10 ans entre majeurs, 10 ans après la majorité des mineurs, et 20 ans pour les absents, comme aussy pour la lecture des contrats et demander que 10 ans de possession serviront de lecture, arresté qu'il en seroit employé article dans led. Cayer, par les advis uniformes.

Qu'il sera aussy employé article pour supplier S. M. de réduire le nombre des Commissaires pour la tenue des Estatz au nombre de cinq.

L'affaire des estapes de rechef a esté mise en deslibération, et arresté qu'il sera employé article par lequel S. M. sera suppliée d'ordonner que MM. les Commissaires examineront les comptes gratuitement, autrement qu'ils seront renvoyés par devant les juges des lieux, suyvant l'ordonnance de Bloys.

S'est présenté Gilles Cadot, escuyer, s^r et vicomte d'Audouville, député de la noblesse de Costentin, lequel a demandé que, suivant sa procuration, il sera admis au traité des palluds et marests, soit que S. M. intervienne, soit que le traité se face avec mad. la comtesse de Soissons, estant de son pouvoir et debvoir de n'en souffrir la vuide que luy appelé pour y contracter, spéciallement aux frais de ceux qui l'ont députe pour l'inthérest de son bailliage, et demandoit qu'il luy fust délivré acte de sa dite remonstrance, ce qui luy a esté accordé et jugé de l'advis uniforme de tous les s^{rs} députés.

Et, ce fait, après que lesd. s^{rs} députés se sont assemblés pour nommer ceux des trois ordres qui debvoient estre députés pour porter le Cayer, à quoy a esté remontré par le s^r Quatresols, député de l'église de Rouen, qu'il estoit en la puissance desd. depputés de nommer autre que le s^r Le Gauffre, official de Caen, encores qu'il eust présidé en la présente assemblée, ce qui a esté empesché par icelluy s⁽ʳ⁾ Le Gauffre, et après plusieurs contestations, il a esté arresté que, auparavant que procéder à lad. députation, l'ung des députés de l'église, l'ung des députés de la noblesse, l'ung des eschevins de la ville de Rouen, avec le s⁽ʳ⁾ procureur sindiq, se transporteront chez M. de Bretignères, procureur général, qui a par cy-devant esté procureur sindiq, pour terminer ce différend, à l'advis duquel ils se rapportoient, ce qui a esté à l'instant fait. Et après que lesd. s⁽ʳˢ⁾ députés luy ont remonstré led. différend, il les a asseurés que l'on ne pouvoit jamais oster le port du Cayer à celuy qui avoit présidé en lad. assemblée, et que, ayant esté nommé président, il estoit naturellement destiné pour porter led. Cayer; et, le rapport fait en lad. assemblée, a esté arresté que led. s⁽ʳ⁾ Le Gauffre demeurera nommé pour porter led. Cayer, et le reste des affaires remises après midy.

Et led. jour après midy, se sont présentés les députés de l'ecclésiastique, du noble et du tiers estat des bailliages de Caen et Costentin, lesquels ont déclaré que, en la procuration génerale qu'ils vont passer, ils n'entendoient comprendre l'affaire des palluds et marestz pour lesd. deux bailliages, se résolvant à bailler procuration spécialle et particulière à ceulx qu'ils adviseront bien estre, empeschans formellement qu'aultres que ceux dud. bailliage de Caen et Cotentin s'entremettent à la résolution de cest affaire, demandans acte de ce que dessus, ce qui leur a esté accordé.

S'est aussi présenté M⁽ᵉ⁾ Pierre Remond, député pour le bailliage et vicomté de Mortaing, lequel a desclaré qu'il proteste n'estre subjet en aulcune contribution de l'assiette de divers deniers qui se fera aux bailliages de Caen et Cotentin pour le fait des palluds et marests, d'autant qu'il a dit n'y avoir aucunes terres en lad. vicomte qui n'appartiennent en propre à mademoiselle de Montpensier, à cause de son dit comté de Mortaing, et ce est à des particuliers qui dépendent dud. comté, demandant acte de sa dite déclaration, ce qui luy a esté aussy accordé par advis uniforme.

S'est aussy présenté Mᵉ Jehan de Villy, sʳ du lieu, député de la vicomté de Fallaise, qui a déclaré qu'en lad. vicomté n'y a aulcuns marais ny palluds, et que partant lad. vicomté ne sera tenue de porter ny payer aulcune chose, à cause de la composition qui pourra estre faite pour lesd. palluds et marests desd. balliages de Caen et Costentin, demandant acte de ce que dessus, ce qui esté accordé, et acte des protestations des autres bailliages au contraire.

Et ce fait, lesd. députtés se sont assemblés pour députer ceux qui debvoient porter le Cayer, et arresté que le sʳ pénitencier de Lisieux, député pour les ecclésiastiques d'Evreux, assistera le sʳ Le Gauffre, président, le sʳ de Frontebosc, député de la noblesse de Rouen, et le sʳ marquis de Rothelin, (¹) député de la noblesse de Gisors, et honorables hommes..., député du tiers estat de la vic. de Pontlevesque, et Jehan Langlois, député de Gournay, assisteront au port du Cayer; et, pour l'audition des comptes, les députés de l'église de Caux et Alençon, pour la noblesse, les députés d'Evreux et Alençon, et pour le tiers estat, les députés d'Orbec et Verneuil.

Signé : A. Le Gauffre, président en la présente assemblée, et Echard, avec paraphes. Et au dessous : Par mesdits sieurs les délégués signé : De la Court avec paraphe.

III.

ACTES FAISANT CONNAITRE LES NOMS DE QUELQUES-UNS DES DÉPUTÉS.

Procuration donnée par un certain nombre de députés

(¹) Léonor d'Orléans sieur de Rothelin. Il possédait le château de Neaufle-St-Martin.

de la basse Normandie. — Du dimanche après midi, 27ᵉ jour de nov. 1617, passé au logis des Trois Maures parr. (S. Godard). Furent présents noble et discrète personne mᵉ Ambroise Le Gauffre, prieur de Gavray, trésorier et chanoine de l'église de Bayeulx, official de Caen, de présent pour les gens d'église dud. bailliage, messire Anthoine de Sillans, chevalier, sr et baron de Creully, député pour la noblesse dud. baill., Guill. Yver, d. de la vic. de Bayeux ; — mᵉ Gabriel Le Bas, chanoine à Coustances, d. pour les gens d'église du baill. de Costentin, Gilles Cadot, esc, sʳ d'Audouville, d. pour la noblesse dud. baill., mᵉ Salomon des Fountainnes, d. pour le tiers estat de la vic. de Coustances, Jeh. Avice, d. de la vic. de Carentan, lesquelz, au nom et comme porteurs de procuration pour lesd. baill. de Caen et Costentin et, suyvant la protestation par eulx faicte, tant au greffe des Estatz de ceste Province que par la procuration des députés en général de lad. Province, ont fait.... leurs procureurs généraux et spéciaux, c'est assavoir led. mᵉ Ambroise Le Gauffre, mᵉ Anthoine de Sillans sr de Creully et Gilles Cadot sʳ d'Audouville, Nic. Eschard, esc., procureur scindic desd. Estats et led. Yver, député de lad. vic. de Bayeux, ausquels, par le présent, lesd. sʳˢ constituants ont donné et donnent plein pouvoir, puissance, autorité et commission et mandement espécial de poursuivir, pour et au nom desd. baill. de Caen et Costentin, composer avec Mgr et Mᵐᵉ la comtesse de Soissons pour la rescompense qu'ils prétendent pour raison du don fait par le Roy à feu Mgr le comte de Soissons des palus et marais de Caen et Costentin, et pour faire cesser la commission donnée pour la vente et aliénation d'iceux, négotier en ceste affaire au proffit du public le mieux qui sera possible et à meilleur marché que faire se pourra. » Témoins: Jacques de Saon, esc., sʳ de Langerie près Bayeux, et Guill. Dastin.

Les mêmes nomment une députation pour demander au Roi que la Généralité de Caen ne porte qu'un tiers de la taille, crues et taillon, les deux autres tiers devant être supportés par la Généralité de Rouen.

Les registres de l'hôtel-de-ville citent comme députés du tiers état pour la vicomté de Rouen, Pierre Boullon, de la paroisse de la Houssaye-Bérenger, nommé le 20 octobre, pour la vicomté du Pont-de-l'Arche, Clément Grimouin, de la paroisse de Mandeville, nommé le 17 oct., pour la vicomté de Pontautou et Pontaudemer, Guillaume Le Cordier, de la paroisse de St-Martin près St-Firmin, nommé le 16 oct., pour la vicomté d'Auge, Jean Le Chemin le Bouillon, de la paroisse de la Chapelle Hainfray, nommé le 21 octobre.

17 mai 1618. Honorable homme Jeh. Langlois, demeurant à Gournay, délégué pour le tiers état de la vicomté de Gournay pour assister à la convention des trois Etats de Normandie tenue à Rouen, au mois de nov. 1617, avait été député pour présenter au Roi le Cahier des remontrances; il reçut 270 l. comme taxation de 30 jours de voyage et vacations, à raison de 9 l. par jour. (Tabellionage de Rouen, meubles).

IV.

PIÈCES DIVERSES.

Bien que le meurtre du maréchal d'Ancre soit à peine excusable, il ne laissa pas non-seulement d'être justifié, mais encore d'être exalté comme un acte de haute justice par les Etats de Normandie. En cela, ils ne firent que suivre le déplorable exemple qui leur avait été donné par la ville de Rouen et par les Cours souveraines de la Province. Quelques mois avant leur assemblée, et à la première nouvelle de cette exécution dont le Roi n'osait pourtant avouer les circonstances (¹), les échevins et le Parlement s'étaient empressés d'adresser leurs compliments au jeune roi, et il nous en coûte de faire remarquer que tout le regret des magistrats fut de s'être laissés prévenir par la ville dans cette lâche approbation d'un crime d'état, qui n'était propre qu'à déconsidérer la royauté. On ne peut lire sans quelque surprise le discours que le premier président adressait au Roi, le 10 mai 1617, au nom de la Cour. Rarement la flatterie a atteint un pareil degré d'exagération (²).

« Sire, l'antiquité nous a représenté deux demy-Dieux pour exemple et modelle, à tous les hommes et principallement aux roys, de la justice et de la force qui sont les vertus vrayement royalles, en ung Minos, roy de Candie, et Hercules. Le premier, avant gouverner son royaume, feust neuf ans en ung antre, disciple de Jupiter où il fist son apprentissage de la chose la plus excellente au dessoubs de la divinité et au dessus des hommes, qui est la royaulté. Hercules tua les serpens qui le voulloient estouffer en son berceau. Sire, il y a 7 ans depuis votre avènement à la Couronne, que, dans ung antre, vous conversez avec Jupiter, c'est à dire que vous estes avec la Royauté caché dans ung antre, et que par une sagesse incroïable à la postérité vous avez voulu vous acquérir l'expérience par l'observation du gouvernement d'autruy avant qu'agir. Mais aprez avoir demeuré en ceste escole de Minos et au berceau de votre royauté, c'est à dire, au commencement de votre gouverne-

(1) « Dès aussy tost que le mareschal d'Anchre a esté tué pour s'estre mis en défense contre ceux ausquels nous avions commandé de se saisir de luy. » Lettre de Louis XIII au Parlement, 24 avril 1617. (Arch. du palais de justice, Registres secr., 25 avril 1617).

(2) « Le premier président leur dit (aux Echevins mandés près la Cour) qu'ils ont eu tort de députer de la part de la ville pour aller saluer S. M. et luy faire le compliment, dont ils avoient deu advertir la Court, laquelle avoit aussi advisé de députer, afin que, par une mesme correspondance ils eussent à faire ceste action, et l'honneur en estre déféré à la Court. » *Ibidem*.

ment, vous avez en ung instant, comme ung autre Hercules des Gaules, dompté ces monstres et les serpens, sçavoir la rébellion contre l'autorité légitime que Dieu vous a donnée... » Ce qui suit est relatif à la destruction des places de guerre, si fréquemment réclamée par les Etats de Normandie. « Il a pleu à vostre Majesté gratiffier la Normandie de la démolition de Quillebeuf, que le feu roy votre père disoit estre une place qui ne pouvoit faire bien au Royaume, ny en temps de paix ny en temps de guerre, que la rébellion de Paris, Rouen et le Havre de Grâce ayant bastie, leur fidélité a deu démolir, que les malheurs et mort précipitée sur tous ceux qui l'ont voullu fortifier, bien que aucuns par commandement légitime du feu Roy et de votre Majesté, a faict voir que l'Ange tutélaire de la France répugnoit à ceste fortiffication, et semble que toutes les imprécations de Josué, faictes sur ceulx qui bastiroient les murailles de Jéricho, sont tombées sur ceulx qui ont entrepris de mettre cette paille en l'œil aux Roys et leurs villes capitalles de Paris et de Rouen. Vostre prudence à l'advancement de ce bien a prévenu les advis, et vostre bonté les supplications de voz subjects(¹).

« Qu'il plaise à V. M. trouver bon de nous accorder faire justice de tous ceux sans exception qui durant la licence qui a eu cours ont exigé des deniers, contributions, fourrages, corvées de voz subjectz sans voz commissions expédiées et approuvées selon les formes (²). Qu'il vous plaise ordonner la démollition des petites places inutilles qui sont

(1) L'ordre pour démolir la nouvelle fortification de Quillebeuf vint au Parlement, apporté par un courrier, le 29 avril 1617. Les fonds, pour cette opération (1,500 à 2,000 écus), furent avancés par la ville de Rouen. (11 mai 1617). *Ibidem.*

(²) Le 22 mai 1617, le Parlement enregistrait l'édit du Roi pour abolir la mémoire de tout ce qui était arrivé aux derniers mouvements, remettre et rétablir les princes, ducs, pairs et officiers de la Couronne en leurs charges et dignités.

commé les arbres fruitiers nais sur les précipices des rochers, dont les oyseaux et les bestes mangent et les hommes ne goustent point. Ainsy ces places ne servent poinct à V. M. ny à vos subjects en temps de paix ou de guerre, mais de retraitte aux lasches et aux meschans (qui n'osent aller aux armées) pour prendre les deniers de V. M., piller les marchands et les laboureurs, empescher le trafficq, gaster vos forests, comme nous en avons veu l'exemple. Nous demandons donc, Sire, que ce que V. M. a ordonné de semblables nids de Chahuans et de volleurs, et qui a esté empesché par MM. qui ont eu commandement aux armées (pour considérations bonnes pour lors, comme nous voullons croire) soit exécuté en ceste grande paix (1). »

Extrait du discours prononcé au parlement de Normandie par le maître des Requètes Fouquet, commissaire du Roi, pour obtenir enregistrement de l'édit relatif à la revente des greffes. — « 8 juillet 1617. Il n'y a aucun qui n'ayt recongnu les troubles et mouvements qui se sont passez depuis 4 ans et les despences excessives que S. M. a esté contrainte de faire pour donner repos à ceste monarchie, qui ont espuisé tous les trésors que le feu Roy, son père, avoit amassez, et l'ont engagé à une infinité de debtes. L'on a veu en peu de temps tout le royaulme remply d'armées dont l'on ne pouvoit attendre qu'une ruine et subversion de l'Estat, si le Roy, par son courage et la prudence de son Conseil, dont il a esté le seul motif, n'en eust osté le principal subject qui, au mesme temps, les a dissipez; et ne restoit qu'à licentier les armées et subvenir au paiement d'icelles, qui est le principal subject pour lequel S. M. veult que ses édits pour la revente des greffes soit exécuté afin d'en tirer le secours qu'elle espère en ses affaires. Il n'y a que trois moiens qui puissent subvenir aux nécessitez de l'Es-

(1) M. Floquet a rapporté une partie de ce discours au t. V de son *Hist. du Parlement de Normandie*.

tat : le premier, par subsides et empruncts; le second, par la création de nouveaux officiers; le troisième, par la revente du Domaine. Le premier sembleroit injuste à présent, ayant le peuple qui a souffert tant de maulx plus de besoing d'estre subvenu que de luy demander de l'argent; le second par la création d'offices seroit trop odieux à cause de la multiplicité d'officiers dont la France est chargée, tellement que [reste] le troisième, pour estre le plus facile et le moins à la charge et foulle du peuple, le Roy se despouillant luy-mesme de son bien pour en tirer du secours, toutes fois par la revente des greffes qui ne diminue en rien le revenu de son Domaine. Si jamais la Compagnie a désiré de subvenir au Roy en ses affaires, c'est en ceste occasion qu'elle en doibt monstrer, d'aultant que la nécessité est telle qu'il est impossible, sans ce secours, de paier le licentiement des armées, ou il fauldroit surcharger le peuple de tailles dont la Court n'auroit la cohgnoissance que par les plaintes et exclamations; et ne fault point que la recommandation de quelques particuliers puisse retarder ung si bon effect, ne pouvant la Compagnie doubter que c'est la volonté de S. M. puisqu'elle l'a déclaré de sa bouche à ceulx que la Compagnie a députez. » — Il y eut des lettres de jussion pour cet édit, auxquelles le Parlement répondit par des remontrances. (Arch. du Palais de Justice. Reg. secrets du parlement).

Difficultés entre la Chambre des comptes et le procureur des Etats au sujet des étapes. — « Du lundy, 7ᵉ jour d'aoust 1617, au matin. Sur ce que l'advocat général du Roy, en la présence du procureur général, a remonstré que, pour l'entreprise des commissaires des Estats pour la reddition des comptes des estapes par devant eulx, à la poursuite et requeste du procureur des Estatz, la Chambre avoit, par son arrest du jour de juillet dernier, ordonné que led. procureur des Estats et ung nommé Maurice, soy-disant greffier desd. estappes seroient assignez à comparoir en ceste Chambre pour respondre à ses conclusions, et cependant deffenses à eulx faicte de travailler les commis et preposez ausd. estapes, à payne de 500 l. t. d'amende, ce qui leur avoit esté signifié et iceulx assignez à la Chambre; et n'ayant comparu, avoit led. procureur général obtenu deffault contre led. procureur des Estats et Maurice, en vertu duquel de rechef réassignez n'avoient comparu ny aucun pour eulx, après perquisition faicte entre tous les procureurs, et au lieu de comparoistre et satisfaire aud. arrest de la Chambre, au préjudice de l'autorité d'icelle, avoit led. Eschard faict signifier aud. procureur général par exploict de La Court, huissier, qu'il se portoit pour appelant dud. arrest, et de faict entendoit rellever son appel au Conseil du Roy, requérant qu'il pleust à la Chambre luy accorder, pour le proffict desd. deffaulx, condamnation contre lesd. Eschard et Maurice desd. 500 l. t. d'amende et exécutoire pour les contraindre à icelle, ensemble mandemens pour faire convenir en la Chambre led. s^r de La Court, huissier, pour respondre sur la signification par luy faicte aud. procureur général dud. appel, veu ledit exploict. S'est retiré du Bureau MM. le Febvre, Le Cornier et Anffrye, maistres des Comptes, qui ont dict estre oncle et cousins germains dud. s^r procureur des Estats. Sur ce délibéré, la Chambre a ordonné que les semestres seront assemblez à demain matin, pour deslibérer sur led. exploict et signification. »

Récit fait par le premier président de la Chambre des Comptes à ses collègues de l'élargissement d'un receveur, prononcé à l'instance des Etats de Normandie contrairement à l'autorité de la Chambre. — « Du lundi, 19e jour de nov. 1617, au matin, les semestres assemblez. Sont entrés MM. Langlois, Rassent, etc..... Monsieur le premier président a représenté que, comme député par le Roy à la convention des Estatz de ceste Province, il fut, samedi dernier matin, à l'archevesché où estoient assemblez les autres Commissaires pour tenir lesd. Estatz, où ayant esté fort peu de temps, Monsr de Luynes, lieutenant général pour le Roy en Normandie, estant sorty avec M. le premier président du Parlement pour aller oyr messe, le procureur des Estatz entra et rendit plainte de ce que la Chambre retenoit un recepveur des Estapes au préjudice de l'arrest du Conseil portant interdiction à lad. Chambre de congnoistre des comptes des estapes, que led. sr premier président de Mauteville luy ayant dict que, si led. prisonnier demandoit son eslargissement par requeste à la Chambre, il seroit incontinent délivré, sur cela vint led. sr de Luynes, et, tous lesd. Commissaires assemblez en la grande salle de l'archevesché, prests de faire faire lecture des Commissions du Roy, led. procureur des Estats, assisté de me Quatresols, curé d'Aumalle, des sieurs de Creuilly, de Rotelin, de Beauveau et plusieurs autres déléguez de la Province pour lesd. Estats. Se seroit led. Quatresols adressé aud. sr de Luynes, et avoit demandé, au nom desd. Estats, l'eslargissement dud. prisonnier, qu'ilz disoient entre eulx estre ung député, autrement qu'ilz n'entendroient point la lecture des patentes du Roy : à quoy ledit sr président de Manteville auroit respondu qu'il s'agissoit de l'exécution d'un arrest de la Chambre, qu'il croioit que lesd. Commissaires n'en vouldroient pas prendre congnoissance, y aiant aucuns desd. Commissaires parties en ce regard, qu'il s'asseuroit qu'en présentant requeste à lad. Chambre, led. prisonnier seroit eslargi. Mais voyant lesd. députez arrestez et buttez à vouloir avoir led. prisonnier, fut contraint enfin de dire que, sy lesd. Commissaires trouvoient bon que le sr de Bernières, trésorier général de France à Caen, l'un d'eux présent, se transportast à la Chambre, il pourroit obtenir led. eslargissement à l'instant, ce qu'ils auroient accordé. Et s'estoit led. sr de Bernières acheminé en lad. Chambre, et de retour avoit dit que lad.

Chambre estoit levée, mais qu'il avoit encor trouvé aucuns de Messieurs qui dirent qu'en présentant par led. prisonnier requeste, seroit pourveü à son eslargissement. Et voyant lesd. déléguez que l'heure se passoit, envoyèrent vers led. s^r de Luynes le procureur des Estats dire que, s'il luy plaisoit faire à l'instant ouverture des Estatz, ils entendroient la lecture des patentes et commissions du Roy, pourveu qu'il leur promist de faire eslargir led. prisonnier, et sur plusieurs contestations qu'eurent lors led. s^r premier président de Mauteville et led. sieur premier président de Parlement et lesd. Commissaires, led. s^r de Luynes et eulx s'estoient retirés en la Chambre du Conseil, et là après avoir encor fort disputé sur ce subject, ils ordonnèrent que led. prisonnier seroit eslargy, et que led. sieur de Luynes envoyeroit le tirer des prisons par le grand prévost, laquelle ordonnance ils signèrent tous en sa présence. Ce que voyant led. s^r premier président de Mauteville et qu'indubitablement ils l'auroient fait au préjudice de l'auctorité de lad. Chambre, il envoya appeler le premier huissier de la Chambre, et luy commanda d'aller à l'instant vers MM. les présidents Rassent et du Troncq leur représenter le tout comme il s'estoit passé, et s'ils trouvoient bon d'eslargir led. prisonnier et d'envoyer pour le présenter aud. s^r de Luynes. Ce qu'ils approuvèrent, et, de leur ordonnance à eulx trois, fut led. prisonnier tiré des prisons et deschargé du registre et admené par le premier président, lequel au mesme temps led. s^r premier président de Mauteville le délivra aud. s^r de Luynes qui l'eslargit pendant la séance des Estatz et jusques à ce que par le Roy en eust esté ordonné, quand il seroit en ceste ville(¹), au moien de quoy fut lad. ordonnance rompue, et lacérée par le greffier desd. Estats. (Arch. de la Chambre des Comptes. B. 567, f°. 85vo et 86ro).

(¹) Louis XIII arriva à Rouen, le 24 novembre et y resta jusqu'au 29 décembre 1617.

Enregistrement à la Chambre des Comptes d'un arrêt du Conseil contre le procureur des Etats pour le fait des étapes.

« Du lundy, 12ᵉ jour de mars 1618. — Sur la réquisition des gens du Roy à ce qu'il pleust à la Chambre faire registrer l'arrest du Conseil du 15ᵉ jour de febvrier dernier sur le faict des estappes contre le procureur des Estatz, ensemble leur accorder mandement pour faire assigner les comptables desd. estappes qui en ont encor à compter et que led. arrest soit signifié à mᵉ Pierre Maurice, greffier des Commissaires desd. Estatz, aux fins par luy de satisfaire aud. arrest, l'affaire mise en deslibération, la Chambre a ordonné que led. arrest sera registré et mandement accordé au procureur général pour, à sa diligence, faire assigner, au moys, les comptables desd. estappes... et qu'à ceste fin led. arrest sera imprimé pour estre envoyé par les bailliages et vicomtez de ceste Province... mesme que led. arrest sera signiffié à mᵒ P. Maurice, greffier des Commissaires députez par le Roy ausd. Estatz, pour par luy satisfaire au contenu en iceluy. » (Arch. de la S.-Inf. B. 568 fᵒ. 21 vᵒ.)

Conflit entre le Parlement et la Cour des Aides à propos des lettres de noblesse. — « Extraict des registres du Conseil d'Estat. — Sur la requeste présentée au Roy par son advocat général en sa Court des Aides, contenant que, par les réglemens des tailles faictes années 1597 et 1600, est porté que ceux qui usurpoient la qualité de noble feussent poursuivis, à l'instance du procureur général, et d'aultant qu'en la poursuitte par luy faicte contre lesd. usurpateurs il arrivoyt qu'ils se pourvoient en la Court de Parlement et de là formoient un conflit de jurisdiction, par lettres-patentes du 6 janv. 1604, auroyt esté ordonné que toutes commissions ou arrests de lad. Court des Aides, donnez pour faire asseoir et imposer lesd. usurpateurs de noblesse, seroient exécutés avec interdiction à lad. Cour de Parlement d'en congnoistre et, en cas de contravention par led. Parlement, injonction au procureur général de se pourvoir au Conseil, de quoy led. Parlement ne s'estant contenté et faict faire plaincte par les gens des trois Estats de la Province, S. M. auroit fait responce sur le Cahier desd. Estatz que ceux qui n'estoient assis à la taille ne fussent rendus contribuables qu'après y avoir esté condamnez, et depuis l'advocat général du Parlement et procureur général en lad. Court ouis aud. Conseil, par arrest d'icelluy du 13 fév. 1605, il auroit esté ordonné que lesd. lettres du 6 janv. 1604 seroient exécutées; néantmoings lad. Court de Parlement ne veult defférer auxd. arrests du Conseil, comme il se voit au différend d'entre led. procureur général et Pierre Du Buisson, Robert Arnois, et aultres... Ordonné que l'arrest intervenu sur le Cahier des Estats de lad. Province au mois d'avril 1604 et lettres-patentes du 6 juill. 1604. seront exécutés, 29 mars 1618. » (Arch. de la S.-Inf. Mémoriaux de la Cour des Aides, f° 134 v°.)

Ordonnance du Bureau des finances de Rouen. — « 6 sept. 1618. Sur la présentation des lettres-patentes du Roy données à Paris, le 4ᵉ jour d'aoust dernier, portant mandement de départir, imposer et faire levée durant le reste de la présente année, en l'estendue de ceste Généralité, la somme de 12,000 l. pour sa part de la somme de 18,000 l. accordées par présent à la Royne mère de S. M. par les députez des trois Estatz de Normandie en leur assemblée dernière, avec 400 l. pour les frais de l'obtention desd. lettres.... a esté arresté que département sera faict de la somme de 12,000 l. et frais etc... » (Arch. de la S.-Inf. C. 1132, fᵒˢ 83 v° 84).

ÉTATS DE NOVEMBRE 1618.

Extrait des registres de l'hôtel-de-ville de Rouen.

Lettres du Roi fixant la réunion des Etats au 20 nov., Paris, dern. août 1618; — du sieur d'Ornano, colonel général des gens de guerre Corses, lieutenant général en Normandie, au bailli de Rouen, Paris, 2 sept.; — du bailli aux échevins de Rouen, 13 sept.

Assemblée à l'hôtel-de-ville, sous la présidence de Claude Le Roux, écuyer, s^r de St-Aubin, lieutenant général au bailliage, pour l'élection des députés, 16 oct. Prirent part à l'élection outre les officiers et conseillers de la ville, les députés des vicomtés du bailliage, 78 curés, 10 nobles, 26 bourgeois dont le nom est indiqué « sans compter les autres ». On nomma pour l'église, Me Barthelémy Hallé s^r d'Orgeville, chanoine de Rouen, et archidiaire d'Eu, pour la noblesse, messire Ch. de Mouchi s^r de Memont et de Senarpont, comme conseillers échevins, n. h. Jacques Le Vasseur, ancien conseiller et second échevin de la ville, n. h. Jacques Ellyes, conseiller et échevin moderne, et, pour l'absence de Le Vasseur, n. h. Antoine Gueroud, aussi conseiller échevin moderne.

« Sur ce qui a esté proposé, pour le nombre des gens d'église absens, s'ils seroient multez d'amende et si, à l'advenir, l'on députeroit un ecclésiastique de chacun doienné des vicomtés de ce bailliage, attendu qu'en la plupart des églises d'icelluy ne se trouve qu'un ecclésiastique qui, estant semonds et adjourné à comparoir en ce lieu et s'y rendant, les parroissiens, sur les accidens qui surviennent, demeurent sans pasteur, sur quoy, après avoir délibéré, a asté arresté que les anciens réglemens seront suivis, attendant qu'un autre soit establi, et cependant les défaillans condamnez en 40 s. d'amende, s'ils n'ont excuse légitime. »

21 nov., assemblée à l'hôtel-de-ville pour la proposition des Etats.

II.

Extrait du registre du greffier-commis des Etats.

« Du mercredy, 21ᵉ jour de nov. 1618, ouverture des Estats de ceste Province a esté faitte au manoir archiépiscopal.... devant Mgr le collonel d'Ornano, lieutenant général pour S. M. au gouvernement de ceste Province (1).

Et led. jour, après midy, après avoir appellé tous les députés en la manière accoustumée, a esté mis en deslibération sçavoir lequel de MM. de l'église debvoit présider en la présente assemblée ; et, à ceste fin, assemblés par les bailliages, a esté résolu que M. Hallé, chanoyne, archidiacre en l'église N. D. de Rouen et promoteur en l'officialité de Rouen et ayant ce jour d'huy fait l'ouverture, présidera en la présente assemblée.

Et, ce fait, led. sʳ Hallé a prins le serment de tous lesd. sʳˢ députés, ainsy qu'il a esté accoustumé.

A esté mis en deslibération qui on debvoit députer des sʳˢ ecclésiastiques, nobles et du tiers estat. A esté arresté que les sʳˢ députés de l'église et de la noblesse des baill. de Caux, Caen, Costentin et Evreux et tel nombre qu'il y voudra aller du tiers estat se transporteront demain à la Cour des Aydes pour la supplier de différer la vérification de 3 édits de grande importance au publicq jusqu'à ce qu'il ait pleu au Roy respondre le Cayer.

Du jeudy, 22ᵉ dud. mois. A esté mis en deslibération

(1) J.-B. d'Ornano comte de Montlor, maréchal de France, nommé lieutenant général de Normandie en remplacement du sʳ de Luynes, démissionnaire, 19 juin 1618. (Arch. de la S. Inf. B. 568 f⁰ 55).

sy on debvoit employer article au Cayer pour les ecclésiastiques en ce qu'ils prennent à ferme des dixmes dans leurs paroisses, outré celles qui leur appartiennent, sans payer tailles, et à ceste fin se sont assemblés par les bailliages. Il a esté arresté qu'il n'en sera employé aulcune chose.

Qu'il sera employé article pour les rentes deues par l'hostel de ville de Rouen et Caen provenant des receptes généralles.

A esté mis en deslibération le consentement que doivent donner les députés pour l'édiffication d'un pont de boys, en attendant l'édiffication d'un pont de pierre ; et à ceste fin, se sont assemblés par les bailliages : il a esté arresté que les s^{rs} eschevins continueront à faire faire ung pont de boys, suyvant les lettres du Roy, par personnes capables et suffisans, qui donneront bonnes cauxions rèsséantes dans la Province, et qu'ils seront tenus y appeler M. le procureur sindiq, lorsque les plans seront présentés (¹).

(¹) Dans leur séance du dern. juin 1618, les Echevins de Rouen avaient décidé qu'on construirait un pont de bois sur la rivière de Seine, en attendant qu'on fût en état de faire construire un pont de pierre. Cette décision fut communiquée au procureur syndic des Etats, qui donna son consentement en ces termes : « Le Procureur scindic des trois Estatz du païs et duché de Normandie, ayant eu communication de la résolution prise en l'assemblée générale des Cours souveraines et communautés de la ville de Rouen tenue le dernier jour de juin 1618, dit qu'auparavant qu'obtenir lettres de S. M. pour faire un pont de bois sur la rivière de Seine, il est d'advis qu'il soit dressé plans et devis, par experts à ce recognoissans, de la forme dud. pont, ensemble de sa durée et des moyens de faire qu'il résiste aux inondations, glaces et autres incommoditez de l'hyver, dont les entrepreneurs bailleront asseurance et cautions rèsséantes en ceste Province ; oultre, qu'il soit dressé estat tant de la somme à quoy se pourra monter l'ouvrage et perfection dud. pont, que l'entretien d'icelluy pour le temps de sa durée..., procès-verbaulx de tout ce que dessus rapportés, tant au Parlement, que à l'assemblée des Estatz prochains et de l'hostel commun de ceste ville il y sera pourveu.... Rouen, 9 juill. 1618. Signé : Echard (Reg. de l'Hôtel-de-Ville).

Que la Court sera suppliée de faire publier par les bailliages le réglement qu'ils ont fait pour les amendes.

Qu'il sera employé article touchant le restablissement de la jurisdiction au bourg d'Arques, comme aussy de toutes autres jurisdictions qui ont peu estre transférées à cause des troubles (¹).

Que monsieur le procureur sindic lèvera lettres-patentes touchant les espices et rapports afin de les adresser au Parlement pour les vérifier, suyvant ce qui a esté accordé par la responce du Cayer de l'année dernière.

Qu'il sera employé article touchant la liberté du traffic en la ville de Rouen pour les habitants de ceste Province.

Qu'il y aura article pour le sel et contre les archers.

Article contre le prévost général, pour la suppression de son office (²).

A esté mis en deslibération sy on debvoit employer article dans le Cayer, en exécution de la responce du Cayer de l'année passée, touchant les grands jours, et à ceste fin assemblés par les bailliages, par l'advis desquels, à la pluspart, il a esté

(¹) Arrêt du Conseil et lettres-patentes de S. M. données à Rouen, le 12 juillet 1620, pour transporter au bourg d'Arques le siége de l'Election et bureau d'Arques qui était à Dieppe; — vérifié au Bureau des finances, 3 août 1620 (Arch. de la S.-Inf. C. 1133. f⁰ 80.)

(²) Les vice-baillis, devenus lieutenants de robe courte du prévôt de Normandie, espéraient recouvrer leur ancien titre. Ils agirent dans cette circonstance contre leur chef. Le 26 nov. 1618, noble homme Isaac de Pillon, sʳ du Boscregnoult, Nᵃˢ de Bordes, Guill. Le Mire et le sʳ Desmoullins, vice-baillis des bailliages de Rouen, Caux, Evreux et Alençon, en leurs noms, et aux noms des vice-baillifs de Caen, Cotentin et Gisors, donnèrent procuration au sʳ « Desmoulins pour requérir, avec l'adjonction du procureur des Etats, la suppression des offices de Prevost général de Normandie, ses lieutenants tant de robe courte que de robe longue, greffier et archers, et estre restablis en leurs anciennes charges, ayant esté le Prévost et lieutenants pourveus au préjudice desd. constituans, et présenter requeste au Conseil du Roi, conformément à la requeste du procureur desd. Estats.» (Tabellion. de Rouen, meubles.)

arresté qu'il sera employé article, et que S. M. sera supplyée de donner lieu et commissaires pour tenir lesd. grands jours.

Qu'il y aura article pour la révocation des Commissaires des tailles.

Qu'il sera employé article pour la révocation de l'édit accordé par le Roy en faveur des ecclésiastiques.

Du 23ᵉ jour dud. mois et an. A esté arresté qu'il sera employé article touchant la révocation des voyeurs des chemins en chascune vicomté.

A esté aussy mis en desliberation sy on debvoit employer article au Cayer pour demander au Roy que les sergents fussent tenus de porter les registres des lectures qui se font des contrats aux greffes des lieux ; et l'affaire mise en deslibération par les bailliages, il a esté arresté qu'il n'en sera employé aucune chose.

Qn'il sera employé article à ce que S. M. sera suppliée d'ordonner que les prestres de l'Oratoire rendront compte du revenu des abbayes de Fescamp et du Mont-S.-Michel appartenant à Mons. de Guise, duquel ils jouissent, par devant les sindiqs du clergé (¹).

Que la révocation de la grande creue sera demandée, et demeurera de la somme de 200,000 l. sur la Généralité de Rouen, de 100,000 l. sur la Généralité de Caen.

A esté mis en desliberation si les ecclésiastiques et les nobles debvoient venir aux Estatz aux despens chacun de leur ordre ; et après s'estre assemblés par les bailliages, il a esté arresté, par l'advis desd. bailliages, à la pluspart, qu'il n'en sera employé aucune chose, de quoy aulcuns ont protesté de pourvoy et demandé qu'il leur en sera délivré acte.

A esté mis en desliberation sy on debvoit employer article au Cayer que, pour la réédiffication et réparation des églises, il soit permis aux habitans faire levée sur eux, sans aulcunes lettres du Roy ; et arresté, par l'advis desd. députés, à la plus part, qu'il en sera employé article.

Qu'il sera employé article pour la taxe des greffiers et autres officiers, sans s'arrester à l'arrest du Conseil obtenu par les partisans desd. greffes.

Qu'il sera employé article à ce que, lorsqu'il n'est besoing de faire guet, soit à la coste, soit chastellenies, qu'il ne sera fait aulcunement levées de deniers.

Qu'il sera employé article pour le pied fourché de Caen.

Que le s^r procureur sindic poursuivra la vériffication des lettres-patentes pour les déclarations de despens du Parlement.

Qu'il y aura article pour la révocation des huissiers audienciers ès vicomtés et Elections, en les remboursant par les sergents héréditaires.

Du samedy, 24e jour dud. moys et an. A esté arresté qu'il sera employé article pour les libertés du privillége de la Fierte.

Et après est entré le s^r du Raullet, prévost général de ceste Province.

A esté mis en deslibération le don que l'on a accoustumé faire à la Royne mère du Roy, lieutenante et gouvernante pour S. M. en ceste Province, et arresté que l'on luy feroit la mesme gratiffication.

Du 25 dud. moys, sur la requeste présentée par les officiers de la vicomté de Rouen à ce qu'il fust employé au Cayer un article en particulier pour demander la révocation d'un office de conseiller assesseur, et l'affaire mise en deslibération, il a esté arresté qu'il n'en sera employé aulcun article particulier, mais que le s^r procureur sindic se joindra avec lesd. officiers au Conseil, lorsque l'instance se présentera.

Qu'il sera employé article pour demander la révocation pure et simple pour les palluds et marescages.

Quil sera employé article pour le dépost du sel.

Du lundy, 26ᵉ jour dud. mois et an, sur la requeste présentée par Jean Loysel, meusnier, dem. en la par. de Livet près le Pontantou, tendant à ce que, pour les causes y contenues et en exécution de l'arrest du grand Conseil, du 2 de déc. 1617, par luy obtenu à l'encontre de Mᵉ Guill. de Guillots sʳ de Touffreville, lieutenant du sʳ du Raullet, et ung surnommé Gouay, son greffier, il leur soit enjoint eslire domicille aux fins de leur faire faire les exploits nécessaires, veu lad. requeste, icelle mise en deslibération, après avoir ouy led. de Guillots, qui a déclaré que son domicille estoit en la maison de la demoiselle Desprez, sa sœur, veuve du feu sʳ Desprez, vivant secrétaire du Roy, demeurant en ceste ville de Rouen, par. de Sᵉ Marie la petite rue des Champs Mahiets, auquel lieu il a déclaré que tous les exploits qui lui seront faits tant à luy que aud. sʳ Gouay, son greffier, duquel il se charge, seront bons et vallables, laquelle déclaration il a signée au bas de l'ordonnance estant au pied de lad. requeste demeurée vers moy, greffier commis desd. sieurs députés, ordonné qu'il luy en seroit délivré acte. Fait comme dessus.

Et led. jour après midi, après que mondit sʳ le gouverneur et MM. les Commissaires ont donné leurs advis sur tous les articles dud. Cayer l'on a député pour le port d'icelluy et pour les comptes etc... et ont esté lesd. députations faites par mon dit sʳ le collonnel avec des billets, pour éviter aux brigues qui s'estoient faites, le tout sans tirer à conséquence. Fait en lad. assemblée, le 16ᵉ jour de nov. 1618. Signé : B. Hallé, président à l'assemblée. Et au dessous : Par mes dits sieurs les délégués; signé : De la Court.

III.

NOMINATION DES DEUX COMMISSIONS POUR LE PORT DU CAHIER ET POUR L'AUDITION DES COMPTES.

« Du mardy avant midi, 27° jour de novembre 1618 à Rouen.

Furent présens noble et discrète personne m° Barthelémy Hallé s^r d'Orgeville, chanoine en l'église cathédrale N. D. de Rouen, promoteur général de l'archevesché dud. lieu et archidiacre d'Eu, délégué pour les gens d'église du bailliage de Rouen, messire Ch. de Mouchi, s^r de Memont, Senerpont, d. pour les gens nobles dud. baill., n. h. Jacques Ellyes et Anthoine Guerould, conseillers eschevins de la ville de Rouen, d. pour lad. ville, Robert Ducrotey[1], d. pour le tiers estat de la vic. de Rouen, Adrien Chrétien[2] d. pour le t. e. de la vic. du Pont-de-l'Arche, Jeh. Taupin[3], d. pour le t. e. de la vic. de Pontautou et Pontaudemer, Pierre De Breban[4], d. pour le t. e. de la vic. d'Aulge; — discrète personne m^e Pierre Havin, presbtre, d^r en théologie, curé de St-Remy, d. des gens d'église du baill. de Caux, messire Adrian de Houdetot, chevalier, s^r du lieu et d'Anneville, d. pour les gens nobles dud. baill., Thomas Tarel, d. pour le t. e. de la vic. de Caudebecq, N^{as} Perdriel, d. pour le t. e. de la vic. de Montiviller, Thomas Le Saulnyer, de la par. d'Aupougard (Auppegard), d. du t. e. de la vic. du Neufchastel, Ildevert Malheue, d. pour le t. e. de la vic. de Gournay; — discrète personne Me Robert Hue, presbtre, chanoine en l'église de Baïeux, d. pour les gens d'église du baill. de Caen, messire des Caieux s^r de

---

[1] Nommé le 12 oct.
[2] Nommé le 4 oct.
[3] Nommé le 5 oct.
[4] Nommé le 11 oct.

la Bretonniére, d. pour les gens nobles dud. baill. de Caen, Gille de la Perrelle, d. du t. e. de la vic. dud. Caen, Ollivier Couespel, d. pour le t. e. de la vic. de Baïeux, Edmond Cardonnel s^r de la Roze, d. pour le t. e. de la vic. de Fallaise, Thomas Durand, d. du t. e. de la vic. de Vire et Condé ; — noble et discrète personne m^e N^{as} de Campront, presbtre, chanoine en l'église cathédral d'Avranches, d. pour les gens d'église du baill. de Costentin, n. h. Robert Thomas s^r de Hescaulleville, d. pour les gens nobles dud. baill., N^{as} Desbarres, d. du t. e. de la vic. de Coustances, Anthoine Jullien, d. du t. e. de la vic. de Carenten et S. Lo, Lois Jobart s^r de la Chapelle, d. du t. e. de la vic. de Vallongnes, Jehan Gaudin s^r de Neufville, du t. e. de la vic. d'Avranches, Michel Le Sacher, d. du t. e. de la vic. de Mortaing ; — discrète personne m^e Jacques Du Rouyl, presbtre, chanoine en l'église d'Evreux, Franc. Du Busc, esc., s^r de S. Germain le Fresney, d. pour les gens nobles dud. baill. d'Evreux, Mathieu Labbé, d. pour le t. e. de la vic. d'Evreux, Jeh. Godey s^r de la Placediere, d. pour le t. e. de la vic. de Beaumont-le-Roger, Robert Badin, d. du t. e. de la vic. de Conches et Breteuil, Robert Jouen, l'un des eschevins de la ville de Lisieux, d. du t. e. de la vic. d'Orbecq ; — discrète personne m^e Guill. Bellier, presbtre, curé de Villers-en-Vexin, d. pour les gens d'église du baill. de Gisors, messire Claude Du Bosc, chevalier, s^r d'Espine, d. pour les gens nobles dud. baill., Jehan Guersent, d. du t. e. de la vic. dud. Gisors, N^{as} Du Boys, d. pour le t. e. de la vic. de Vernon, André Le Cousturier, d. pour le t. e. de la chastellenie de Pontoise, N^{as} Le Febvre, procureur syndicq des habitans de la ville de Maigni, d. pour le t. e. de la vic., prevosté de Chaumont et accroissement de Maigny, Robert Seffrye, d. pour le t. e. de la vic. de Lions ; — discrète personne m^e Christofle Mahot, prebstre, curé d'Argentan, d. pour les gens d'église du baill. d'Alençon, messire Yves de Bailleul, chevalier, gentilhomme ordinaire de la chambre du Roy, s^r d'Auberville et Cresseville, d. pour les gens nobles dud. baill., N^{as} Le Vasseur, d. pour le t. e. de la vic. dud. Allençon, Ch. Dupuys s^r de la Chapelle, d. pour le t. e. de la vic. d'Argenten et Exmes, Jeh. Pellerin, d. pour le t. e. de la vic. de Damphront, Artur Maucorps, s^r de Beuroupt, procureur sindicq de la ville de Verneuil, d. pour le t. e. de la vic. du lieu et Chasteauneuf en Thimerais, Mathurin Mauduit, d. pour le t. e. de la vic. du Perche et chastellence de Nogent-le-Rotrou, nomment — pour le port du Cahier, les sieurs Hallé et de Campront pour l'église, Houdetot et de la Bretonnière pour les nobles, Desbarres et Cardonnel pour le t. e. avec n. h. N^{as} Echard, procureur syndic. — pour l'audition des comptes Mahot et (en blanc) pour l'église, de Memont et de S. Germain pour les nobles, Tharel et Le Sacher pour le t. e. » — Suivent les signatures, en tête desquelles celle de Hallé, président de l'assemblée.

ÉTATS DE JANVIER 1620.

I.

Extraits des registres de l'hôtel de ville de Rouen.

Lettres du Roi pour la convocation des Etats au 19 nov., Tours, 7 sept. 1619; — de Henri d'Orléans, duc de Longueville, pour le même objet, 15 sept. Il recommande au bailli, suivant la formule d'usage, d'avoir l'œil à ce que l'élection se fasse de personnes qui aient pour but principal le service de S. M., le bien de l'Estat et le particulier de la Province, et il annonce qu'il se trouvera à Rouen pour y tenir

---

(1) Il avait été nommé gouverneur de Normandie en remplacement de la Reine, démissionnaire. Le Roi en donna avis à la ville de Rouen par lettre datée de S.-Germain-en-Laye, 7 déc. 1619.

les Etats. Plus tard la convention fut remise à cause de la contagion qui régnait à Rouen, au 3 déc. 1619, et finalement au 14 janvier 1620, par lettres du Roi datées de Compiègne, 29 oct., de S. Germain en laye, 6 déc. 1619.

Assemblée à l'hôtel de ville de Rouen, sous la présidence du lieutenant général du bailliage, pour l'élection des députés, le 7 nov. 1619. Prirent part à l'élection, outre les officiers du Roi, et les ecclésiastiques et conseillers d'usage, les députés des vicomtés du bailliage, 6 nobles, 60 bourgeois dont le nom est indiqué, sans compter les autres. Michel Rabasse, député de la vicomté de Pontaudemer, s'était présenté sans procuration. Il se plaignit des juges et officiers de Pontaudemer qui n'avaient pas voulu lui délivrer sa procuration et qui ne lui avaient pas expliqué la cause de leur refus. Il se soumit, du reste, à en faire apparoir dans la huitaine. Il ne fut point admis à prendre part au vote : on lui ordonna de sortir de l'assemblée, « faute par lui de représenter son pouvoir, sauf à poursuivre les officiers de Pontaudemer à le lui délivrer et l'apporter aux Estats. » La procuration de Jaspar Gueroult, député de la vicomté de Pont de l'Arche, donna lieu à une observation : elle n'était pas conçue en termes généraux, ainsi qu'il était accoutumé. On lui donna l'ordre d'avertir les officiers de sa vicomté de faire délivrer à l'avenir au député du tiers état un ample pouvoir et procuration en bonne forme, en déclarant qu'autrement il ne serait point reçu en l'assemblée.

On nomma comme députés : pour l'église, m⁰ Alphonse de Bretteville, prêtre, chancelier et chanoine en l'église cathédrale de Rouen, prieur de S. Blaise, pour la noblesse, messire Ch. de Clères, baron du lieu, chevalier de l'ordre du Roi et gentilhomme ordinaire de sa chambre ; pour conseillers échevins, n. h. Jacques Le Vasseur, ancien conseiller et premier échevin de la ville, et Noel Guerould s^r du Manoir, conseiller, notaire et secrétaire du Roi.

II.

Extrait du registre du greffier-commis des Etats.

« Du mercredy 15⁰ jour de janv. 1620, ouverture des Estats de la province de Normandie a esté faitte au manoir abbatial de S. Ouen de Rouen, devant Mgr. le duc de Longueville et d'Estouteville, gouverneur et lieutenant général pour S. M. en lad. Province.

Et tost après lad. ouverture, après avoir appelé tous les s^{rs} députés en la manière accoustumée, ils se sont assemblés pour desliberer qui debvoit présider en icelle assemblée, et, tous, d'ung advis uniforme, ont arresté que M. de Bretteville, official de Rouen, présidera en lad. assemblée.

Et, ce fait, led. s^r de Bretteville a prins le serment de tous lesd. s^{rs} députés de bien et fidèlement servir le Roy et le publiq et de tenir secret ce qui sera proposé et résolu en lad. assemblée, ce qu'ils ont ainsy juré.

Et, led. jour, après midy, a esté mis en desliberation quelle gratiffication l'on debvoit faire à MM. Duchesne et Berault, pour avoir prins la payne de travailler, assavoir led. s^r Duchesne à l'histoire de la Province(1), et led. s^r Berault, pour avoir commenté sur la coustume de Normandie(2); et arresté qu'il ne leur seroit faict aulcune gratiffication, suyvant les advis de tous lesd. bailliages, réservé les députés du bailliage de Rouen.

Sur la remonstrance qui a esté faite par le s^r Echard, pro-

---

(1) *Historiæ Normannorum Scriptores antiqui... Lutetiæ Parisiorum M.DC.XIX*. L'ouvrage est dédié *viris amplissimis ac præclarissimis Clero Senatui, Populoque Rothomagensi*. Le parlement de Normandie se montra plus généreux : il accorda à l'auteur, André Duchesne, avocat au parlement de Paris, une gratification de 300 livres. (Arch. du Palais de Justice, Reg. secrets du Parlement 22 avril 1616).

(2) (La Coustume réformée du pays et duché de Normandie, par M. Josias Berault, Rouen, 1606, 1614, 1620, etc.....)

cureur sindiq desd. Estats, qu'il y avoit procès au Conseil entre les trois ordres de lad. Province et le sʳ comte de Saigne, pour sçavoir quel ordre il debvoit tenir à la suite dud. procès qui estoit entre les mains de M. de Turquan, maistre des Requestes; et l'affaire mise en deslibération, il a esté arresté qu'en la présence de MM. qui seront députés pour porter le Cayer, led. sʳ procureur sindiq fera un ample mémoire sur lequel ils consulteront les plus habiles et capables advocats du parlement de Paris pour, leur consultation conférée aux prochains Estats, estre délibéré ce qu'il sera besoing de faire.

A esté aussy arresté que led. sʳ procureur sindiq présentera requeste à la Cour de Parlement, et la suppliera de donner ung pareil ordre et réglement pour les sallaires des huissiers et sergents, pour la perception des rapports et espices de MM. de lad. Court, que celuy par eux fait pour la perception des amendes, par leur arrest du 30ᵉ aoust 1610, duquel a esté fait lecture par led. procureur sindiq.

A esté aussi arresté que led. sʳ procureur sindiq poursuivra l'instance pendante au Conseil à l'encontre d'un nommé Le Coustre, pourveu d'ung office d'assesseur en la vic. d'Arques, et empeschera qu'il ne soit ordonné aulcun remboursement aud. Le Coustre, et qu'il ne soit receu aud. office.

A esté mis aussy en deslibération sy le sʳ procureur sindiq se debvoit joindre et intervenir partie au procès pendant au Conseil entre le sʳ procureur général du Roy en la Cour des Aydes et l'Election de Pontoise : a esté arresté, par l'advis desd. sʳˢ depputés, à la plus part, que led. sʳ procureur sindiq ne se joindra aud. procès (1).

Du 16ᵉ jour dud. mois et an, après midy. A esté mis en

---

(1) François Des Lyons, Elu à Pontoise, avait pris connaissance d'un différend entre Jean Le Bossu et les paroissiens de Gousengrès. Sur la plainte de Le Bossu, la Cour des Aides envoya à Pontoise le

deslibération qui on députera pour aller par devers Mgr. de Longueville lui représenter que Langlois, greffier des Etats se seroit, le jour d'hier, transporté en la présente assemblée, ayant fait entendre à aulcuns des députés ung mémoire contenant le nom de ceulx lesquels mondit seigneur entendoit qui fussent députés pour le port des Cayers; et à ceste fin se sont assemblés par les bailliages, et arresté que le député de l'église de Caen, le député de la noblesse de Gisors, qui est le sieur de Bonnemare, et le député du tiers état de la vicomté d'Avranches se retireront par devers mondit sr pour lui représenter ce qui est de la liberté ordinaire du pays et des Estats.

Sur la plainte faite par le sr Langlois, greffier des Estats, à l'encontre du député de Maigny, qui n'estoit arrivé que de ce jour, qu'il n'avoit présenté sa procuration, et empeschoit qu'il ne feust receu à la compagnye, et demandoit à estre ouy devant MM. les Commissaires, il a esté arresté qu'il demeurera; et a esté led. Langlois blasmé d'estre entré en la compagnie, sans en avoir demandé permission.

A esté mis en deslibération sy l'on demandera le changement d'octroy; et après s'estre assemblés par les bailliages, il a esté arresté, par les advis à la plus part, qu'il n'en sera employé aulcune chose.

Qu'il sera employé article, au Cayer, des Commissaires des tailles.

premier huissier de la Cour pour assigner Des Lyons à comparoir en la Cour. Des Lyons fit saisir l'huissier, le retint prisonnier l'espace d'un mois, et, en vertu d'une commission du Conseil privé du 17 déc. 1619, le fit assigner à Paris devant led. Conseil privé. La Cour des Aides, se sentant atteinte dans sa juridiction, par le fait d'un officier subalterne, décida que de très-humbles remonstrances seroient faites au Roi de l'importance et conséquence de lad. commission et du préjudice qu'elle apportoit à ses subjects de Normandie, et que le procureur syndic des Estats seroit adverti de se joindre en lad. instance. 11 janv. 1620. (Arch. de la S.-Inf. F. de la Cour des Aides, Reg. du Conseil).

Du vendredy, 17º jour dudit moys et an. A esté mis en deslibération sy l'on debvoit employer, dans le Cayer, la révocation de la récompense faite par S. M. au sr de Silly, cy-devant bailly et capitaine d'Evreux, de la somme de 12,000 l. à prendre sur l'Election dud. Evreux ; à ceste fin lesd. srs députés, assemblés par les bailliages, et arresté, par leur advis uniforme, qu'il sera employé article au Cayer pour l'opposition de la levée de lad. somme, ensemble des raisons pour lesquelles il a esté dépossédé de son gouvernement. (1)

A esté mis en deslibération s'il seroit dressé article au Cayer pour le regard des ecclésiastiques à l'encontre de certain arrest, puis peu de temps donné en la Cour des Aydes qui ordonne que les prestres qui labourent les terres de leur patrimoine seront imposés à la taille suyvant leurs facultés; et après s'estre assemblés par les bailliages, il a esté arresté qu'il en seroit dressé article pour supplyer S. M. d'ordonner que les prestres labourans les terres qui leur sont escheues de leur patrimoine et sans fraude seront deschargés de lad. taille (2).

Il a esté aussy arresté que le pays gratiffiera Mons. le gouverneur de la somme de 18,000 l., ainsy que l'on a accoustumé de faire auxdits sieurs gouverneurs.

(1) Gilles de Vippart, chevalier, sr de Silly, gentilhomme ordinaire de la Chambre du Roi, nommé bailli et gouverneur des ville et château d'Evreux sur la résignation de Pierre Rouxel de Médavy, par lettres datées de Fontainebleau, 15 juillet 1609. (Arch. de la S.-Inf., C. 1287, fº 20). Le sr de Guillaumont fut commis à son remplacement par lettres patentes du 26 juill. 1615, vérifiées au Bureau des finances, le 28 sept. 1615. (*Ibid*. C. 1128).

(2) Il en fut aussi question à l'assemblée du Clergé de France : « 19 juin 1619, sur ce que Mons. l'évesque de Sées auroit représenté que la Cour des Aydes de Rouen, ayant donné ung arrest du 28 janv. 1619, par lequel elle auroit ordonné que les Ecclésiastiques tenant les fermes ces dixmes et faisant valloir leurs biens seront cottisez à la taille, l'Assemblée a ordonné que ceste plainte sera insérée parmi les

Du samedi, 18º dud. mois, de matin. Il a esté arresté qu'il sera employé article pour demander pareille diminution de la taille que celle qui fut demandée l'année passée.

Qu'il sera employé article dans le Cayer pour le privillége de la Fierte.

Il a esté aussy arresté que M. le procureur des Estats s'opposera, au Parlement, à la vériffication de l'édit de controlle des tiltres, et en demandera communication.

Mᵉ Richard Juhel, député de la vicomté de Vire a esté chargé, de son consentement et de l'advis de la Compagnie, d'envoyer une attestation de M. de Cauvigny, lieutenant du grand voyer, et ung mémoire de l'estat des ponts nécessaires à réédiffier aux bailliages de Caen et Costentin.

Dudit jour, après midy. Il a esté arresté que MM. de la Villarmoys, député de la noblesse de Costentin, et de la Bardouillière, de la noblesse d'Evreux, MM. les eschevins de la ville de Rouen, le député de la vicomté d'Evreux, et tels autres députés du tiers état que bon leur semblera, se transporteront, demain matin, par devant M. de Longueville, pour luy conférer des affaires du pont.

A esté présenté requeste par mᵉ Jacques De la Court, huissier en ceste Chambre et notre greffier commis, pour admettre Franç. De la Court, son fils, à la survivance de lad. charge, ce qui a esté accordé.

Est entré en l'assemblée des Estats le sʳ du Raoullet, qui

---

articles dont le Clergé doibt faire remonstrances au Roy et que les Agens seront chargés de faire touttes poursuittes nécessaires pour obtenir la cassation dud. arrest. » (Arch. de la S.-Inf. F. de la Chambre du Clergé). Les Agens du clergé obtinrent un arrêt du Conseil d'Etat et des lettres-patentes pour la surséance de l'arrêt de la Cour des Aides, le 23 mars 1620. Ils avaient exposé que « de ceste honteuse imposition dépendoit le ravallement de l'Eglise et le mespris entier des ministres d'icelle, rendus de condition roturière et semblables à l'advenir au tiers estat.) (*Ibid.* Série A. Pièces imprimées).

a apporté en l'assemblée l'estat des jugements donnés par luy et ses lieutenans pendant la présente année. (¹)

Du 19ᵉ jour dud. mois. A esté mis en deslibération si l'on debvoit employer article pour la construction du pont de Rouen; et arresté par les bailliages qu'il sera employé article, par lequel S. M. sera supplyée d'ordonner à Monsieur de Longueville de faire travailler à la construction d'ung pont de pierre.

Du 20ᵉ jour dud. mois. Après la lecture du Cayer et advis donné de MM. les Commissaires sur chacun article, lesd. sieurs députés se sont assemblés par les bailliages pour députer ceux qui debvoient, de MM. de l'église, assister M. le président au port du Cayer, comme aussi des nobles et du tiers estat.

Avant laquelle élection, les députés du tiers estat auroient remonstré qu'il se seroit fait de grandes brigues et honteuses pour parvenir à lad. députation, et que, à ceste fin, ils requéroient que l'on eust à tirer au bulletin, ainsy qu'il en avoit esté usé l'année dernière, ou, pour le moings, que en l'élection de celuy de leur ordre ils eussent tous voix délibérative, ce qu'ayant esté contredit par la plupart, la compagnye auroit député le sʳ procureur syndicq avec un des députés du tiers estat de chascun bailliage pour aller par devers Mgr le duc de Longueville, gouverneur, pour régler sur led. différend, où ils se seroient à l'instant transportés; et, après estre de retour, led. sʳ sindiq auroit rapporté à lad. assemblée que la volonté dud. seigneur étoit de ne rien innover en telles élections, voulant qu'elles se feissent de

(¹) Le Clergé de France ne se montrait guères plus favorable que les Etats de Normandie à la juridiction du grand prévôt.

A l'assemblée du 28 juin 1619, le sʳ du Rozel, haut doyen de Rouen et député de la province de Normandie, porta plainte contre le sʳ du Rollet, grand prévôt, lequel « depuis un an en ça auroit pris et appréhendé prisonnier Mᵉ Loys de Renty, cy-devant abbé de S. Sever, le tenant encores à présent prisonnier en la conciergerie de Falaise, ce la mesme liberté et façon qu'il a esté de tout temps usité, et néantmoins, ayant aulcunement esgard aux brigues qu'on a représentées avoir esté faites, ordonnoit que, pour ceste année seulement, sans tirer à conséquence, l'ung des députés du tiers estat, tant pour le port du Cayer que pour l'audition des comptes, seroit nommé par les députés du tiers estat seullement; le surplus à la forme ordinaire.

Après lequel rapport lesd. s^rs députés se seroient assemblés en la forme ordinaire, et auroient nommé, pour le port du Cayer, assavoir le député de l'église de Lisieux pour assister led. s^r président, les députés de la noblesse de Caen et de Costentin, qui sont MM. de Maigny Freulles et de la Villarmoys, et les députés de Pontoise et Allençon, pour le tiers estat;

Et, pour les comptes, les députés de l'église de Caux et de Gisors, qui sont le s^r Le Vrel, curé du Havre, et le curé d'Arquency, les députés de la noblesse de Caux et Evreux, qui sont les sieurs de Graval et de la Bardouillière, et les députés du tiers estat de Gournay et Fallaise.

Signé : De Bretteville, président auxd. Estats et Echard. Et au dessous : par mesdits sieurs les dellégués ; signé : De la Court. »

III.
Nomination des deux commissions pour le port du Cahier et pour l'audition des comptes.

« Du mardi avant midi 21e jour de janv. 1620, à Rouen.

qui estoit directement contre les éedits et et ordonnances de S. M. et spécialement contre l'arrest du privé Conseil servant de réglement donné en l'an 1606, par lequel il est porté, spécialement par le 4e art., que les ecclésiastiques sont exempts de la juridiction du grand prévost et lieutenants pour quelque cause que ce soit. C'est pourquoy le clergé a ung grand interest de donner advis aud. de Renty afin de le renvoyer par devers son juge ecclésiastique. » L'assemblée du Clergé de France ordonna à ses agens de faire toutes les poursuites nécessaires à cet effet. (Arch. de la S.-Inf. F. de la Chambre du Clergé.)

Furent présens noble et discrette personne mᵉ Alfonce de Bretteville, prebstre, chancelier et chanoine de l'église cathédrale N. D. de Rouen, official dud. lieu et prieur de S. Blaise, député pour les gens d'église du bailliage de Rouen, messire Charles de Clères, s^r et baron du lieu, chevalier de l'ordre du Roy, gentilhomme ordinaire de sa chambre, dellégué pour les gens nobles dud. baill., nobles hommes Jacques Le Vasseur et Noel Guerould, conseillers eschevins de l'hostel commun de ceste ville de Rouen, déléguez pour lad. ville, Pierre Dufour (¹), d. pour le tiers estat de la vicomté de Rouen, m^e Gaspar Guérould (²), d. pour le t. e. de la vic. du Pont-de-l'Arche, Michel Rabasse (³), d. pour le t. e. de la vic. de Pontautou et Pontaudemer, Jacques Orieut (⁴) d. du t. e. de la vic. d'Auge; — discrette personne m^e Rolland Le Vrel, prebstre, curé de S. Michel d'Ingouville et N. D. du Havre de grâce, d. pour les gens d'église du baill. de Caux, Ch. de Monsures, esc., s^r de Graval, d. pour les gens nobles dud. baill., Jean de Montpellier, d. pour le t. e. de la vic. de Caudebec, Pierre Houllebresque, d. pour le t. e. de la vic. de Montivillier (⁵), Laurens Vigner, d. du t. e. de la vic. d'Arques, Vincent de Lormel, d. pour le t. e. de la vic. de Neufchastel, Ch. Guedier, d. pour le t. e. de la vic. de Gournay; — discrette personne m^e Alexandre de Faucon, prebstre, curé de la S. Trinité de Fallaise, d. pour les gens d'église du baill. de Caen, noble seigneur Ch. de Bonenffant, s^r et patron de Magni, d. pour les gens nobles dud. baill., Jeh. Dupuis, d. du t.

(¹) De la par. de la rue S. Pierre; nommé le 4 oct.
(²) Bourgeois de Louviers, nommé le 24 oct.
(³) De S. Philbert-sur-Risle; nommé le dern. oct.
(⁴) Bourgeois de Pont-l'Evêque; nommé le même jour.
(⁵) Le 12 mai 1620, comme député de la vic. de Montivilliers, il s'opposa à la réception de Paul Vyard à l'office de contrôleur triennal en l'Election de Montivilliers. (Arch. de la S. Inf. Cour des Aides, Reg. du Conseil.)

ÉTATS DE JANVIER 1620. 353

e. de la vic. de Caen, Geuffroy Nicolle, d. du t. e. de la vic. de Baïeux, Luc Marguerye, d. pour le t. e. de la vic. de Fallaise, m⁰ Richard Juhel, d. du t. e. de la vic. de Vire et Condé; — discrette personne m⁰ Ch. de Parfourru, chanoine en l'église de Coustances, d. pour les gens d'église du baill. de Costentin, Jean de Laulne, sʳ de la Villermoys, d. pour les gens nobles dud. baill., m⁰ Michel Beaufils, d. ponr le t. e. de la vic. de Coustances, Richard Godeffroy, d. du t. e. de la vic. de Carentan et S. Lo, Pierre Pierrey, d. du t. e. de la vic. de Vallongnes, m⁰ Simon Brisoult, d. du t. e. de la vic. d'Avranches, Julien Le Got, d. du t. e. de la vic. de Mortaing ; — discrette personne m⁰ Michel Cottart, presbtre, chanoine en l'église S. Pierre de Lisieux, d. pour les gens d'église du baill. d'Evreux, Loys de Bardouil, esc., sʳ de la Bardouillère, d. pour les gens nobles dud. baill., Nᵃˢ Tasot, d. du t. e. de la vic. d'Evreux, Franç. Philippes, d. du t. e. de la vic. de Beaumont-le-Roger, Thomas De Fougy, d. du t. e. de la vic. de Conches, Nᵃˢ Mailloc, d. du t. e. de la vic. d'Orbecq ; — noble et discrette personne m⁰ Nᵃˢ Le Pelletier, curé d'Arquency, d. pour les gens d'église du baill. de Gisors, Franç. de Becdelievre, esc., sʳ de Bonnemare, gentilhomme ordinaire de la maison du Roy, d. pour les gens nobles du baill. de Gisors, Jean Le Febvre, d. du t. e. de la vic. dud. Gisors, Pierre Du Becquet, d. pour le t. e. de la vic. de Bernay, Simon Le Febvre, d. du t. e. de la chastellenie de Pontoise, m⁰ Nᵃˢ Le Febvre, procureur sindic de Maigny, d. pour le t. e. de la vic. et prévosté de Chaumont et accroissement de Maigny, Franç. Ingoult, d. pour le t. e. de la vic. d'Andely; — m⁰ Jehan Le Seilleur, prebstre, curé de Luce, d. pour les gens d'église du baill. d'Allençon, Pierre Du Bois, d. pour le t. e. de la vic. d'Allençon, Laurent Biart, d. pour le t. e. de la vic. d'Argentan et Exmes, Jean Gaubert, d. du t. e. de la vic. de Danfront, et Artur Mau-

23

corps, d. du t. e. de la vic. de Chasteauneuf en Thimerays » nomment, pour le port du Cahier, de Bretteville, official, et Cottart, pour l'église; de Magni et de Villermois, pour les nobles; Simon Le Febvre et Pierre Du Bois, pour le tiers estat, avec Nas Echard, procureur, syndic;

Pour l'audition des comptes, Le Bret et Le Pelletier, pour l'église; de Graval et de la Bardouillère, pour les nobles, Marguerye et Guedier, pour le tiers état, avec Nas Echard sr de Gourrel, procureur syndic. Suivent les signatures en tête desquelles celle de M. de Breteville, se qualifiant président en l'assemblée des Etats.

IV.

Pièces Diverses.

Ordonnances du Bureau des Finances de Rouen. — « 20 déc. 1619. Sur la requeste présentée par le sr de Silly, bailly et gouverneur d'Evreux, à ce que, suivant l'arrest du Conseil et lettres-patentes du Roy données, à Tours, le 10 juillet dernier, il soit ordonné que la levée seroit faite sur les contribuables de l'Ellection dud. Evreux de la somme de 12,000 l. en deux années consécutives, à commencer en la présente, pour la récompense à luy accordée par S. M. de la remise qu'il a faict en ses mains de la charge de bailly et gouverneur dud. Evreux, — veu lad. requeste, ensemble autre requeste présentée par le procureur scindiq des Estats de Normandie afin d'avoir communication desd. arrest et lettres-patentes, il est ordonné qu'elle luy sera baillée pour, la responce veue, estre faict ce que de raison (¹). » (Arch. de la S. Inf. 1132 fº. 92 vº.)

« Vendredi 15 nov. 1619. Sur la réquisition faicte par

(²) Le 15 janv. 1620, le Bureau des finances ordonna que commission serait expédiée pour la levée des 12,000 l. accordées au sr de Silly. (Arch. de la S. Inf. C. 1133 fº 70 vº.)

m⁰ Nas Eschard, procureur scindiq des Estats de Normandie, que soit donné (avis), au Roy du temps auquel plus commodément on pourroit tenir la scéance desd. Estats en ceste ville de Rouen, sans retardement toutes foys des affaires et service de S. M., attendu la maladie de contagion qui auroit gasté et infecté jusques à prez (de), 200 maisons. tant en icelle que environ, après avoir esté veue la certification de Mᵉ Nas Le Roux sʳ de S. Aubin, conseiller de S. M. et lieutenant général du baill. de Rouen, comme, depuis le 26ᵉ jour d'octobre dernier jusques au jour d'hui, il a eu encore, outre le précédent, tant en ceste dite ville, fauzbourgs d'icelle que lieux circonvoisins, le nombre de 50 maisons infectées de lad. contagion, a esté dict qu'il soit donné advis, soubz le bon plaisir que de S. M. et de nos seigneurs de son Conseil, qu'en attendant que le cours de lad. malladie passe, la convention et assemblée desd. Estats peult estre différée jusque au 7ᵉ jour de janv. prochain, sans que led. différement puisse aporter aucun préjudice ny retardement ès affaires de S. M. et levée de deniers de la taille et crue en ceste Généralité. »

« Lundi 23 déc. 1619. Le sʳ Langloys a présenté au Bureau les lettres-patentes du Roy, données à Paris, le 14ᵉ jour du présent moys qu'il a dict avoir receues le jour d'hier dimenche, par lesquelles S. M. veult et mande que, sans attendre la convention et assemblée des Estats de ceste Province, tenue au 14 janv. prochain, il soit procédé au département de la taille de l'année prochaine, — ensemble autres lettres pour la levée de la creue ordinaire des garnisons, — veu lesquelles lettres-patentes il a esté ordonné que la compagnye sera assemblée, pour le prochain jour de Bureau d'après la feste, pour estre délibéré. » (Arch., de la S.-Inf. C. 1133.)

FIN DU TOME PREMIER.

TABLE

Cahiers des Etats de décembre 1610, p. . . .   1 à 20
    —   de novembre 1611, p. . . . 21   48
    —   de septembre 1612, p. . . . 49   69
    —   de septembre 1613, p. . . . 71   92
    —   de septembre 1614, p. . . . 93   121
    —   de décembre 1616, p. . . . 123   144
    —   de novembre 1617, p. . . . 145   171
    —   de novembre 1618, p. . . . 172   197
    —   de janvier 1620, p. . . . 198   208
Docum. relatifs aux Etats de décemb. 1610, p. 209   226
    —   — de novembre 1611, p. 227   237
    —   — de novembre 1612, p. 238   247
    —   — de septembre 1613, p. 248   265
    —   — de septembre 1614, p. 268   286
Interruption des Etats de Normandie 1615, p. 287   292
Docum. relatifs aux Etats de décembre 1616, p. 293   309
    —   — de novembre 1617, p. 309   334
    —   — de novembre 1618, p. 334   343
    —   — de janvier 1620, p. . 343   355

FIN DE LA TABLE.

www.ingramcontent.com/pod-product-compliance
Lightning Source LLC
Chambersburg PA
CBHW070905170426
43202CB00012B/2201